《思想道德修养与法律基础》教学辅导用书

旅游高职思想政治课案例解析和实践指导

主　　编：谭为跃
副主编：谷　静　何晓岩　王　娜
行业顾问：史海华　孙　玉
编　　委：（按姓氏笔画排序）
　　　　　王　娜　孔翠萍　史海华
　　　　　孙　玉　李　伟　何晓岩
　　　　　谷　静　夏　梦　谭为跃
　　　　　管建莉

东南大学出版社
·南京·

图书在版编目(CIP)数据

旅游高职思想政治课案例解析和实践指导/谭为跃主编. —南京:东南大学出版社,2016.9
ISBN 978-7-5641-6762-2

Ⅰ.①旅… Ⅱ.①谭… Ⅲ.①思想政治教育—高等职业教育—教学参考资料 Ⅳ.①G711

中国版本图书馆 CIP 数据核字(2016)第 225643 号

旅游高职思想政治课案例解析和实践指导

出版发行	东南大学出版社
社　　址	南京市四牌楼 2 号　邮　编　210096
出版人	江建中
网　　址	http://www.seupress.com
电子邮箱	press@seupress.com
经　　销	全国各地新华书店
印　　刷	扬中市印刷有限公司
开　　本	787 mm×1 092 mm　1/16
印　　张	14.5
字　　数	362 千字
版　　次	2016 年 9 月第 1 版
印　　次	2016 年 9 月第 1 次印刷
书　　号	ISBN 978-7-5641-6762-2
定　　价	28.00 元

本社图书若有印装质量问题,请直接与营销部联系。电话(传真):025-83791830。

前　言

　　本书是旅游类高职高专"思想道德修养与法律基础"课程教材体系转化为教学体系的教学化辅助读本，是将"思想道德修养与法律基础"统编教材的讲授内容分成若干单元，结合旅游行业特色和旅游职业院校特点的教学具体化读本。它是集课堂教学、教学案例、知识拓展、能力训练、教学方法、实践活动等综合性教学改革之大成的结晶。

　　本书的编撰是以党的十八大及国务院提出的关于加快发展现代职业教育、强化创新创业，推动高等职业教育内涵式发展等有关精神为指导，以旅游从业人员思想道德修养和遵纪守法的经典实践案例等为基本素材，诠释"思想道德修养与法律基础"课程的主要内容，配合教学，促成学生将"思想道德修养与法律基础"课的一般性理论与旅游行业具体实际、专业岗位的具体实践相结合，增强学生对"思想道德修养与法律基础"课程理论的认知认同；同时以旅游行业和职业岗位实际为主要元素拟定课堂实践、课外实践等环节，对学生进行知行合一的训练，达到使学生有效掌握"思想道德修养与法律基础"理论知识、提升公民意识和职业思想品质素养以及适应旅游职场就业能力的目的。

　　本书划分为四个单元。第一单元是新的生活，新的境界；第二单元是追求先进思想，规划旅游职业人生；第三单元是加强道德建设，恪尽旅游职业人操守；第四单元是学法懂法守法，培育旅游职业人法治精神。整体内容在贯彻践行社会主义核心价值观和荣辱观、贯彻践行习近平总书记的系列讲话精神的基础上，紧密围绕着两个重点展开，一是旅游行业及其用人单位对从业人员思想品质培养的诉求；二是以旅游类各专业及相关的职业活动实际制作课堂演讲、课堂讨论辩论、能力训练、实践环节等实训内容。

　　本书是江苏省教育科学"十二五"规划2015年度课题"旅游类高职高专思政课程案例与实践教学研究"项目（项目编号D201503066）的预期成果，是南京旅游职业学院"旅游类学生思想政治研究创新团队"（项目编号2015YTD04）重要项目之一，是南京旅游职业学院思想政治理论课示范建设的重要项目。本书的出版不仅突出旅游行业、专业的特点，推动我校思政课程教改创新，还可以作为借鉴推广至别的旅游类院校乃至其他行业性质的高职高专院校，全面带动高职高专院校思想政治课的教改探索，在更大的范围内增加思想政治理论课教育的实效性。

　　本书由南京旅游职业学院的谭为跃任主编,拟定提纲、审稿、统稿、修改完善并编著主要内容,南京旅游职业学院的谷静、何晓岩、王娜等人参与本书的策划并编著部分内容。中国康辉南京国际旅行社有限责任公司常务副总经理史海华和南京金陵饭店股份有限公司党委副书记孙玉为编撰本书的行业顾问。

　　本书在编撰过程中参考了有关书籍、报刊和研究成果,所引材料我们尽可能注明,但仍然会有疏漏之处,在此,向原作者谨表深深的歉意并对有关同仁给予我们的支持致以诚挚的感谢。在编写过程中,我们还得到了南京旅游职业学院领导的大力支持和帮助,在此深表衷心的谢意。基于水平有限,又是创新尝试,本书中可能还存在一些缺陷,敬请读者指正赐教。

编　者

2016 年 7 月

目　录

前言

第一单元　新的生活,新的境界 ···································· 1
　一、学习引领 ···································· 1
　二、教学与案例 ···································· 2
　三、视野拓展 ···································· 13
　四、能力训练 ···································· 14
　五、实践活动 ···································· 15

第二单元　追求先进思想,规划旅游职业人生 ···································· 18
　第一讲　追求远大理想,坚定旅游职业人崇高信念 ···································· 18
　　一、学习引领 ···································· 18
　　二、教学与案例 ···································· 19
　　三、视野拓展 ···································· 38
　　四、能力训练 ···································· 39
　　五、实践活动 ···································· 41

　第二讲　弘扬中国精神,构筑旅游职业人精神家园 ···································· 44
　　一、学习引领 ···································· 44
　　二、教学与案例 ···································· 45
　　三、视野拓展 ···································· 56
　　四、能力训练 ···································· 57
　　五、实践活动 ···································· 59

　第三讲　领悟人生真谛,创造旅游职业人生价值 ···································· 62
　　一、学习引领 ···································· 62
　　二、教学与案例 ···································· 63

三、视野拓展 ……………………………………………………………… 77
　　四、能力训练 ……………………………………………………………… 79
　　五、实践活动 ……………………………………………………………… 80

第三单元　加强道德建设,恪尽旅游职业人操守 ……………………………… 83
第四讲　注重道德传承,加强旅游职业道德实践 ………………………… 83
　　一、学习引领 ……………………………………………………………… 83
　　二、教学与案例 …………………………………………………………… 84
　　三、视野拓展 ……………………………………………………………… 107
　　四、能力训练 ……………………………………………………………… 110
　　五、实践活动 ……………………………………………………………… 111
第五讲　遵守道德规范,恪尽旅游职业人操守 …………………………… 114
　　一、学习引领 ……………………………………………………………… 114
　　二、教学与案例 …………………………………………………………… 115
　　三、视野拓展 ……………………………………………………………… 149
　　四、能力训练 ……………………………………………………………… 151
　　五、实践活动 ……………………………………………………………… 152

第四单元　学法懂法守法,培育旅游职业人法治精神 ………………………… 155
第六讲　学习宪法法律,依法治国治旅 …………………………………… 155
　　一、学习引领 ……………………………………………………………… 155
　　二、教学与案例 …………………………………………………………… 156
　　三、视野拓展 ……………………………………………………………… 188
　　四、能力训练 ……………………………………………………………… 190
　　五、实践活动 ……………………………………………………………… 191
第七讲　树立法律观念,弘扬旅游职业人法治精神 ……………………… 194
　　一、学习引领 ……………………………………………………………… 194
　　二、教学与案例 …………………………………………………………… 195
　　三、视野拓展 ……………………………………………………………… 219
　　四、能力训练 ……………………………………………………………… 221
　　五、实践活动 ……………………………………………………………… 221

参考文献 ………………………………………………………………………… 225

第一单元
新的生活，新的境界

一、学习引领

(一) 学习目标

1. 知识目标

本单元的教学通过展示旅游高职生的生活，以帮助新入学的大学生尽快适应旅游高职院校的学习环境和学习生活为切入点，使学生明确旅游职业人的人生理念，树立全新的学风，理解思想道德素质和法律素质，把握社会主义核心价值观，懂得学好本课程的意义。

2. 能力目标

充分发挥学生的主观能动性，让学生广泛参与课堂教学中的师生互动，习题训练中的动脑动手和实践教学中的策划、准备和组织，以锻炼学生的自学能力、创新能力和组织能力等，培养学生观察问题和分析问题的能力，拓展学生视野，加深其对大学、旅游类专业、旅游行业的认识和了解，培养他们在自我职业规划和再就业职场中开拓进取的能力。

3. 素质目标

让学生了解社会、了解旅游行业、了解自我，学会快速适应新环境，能调整适合自我的应对方案，提高解决问题的能力，从旅游类专业学习和实践生活中感受社会主义核心价值观的存在，并作出理性思考，提升自身思想道德素质和法律素质。

(二) 认知提示

1. 从中学到大学，生活环境、学习状况、人际关系等发生了变化。通过本单元学习，学生可认识大学校园的生活方式，了解大学教育活动的规律，把握大学人际关系的要求，尽快适应新环境，迈好大学生活的第一步，积极践行社会主义核心价值观，在德智体美等方面全面发展，提高思想道德素质和法律素质，成为新世纪合格的大学生。

2. 作为一名旅游高职生通过了解旅游类专业和旅游职业人的生活，要树立新的学习理念，培养优良的学风，确立旅游职业人的成才目标，塑造旅游职业人的新形象，科学规划自己的旅游职业生涯，系好旅游职业人生的第一粒纽扣，投身于未来的旅游事业，为振兴中华旅游立志成才。

(三) 重点难点

1. 重点索引

分析大学生活、旅游类专业学习的特点，提高独立生活的能力，树立新的学习理念，培养优良学风，尽快适应新的学习生活环境。

论述社会主义核心价值观的科学内涵及其对于提高思想道德素质和法律素质的重要意义,论述其在课程中的主线地位,牢固树立和践行社会主义核心价值观。

展示旅游职业人的生活,引领旅游高职生规划好自己的旅游职业生涯。

2. 难点提要

明确学习本单元与自己成才的关系,激发学习本课程的兴趣和热情。

树立和践行社会主义核心价值观。

二、教学与案例

(一) 导入新课的案例

重庆一旅游企业"大学毕业生现象"令人深思

重庆某旅游企业在某年7月招聘了21名大学生、硕士生,令人惊讶的是,在随后不到10个月的时间里,该企业陆续辞退了其中的20名本科生和硕士生,仅仅留下一名旅游类专业的大专生。

原因:有的人不能虚心接受经理的批评;有的人喜欢睡懒觉,上班常迟到;有的人工作时间上网聊天;有的人随地吐痰,客人在时也是这样;有的人怕脏、怕苦、怕累;有的人工作责任心不强等。

留下的一位女大专生工作责任心强、爱岗敬业、工作勤奋、职业道德素质较高。她笑到了最后。

(资料来源:谭为跃,《新编旅游职业道德》,高等教育出版社,2014年版)

[案例分析]

这似乎是个令人匪夷所思的案例,难道在大学里学了数年的本科生和研究生素质不高吗?难道就只有那位大专生素质高?其实并非如此,应该说21名大学生、研究生中的大多数素质还是比较高的,那又为什么只有一位大专生被这家旅游企业所青睐?主要原因是他们是否安心。不妨静心想一下,这家旅游企业的主要工作就是待客服务,而待客服务在世俗的观念中地位还是比较低下的,工作辛苦工资又不太高。在大学里学习了数年的本科生和研究生选择旅游企业大多还是冲着企业里的管理岗位。但是,在旅游企业里要想走上管理岗位必须先从服务员干起,这是因为旅游企业里的服务工作乃至管理工作都是技能性较强的职业,没有良好的基层历练过程和丰富的实践经验积累是无法胜任的。所谓合格的旅游企业管理者首先应是位优秀的服务员。本科生和研究生理论涵养较为深厚,但职业操作技能并不娴熟,实践阅历和经验又不够丰富,刚毕业就想胜任管理工作是不可能的,必须有个当好服务员的过程。如果他们在校期间认识不到这一点,一旦走上旅游职场就会步入误区,无法适应旅游职业环境,不能安心工作,就会出现上述案例里的现象。而那位留下来的旅游专业大专生在校学的就是服务性的技能,她分明清楚毕业后所从事的工作就是辛苦的待客服务,所以她能够安心工作。一个能够安心工作的人,是不会出现让人诟病的那些状况的,自然更能够受旅游用人单位的欢迎。

因此,作为刚刚进入大学的旅游类高职生应当了解大学,了解旅游类各专业,了解旅游职场,不仅要学好各类知识和专业知识,掌握专业技能,更要提升公民意识和职业思想品德素养,做个合格的旅游职业人。

（二）授课中的材料与案例精选

案例精选 1-1　　　　　　**高职生，别着急，慢慢来**

10月，300余万名高职生已经悉数走进校园。高职生的心情是复杂的：带着高考失利的稍许伤感，带着对未来的憧憬以及忧虑。

网络上流传着这么一个段子："其实，文凭不过是一张火车票，清华的软卧，一般本科的硬卧，专科的硬座，民办的站票，成教的在厕所挤着。火车到站，都下车找工作，才发现老板并不太关心你是怎么来的，只关心你会干什么。"

这话虽然不是绝对真理，却有一定道理。跟本科生相比，学历"差人一等"的高职生究竟该怎样去补救以达到平衡，甚至超越？

老话说，自古英雄不问出处，老板只在乎你会干什么，前提就是你得有过硬的本领。在这个社会，有一技之长，不放弃努力，就可能改变自己的命运。2011年，在"中国达人秀"表演"机械舞"为观众所熟知和喜爱的"草根舞王"、年度总冠军卓君，来自广西机电职业技术学院，面对三位评委惊呼"你就是天才"，他谦虚地说出了自己的心声："我不是天才，只是我下的功夫比别人多。"

当然，这不是特例。现实中，在每一个行业，都不缺高职生成功的身影，他们的经历也证明了这样一个道理：只要肯埋头努力，本科生和大专生的未来可以画等号。比如，从北京财贸职业学院工商企业管理专业走出来的王茜，成了经营茶叶老字号的80后女掌柜；从武汉职业技术学院数控专业走出来的朱卫峰，从一个普通的操作员成长为优秀的机械技术操作工程师；从湖北职业技术学院机电工程系走出来的闫文静，从企业储备干部成长为企业主管，最近被选为党的十八大代表……

这样的例子可谓不胜枚举。每所职业院校都在为各个行业和职业培养着明日之星。他们成长的历程并非一帆风顺，也都会遇到各种各样的挫折甚至诱惑：王茜刚走上工作岗位，给一位顾客包茶叶时太生疏，顾客不耐烦地发了火；朱卫峰刚面对一台台数控机床时，手足无措；闫文静刚进单位时，身边满是同学们的抱怨——"工作太累""条件不好""这工作不是大学生做的"……面对困难，他们都没有急着去寻找条件更好的"下家"。相反，他们稳定自己的情绪，不受外界因素干扰，不管什么活儿都一声不吭地干着，向师傅请教，向书本讨教，不停地学习、积累，一步步成长。

当然，他们的成长也不是一步到位的。王茜用了4年、闫文静花了8年、朱卫峰过了6年……每个人的成长都需要一个过程，或长或短，没有固定的期限，却有共同的规律，学校传授的"一技之长"是择业的"敲门砖"，并不能保证一个人一生的职业发展，等到走上工作岗位，还要靠业余时间自己持续学习专业知识和技能，也正是较强的学习能力为他们提供了进步、晋升的机会。

其实，对这群"成功"的高职生来说，他们谈不上有什么宏大的理想，之前也未必作过一番很好的职业规划，但是，他们既然认定了一个职业、一份工作，就会一直坚持下去，绝不轻易放弃。卓君的座右铭是"不求与人相比，但求超越自己"；王茜鼓励自己："将压力转化为动力";闫文静对自己说:"那就笨鸟先飞";朱卫峰的口头禅是"不能师傅教你做什么,你就做什么"……成功的背后,支撑他们的不仅仅是知识和技能,更是为企业、单位所看重的个人素质,即自信,脚踏实地,对从事职业的坚定、执着追求以及高度的责任感。

不得不承认,这是个浮躁的社会,很多人都想"一夜成名""一夜暴富","成功"是那么让人迫不及待,刚出校门的毕业生很多也会有"浮躁"的情绪,急切地希望通过"跳槽"来实现华丽转身。作为教师的笔者,在走上工作岗位之初也有过类似的心态,有经验的教师常告诫笔者:要慢慢来,牛奶会有的,面包也会有的。

随着经验的积累,笔者才逐渐明白"慢慢来"这三个字的含义——职业发展并不代表一毕业就有房有车,也不代表一毕业就能成为叱咤风云的领导者、"呼风唤雨"成就自己理想的事业,不要总是纠结于你没有的东西,不妨专注于你已经有的东西,把它做到最好,物质条件也会在你专注的过程中慢慢积累起来。

人生更像是一场"马拉松",对每个人来说,成功跑完这场比赛的方法与策略不同,时间节点也截然不同,就看你如何去经营好自己的人生历程。

离开校园,走向社会,有的人会感到迷茫,不知道自己能干什么,有的人也会害怕,怕不被这个社会接受,因为这个社会还戴着"有色眼镜"看高职生。

笔者想,大家既已走进校门,何不调整心态、积极应对,自信、自立、自强才是取得成就最坚固的基石。在这个社会还有很多和你一样默默奋斗着的人,你并不孤单。

高职生,别着急,慢慢来,这个社会一定会有适合你的舞台。

(资料来源:《中国青年报》2012年10月08日)

[点评提示]

"高考未考好,无奈只好选择高职院校。"这恐怕是大多数旅游高职生的共同心声。选择高职专业是否丢人?有没有前途?上述案例已经给出答案。无论是清华本科,还是高职民办,在职场,用人单位只看重你的能力和素质。高职教学重在技能操作和一定的专业知识,培养的是技能和实践型的人才。学生毕业后在职场主要是从事技能型、服务型的岗位。卓君、王茜、朱卫峰等人的成功充分地展示高职专业的学生在职场依然拥有用武之地。学好一技之长,是否可以做个美好的"旅游职业梦"?请结合课本中的"适应人生新阶段"内容,谈谈你的看法。

材料精选 1-1　　大学新生面临哪些不适应

经历了"黑色六月"的洗礼,大学新生来到了一片新的天地。大学是知识的圣殿,却非梦想的乐园;这里机会与挑战并存,这里希望与困难同在。摆在大学新生面前的,是一个新生活的适应期。这是走进大学校园要上好的"第一课"。

生活就是适应,人生就是一个不断适应的过程。面对每一个人生的转折,面对每一种新的生活,都会有一个适应期,来实现人与环境新的平衡。大学新生出现适应性问题是情理之中的事,没有适应性问题才是怪事。适应就是平衡,适应就是发展,适应就是成长。

环境的不适应。大学新生,大多是第一次真正离开家乡,离开父母,离开亲人,来到大学校园,面对的一切都是新的,这是一个全新的生活,也是一个完全陌生的环境。陌生的城市,陌生的校园,陌生的脸孔。从地方中学到高等学府,校园环境发生了很大的变化。新生入校后,很多家长把一个学期的生活费一次性地给学生,学生一下子拿着这么多钱,又没有父母的督促,缺乏一个统筹性的安排,盲目冲动性消费太多。这都需要重新适应。

学习的不适应。中学阶段学习目标,就是在高考中顺利地通过"独木桥"。学习的内容、范围、要求,主要是教师来安排的。学生在上课时习惯于"填鸭式"的教学,只要听懂教师的讲解,课后顺利地完成教师布置的作业即可。大学的教学目标、内容和方法都与中学有了很大不同。大学教师的讲授比较抽象和概括,教师上课的时间和数量明显减少,学生自学时间大大增加。学生更多要靠自学。这对大学新生来说更难以适应。甚至一些在高考中取得高分的学生,入学后第一次考试,会出现不及格的现象。

人际的不适应。想家,是大部分新生的共同心态。这是因为过去的同学好友分开了,周围的同学还很陌生,新的人际关系还没有建立,人际交往的需要不能满足。中学的时候,新生也有一个适应的问题,但到底同学们是一个地区的人,有更多的共性,而且老师就在身边。到了大学,大家来自四面八方,语言习惯、生活习惯等彼此的差异性会更大,老师也很少在身边。于是,会出现种种人际关系的适应问题。

角色的不适应。社会角色的变化也是需要适应的问题。走进大学校门的学生,很多在中学时代是班级乃至学校里的"佼佼者"。进了大学校园以后,"山外有山,人外有人",面对新的竞争群体,许多人感到自己没有了过去的优势。有人把这叫做"大学生的相对平庸化现象"。有的大学新生为此在学习上找不到新的支点,找不到新的方向。这是一种需要适应的角色问题。另外,中学那会儿,是全校资格最老的"大哥哥""大姐姐"。而到了大学,成了资格最嫩的"小弟弟""小妹妹",从峰顶一下跌到了谷底。另一面呢,在家人亲友面前的地位却上升了。中学那会儿,父母拿他们当孩子,这会,说他们"长大了"。这种角色变化也需要适应。

(资料来源:www.psychcn.com)

[点评提示]

适应大学生活,是人生的一个重要环节。新的生活环境要适应,新的学习形式要适应,新的人际关系要适应,新的角色要适应。中学生来到高职校园,不仅仅是新的学习的延伸,更重要的是作为未来的职业人已经踏入了职业生活的潜在门槛。请你结合课本中的"适应人生新阶段"内容,想一想,作为旅游高职生应该怎样适应高职旅游类专业阶段的学习?

材料精选 1-2　　　　**优秀服务人员应树立18种观念**

一个或几个员工的优秀,不是优秀,一群员工的优秀,才算优秀。如果酒店有90%以上的服务人员都能形成与酒店企业一致的文化价值、行为观念、服务意识,那么,这个酒店就一定会成为一个优秀的星级饭店。所以,在日常的培训管理工作中,我们一定要强化和培养服务人员树立以下观念,使其成为优秀、合格的星级酒店服务人员。

1. 服从观念

酒店是半军事化管理的组织结构体系,层层负责、逐级管理。酒店管理人员、服务人员,必须以服务为天职,工作指令为行动的准绳。抓好管理、做好本职工作,确保各部门令行禁止,给宾客提供优质服务。服从观念是做好酒店服务工作,以及优秀服务人员应具备的首要条件。

2. 纪律观念

酒店服务工作人员,需要有严谨踏实的工作作风,同时更需要树立严格而严肃的组织纪律观念。酒店企业像一部大型机器,要保证这部机器的正常运转,并保证机器所生产的产品是优质合格的,就必须要求这部机器的发动机(老总)、传送带(管理人员),以及众多的部件(各部员工),树立强烈的遵章守纪观念,以严格的劳动纪律、规章制度、奖罚条例来约束、指导广大员工的行为意识和服务工作。

3. 自律观念

酒店服务人员,在日常服务工作中,还应该自觉、自愿、自律地做好守纪工作。管理人员在场和不在场一个样,服务质量、工作质量督导和不督导一个样,检查与不检查一个样。酒店服务人员的自律行为,主要表现在以下方面:行为规范的自律,仪容仪表的自律,言谈举止的自律,工作及生活小节的自律,工作质量、劳动纪律的自律。只有高度树立了自律观念,才能真正成为一名优秀服务人员。

4. 服务观念

"干一行,爱一行",酒店服务人员从走入饭店这个服务行业,就应高度而自觉地树立热爱服务工作、投身服务工作、做好服务工作的服务观念。我们必须全身心投入自己对宾客的热心、爱心、关心、诚心和细心。把做好服务、客人满意贯穿于我们年复一年、日复一日的服务工作之中去。

5. 礼貌观念

法国文学家卢梭曾说过一句名言:"生活里最重要的是礼貌,它比最高智慧和一切学识都重要。"礼貌是体现我们待人接物、文化素养、行为规范、服务优劣和管理水平高低的一面镜子。服务人员见到客人要微笑、问好、谦让、彬彬有礼。否则,其他服务工作做得再好,缺少对客的应有礼貌、微笑、问候,那服务终将是失败的。树立与强化礼貌观念,并贯穿于日常服务工作的始终,是一个星级酒店经营成功的关键,也是一个服务人员合格和职业水平高的体现。优秀的服务人员一定是待人接物礼貌、行为举止优良的人。

6. 效益观念

员工从入职的那天起,就要思考如何做好本职服务工作,如何为酒店创造良好的经济效益。要明白只有为酒店多创造良好的经济效益,才可能给大家提高薪资水平和福利待遇。星级酒店的员工,一定要记住"勋章永远只授予战功赫赫的将士,高薪永远只属于业绩卓越的员工"。特别是酒店一线创收部门,更要高度树立效益营销观,那就是:"业绩才是硬道理,赚钱才是真本领。"

7. 忠诚观念

这些年星级酒店都陷入了招人难、留人难的怪圈。这固然有薪资待遇的问题,毕业生耐不住在基层历练等因素。但更重要的是,酒店缺失了对大中专毕业生、新入职酒店员工忠诚观念意识的教育与培养。星级酒店从员工入职的那天起,就应培养员工树立对企业的忠诚观念与意识。纵观国内国外酒店管理集团,只有那些踏实、敬业、忠诚,能在一家酒店基层历练5至6年的员工,才有可能得到重用与提升。万丈高楼平地起,五星上将士兵起!酒店从员工入职开始,就要对其进行忠诚企业和职业观念的培养、培训,让员工明白,忠诚观念的树立对其职业生涯及未来发展的重要性。

8. 技能观念

酒店工作看似简单,但要做好本职工作,成为优秀的服务人员,除了要有良好的服务意识、敬业精神外,还必须练就一身过硬的本领,熟悉自己的工作职责、工作程序和优质服务标准。良好的职业技能是给客人提供优质服务、高效服务、周到服务的基础。业务技能不熟练、不精通,要想进行优质、快捷的服务,只能是一句空话。所以,要想成为一名优秀的服务人员,就必须钻研本岗业务,熟练掌握本岗位工作技能、操作方法,同时树立良好的技能观念。

9. 团队观念

酒店企业是一个需要各部门相互配合、协调,讲究群体合作、部门协作的现代企业,虽然各部门分工不同,每个员工的职责不同、岗位不同、任务不同,但酒店企业有两大核心任务是要全体员工从上到下、从内到外齐心协力才能够完成的。一是营造100%的顾客满意度和优质服务;二是创造良好的经济效益和社会效益。所以,酒店每个员工树立高度的团队观念、集体观念、协作配合观念,是十分重要和必要的一项工作。只有酒店每个成员的团队观念强烈了,酒店的凝聚力才会强大,核心竞争力才会更强。

10. 吃苦观念

酒店前厅部、客房部、餐饮部、保卫部、工程部的员工,十分辛苦,有的岗位入住率高时一天要清扫10至15间客房,遇有大型会议婚宴,餐饮部的员工要忙到很晚才能吃上饭。工程部员工遇有抢修任务,无论严冬酷暑都必须按时按量完成工作。因此,酒店的员工必须培养自己吃苦耐劳的精神,树立不怕累、不怕脏、不怕吃苦的思想观念。

11. 学习观念

在知识经济、知识资本已成为当今世界最重要的竞争资本的时候,酒店用工必须树立强烈的学习观念,唯有"学习、学习、再学习,提高、提高、再提高"才是做好本职工作、提高业务技能、提高服务水准的根本。总之,学习可以说是每位优秀酒店服务人员生存的基础,工作创新的源泉,走向成功的风帆。

12. 诚信观念

目前,国内各行业都在为建立一个诚信的社会环境而努力,酒店更是服务于人、感动于心的行业。服务人员对客人的承诺一定要守信,给客人代办的服务一定要认真、可靠,给客人提供的服务一定要准确及时,各项服务收费一定要明码实价。服务人员良好的诚信观念、诚信行为,是酒店树立良好信誉、口碑的基础,也是客人能够成为酒店忠诚顾客的关键。

13. 竞争观念

酒店的员工必须懂得入职竞争、岗位竞争、服务竞争,以及市场竞争。有了竞争观念,员工才会有危机感、紧迫感。只有不断提升自己、充实自己、塑造自己,使自己不断进步,才能成为一名优秀的服务人员。

14. 节约观念

在日常工作中,酒店服务人员应注意节约一滴水、一度电、一方气、一张纸。"节约一分钱就是百分之百的利润",要让这种观念意识贯穿于每个服务人员工作的始终,让每个服务人员都争当酒店增收节支的典范。

15. 创新观念

在工作中,现代酒店员工要有创新意识,不能死搬教条和书本知识。应树立变革和创新的观念,去创造新的服务、新的企业文化、新的营销理念。如果星级酒店的广大员工都能树立不断创新的服务观念、经营观念,那么这个酒店的经营一定蒸蒸日上。

16. 安全观念

安全可以说是酒店服务与管理工作的生命线。服务人员除了要树立良好的服务观念、技能观念以外,还要高度树立安全观念,在日常注重做好"防火、防盗、防抢劫、防食物中毒、防诈骗、防工程设备事故、防客人意外受伤、防个人工伤"等工作。

17. 感恩观念

优秀的酒店员工,能够从基层走上管理层,应感谢成长路上的每一位领导,每一家曾工作奋斗过的酒店。生活中,应感谢养育与爱护过自己的父母,感谢培养与教育过自己的老师,同时,也应感恩在从事酒店服务工作过程中指导、培训、批评过自己的领导和一起携手工作过的同事,感恩投诉过自己服务意识不足的宾客。

18. 法律观念

优秀的星级酒店服务人员,除了服务技能高超、服务意识强烈外,还必须树立法律观念,做到在日常工作生活中知法、懂法、守法,并运用自己掌握的法律知识,维护酒店的利益、客人的利益和自己的利益。同时,不做违法违纪之事,使自己成为道德品质高尚、法律意识强烈的优秀服务人员。

(资料来源:《中国旅游报》2010年11月10日)

[点评提示]

怎样才能成为优秀的服务员?上述材料从服从、纪律、自律、服务、礼貌、效益、忠诚、技能、团队、吃苦、学习、诚信、竞争、节约、创新、安全、感恩、法律18个方面回答了这一问题。请结合课本"确立成才目标"内容,你认为18个方面,哪些方面是你能够做到的,哪些方面是还需要努力创造的?

案例精选 1-2　　**做人低调,扎扎实实;做事高调,恪尽职守**
——旅游专家陈蔚德教授谈人才成长

优秀的旅游人才能让凝固的历史长河悄然融化,慢慢流入游客的心田,使其获得身心的娱乐,让旅游增色。随着旅游业的发展和日益完善,旅游人才的作用再一次凸显,而专门培养旅游人才的高等院校也在摸索中前进,希望寻求学校、教师、学生和社会的和谐统一。一个人怎样才能成为社会有用之才?人才的成长路径是怎样的?记者日前走访了陈蔚德教授。

陈蔚德教授,北京第二外国语学院兼职教授、河南大学旅游管理硕士研究生导师、郑州旅游职业学院教授,同时兼任其他10余所高校旅游系的兼职教授、客座教授,是一位实践经验丰富、理论水平深厚的旅游专家。

学校　培养能力的摇篮

教育家蔡元培曾说,大学是研究学问之机关,不是灌输固定知识的场所,更不是养成资格、贩卖毕业文凭的地方。交谈中陈教授也反复谈到这一点,他说,学校是培养学生学习能力和工作能力的地方,理论不应束之高阁,而要落到实处与实践相结合,特别是旅游院校,实践性更强。2010年4月,全国旅游院校导游大赛在南京举行,赛后陈教授做了一场题为"让课堂更贴近导游工作实际"的演讲,吸引了众多师生。

导游是旅游业的灵魂,"山好水好不如人好"是众人对导游的评价,也是对导游工作的肯定。然而导游现状却不尽如人意:导游队伍庞大,但优秀导游缺乏;社会上普遍认为"导游是青春行业",而且导游跳槽率比较高。对此,陈教授认为,作为塑造人才的学校,要培养学生的职业认同感,改变传统看法,坚定其对旅游业的忠诚度。

教师 名副其实的旅游职业人

据了解,目前旅游院校的教师大多是从高等院校毕业直接进入教师行列,从书本到书本,真正从事旅游行业并有丰富实践经历的老师并不多,这样一来就形成了教与学之间空对空的现象。

改变这种空对空的教学现象,陈教授认为除了开展"名导进课堂"活动,更重要的还是在于授课教师。旅游专业的教师应该热爱旅游、懂旅游,他们可以考导游证,亲自带团,把理论转化为实践,在实践中获得新的认知,这样教学的针对性比较强。此外,教师还要了解学生,让学生多参加实践活动,培养他们的工作能力。

陈教授说,教师分为三类:教知识、教方法、教思维方式,其中,教师的最高境界就是教会学生思维方式。说到这儿,他话锋一转,问:世界第一高峰是珠穆朗玛峰,那世界第二高峰呢,你知道吗?其实第二跟第十差不多,没人会记住。所以我们经常告诉学生要比别人做得多一点、好一点、快一点,努力争第一。做人低调,扎扎实实;做事高调,恪尽职守。

学生 书到"玩"时不恨少

如今,"文化牌"已成为旅游业的又一商机,作为未来的旅游职业人只有牢牢把握这一契机,才能在旅游行业大展拳脚。旅游职业人要懂中国、懂历史、懂中国文化故事,这样才能懂旅游。陈教授说他来河南10年,读了5年的河南,之后才开始讲河南。

"问题不在于说什么,而是谁来说。"同样的历史,有人说得干瘪无味、语竭词穷,有人叙来则是生动丰满,让人回味无穷。每一个景区都隐藏着一段历史,旅游职业人也不是背解说词那么简单,而是凭借自身深厚的文化底蕴来诠释游客所不熟悉的东西。渊源、诗词、碑刻、题词、典故……旅游职业人不仅要懂,而且能让游客懂,而这一切都需要从书中寻找。

不管是做导游,还是外出演讲,陈教授常常引经据典,旁征博引,侃侃而谈。他基本上不写演讲稿,那些东西都刻在脑袋里,用的时候就出来了。书房里满满的都是书,他指着一张照片说:"这是我在重庆家里的书柜,十几个,每个十格。"陈教授曾被评为"重庆十大藏书家"之一。

"做旅游就像谈恋爱,你心里有客人,客人心里才会有你,否则就是单相思。"做旅游不仅要博览群书,而且要有娴熟的社交能力,正确处理与客人的关系。"吹牛不拍马,说真不说假,装疯不卖傻,同行不冤家。"

如今,陈教授全身心投入教学当中,言传身教,他希望利用自己的经验和阅历为旅游业培养一批优秀的旅游人才。

(资料来源:《中国旅游报》2010年6月23日)

[点评提示]

旅游职业人的成长,需要学校、教师以及学生自己三方面的合理定位和勤奋努力。陈蔚德教授认为,学校要培养学生的知识和实践技能,还要灌输学生对旅游职业的认同感。教师不仅传承理论,还要在行业实践中打磨,只有教师自己理实一体、知行合一,才能将学生培养成才,也才能警示学生:"做人低调,扎扎实实;做事高调,恪尽职守。"学生要读懂怎样才能成为合格的旅游职业人。旅游职业人要懂中国、懂历史、懂中国文化故事,这样才能懂旅游;旅游职业人还要具备一定的演讲技能,将自己肚子里的"渊源、诗词、碑刻、题词、典故……精彩地演绎出来",这样才能吸引游客;旅游职业人还需要学会与游客"谈恋爱",这样才能处理好客服关系。请结合课本"确立成才目标"内容,说说你的感受。

案例精选 1-3

因为热爱,所以坚守

——记重庆市江津区聂荣臻元帅陈列馆讲解员赵永芳

赵永芳是红色旅游导游员、全国优秀导游员、重庆市博物馆系统十佳讲解员。

十五年的执着

"红色旅游是培养人理想、信念、操守与品格的神圣事业,是永远散发着芳香的事业,我愿一辈子做一个芬芳的使者!"这是赵永芳的真情告白。

1999年,聂荣臻元帅陈列馆开馆。西南师范大学外国语学院英语专业毕业的赵永芳到聂帅馆担任导游讲解员。"那时的我什么也不懂,只知道背讲解词,可就算背得再滚瓜烂熟,生搬硬套的讲解,游客根本不买账,讲着讲着游客就走光了。"刚走上讲解岗位时的尴尬对赵永芳来说印象深刻。但天性不服输的她并没让这份尴尬持续。她开始认真阅读《聂荣臻元帅回忆录》《聂荣臻青少年时代》《聂荣臻传》《聂荣臻军事文选》《聂荣臻科技文选》等书籍,认真了解每张照片和每件文物背后的故事,就这样,赵永芳克服了障碍,一步步成为了导游讲解的行家里手。

要给游客一滴水,自己必须要做长流水。赵永芳对与聂帅革命生涯相关联的党史、军史的学习钻研一刻也没有停歇。15年来,赵永芳翻阅了500多万字的历史资料,撰写了10多万字的读书笔记。

讲解不能千篇一律,要因势利导,因人施讲。这是赵永芳15年坚守聂帅馆导游讲解工作的体会,对于党员干部,她会把聂帅的爱党爱国、公仆情怀、务实清廉尽情彰显;对于普通群众,她会把聂帅爱国爱民、仁义厚道、强国强军等事迹生动介绍;对于军人,她会将聂帅缔造和培育人民军队以及在战争实践中总结出的军事思想等详细讲解;对于学生,她会把聂帅立志报国、为国为民建功立业阐述得生动感人。

15年来,与赵永芳一起进聂帅馆的讲解员都先后调离,而她也有许多机会跳槽,但她却选择了留下,留在她深深爱恋的红色导游讲解员的岗位上。"聂帅馆3 764平方米的展厅,来来回回我走了15年,聂帅的生平事迹我讲了近万遍,可我越讲越有劲,越讲越有情,越讲越有压力,聂帅70余年的革命经历太丰富太精彩了,要讲好讲透真是太不容易了。"这是赵永芳在红色导游讲解员岗位上求索奉献了15年后说出的心里话。因为热爱,15年的红色导游讲解仅仅是一个开始。

手把手悉心授徒

如今在聂帅陈列馆的导游讲解员,都是新进的年轻人。作为讲解战线上的一名老兵,赵永芳需要做好传帮带工作。

每天早上的例会,她会领着大家进行口腔操、绕口令、朗诵等练习,每周她都会组织大家开展讲解研讨,从仪态、语气、内容等方面展开讨论,在充分听取意见的基础上,让大家撰写翔实的讲解词,她再一篇篇修改补充,最后整理出适合大家讲解参考的范本。讲解员带着游客上展线,她跟着听,讲解结束后及时与讲解员交流,肯定优点,更多的是指出不足。对每个讲解员的优点和不足,她都了解得很清楚,并有针对性地进行纠正和辅导。

功夫不负有心人。在赵永芳的辅导下,年轻的导游讲解员迅速成长起来。化作春泥更护花,让年轻的导游讲解员尽快成熟起来,对她而言是职责更是责任。

走出展馆传递红色精神

红色之旅是理想信念之旅,红色导游讲解员是对广大党员干部和人民群众进行理想信念和革命传统教育的灵魂工程师。正是基于这样的认识,赵永芳已不满足于在展馆里传播正能量,她在思索着一个问题,能不能将展览送出去,将聂帅的故事讲到机关、学校、军营、社区呢?

2009年9月,经赵永芳建议,聂帅馆精心打造的巡展巡讲在聂帅故乡启动。为了开好聂帅精神报告会,赵永芳在15年讲解的基础上,又查阅大量资料,精心编撰文稿,经过修改提炼,最后形成66分钟的精彩报告会内容,报告会采取演讲、朗诵、演唱、讲述等形式,选取聂帅生平事迹的精彩片段进行生动呈现,再配以聂帅生平的影像资料制作而成的视频,一气呵成,高潮迭起,撼人心魄,每场报告会都是掌声不断,许多听众热泪盈眶。

巡展巡讲的良好效果让赵永芳带领的小分队信心百倍。6年来,赵永芳和她的小分队行程4万多公里,先后在河北张家口,北京航天城,酒泉卫星发射中心,13集团军所属各团以上部队,重庆20余所高校,江津各镇街机关、学校、社区,巡展巡讲1 038场,受教育近500万人次,得到重庆市委宣传部、江津区委的充分肯定。

"走出馆门天地宽,巡展巡讲让我们变被动为主动,取得了事半功倍的效果,虽然辛苦但很值得,我们将坚持把这项工作做下去,争取在聂帅诞辰120周年时,巡展巡讲突破2 000场,受教育人数达到1 000万,这可以算作我们的又一个五年计划吧!"赵永芳轻松的言语中充满了自信。

路漫漫其修远兮,吾将上下而求索。赵永芳已把红色导游讲解当作自己终生奋斗的事业。

(资料来源:《中国旅游报》2015年4月13日)

[点评提示]

核心价值观是社会主义核心价值体系基本理念的统一体,直接反映核心价值体系的本质规定性,贯穿于社会核心价值体系基本内容的各个方面。社会主义核心价值观是社会主义核心价值体系最深层的精神内核,是现阶段全国人民对社会主义核心价值体系具体内容的最大公约数的表述,具有强大的感召力、凝聚力和引导力。赵永芳以自己的实际行动和15年来的从业经历深刻地阐释了社会主义核心价值观的内涵和实质。赵永芳爱国敬业,读懂了旅游行业、读懂了讲解员工作、读懂了聂帅的故事，15年如一日的勤奋攻读、热心讲解，终于成就了她成为全国优秀导游员、重庆市博物馆系统十佳讲解员。她不仅自己成才了，还培养了一批批新人。15年的坚守、对事业的热爱、对工作的负责、对讲解技能的精益求精，是她事业成功的精粹，也是她对社会主义核心价值观的践行。请结合课本"培育和践行社会主义核心价值观"内容，谈谈你如何向赵永芳学习，积极践行社会主义核心价值观。

案例精选 1-4　　　　　悲伤川师大 127 宿舍

滕某和芦海清曾有着太多的交集：他们都是21岁，同为甘肃白银人，在同一年以相同的名次考入四川师范大学，被分到同一间宿舍——东苑2栋127室。今年3月27日晚，滕某将芦海清杀害。经法医鉴定，芦海清系头颈离断伤致死，全身有50多处刀伤。3月28日，滕某因涉嫌故意杀人罪被刑拘。

127 宿舍的日与夜

芦海清所住的127宿舍一共住了6人，除1人来自湖南，其余都是甘肃人。因为性格外向，喜欢耍宝、逗乐，芦海清和几个室友关系都不错，除了沉默寡言的滕某。

同样是老乡，滕某和其他几人的关系处得都一般，尤其和芦海清关系比较紧张。"芦海清比较贫嘴，嘴上不饶人，有时他可能只是开玩笑，没有挖苦的意思，但听的人却不这么想。"在室友小斌（化名）眼中，滕某平时话很少，独来独往。他回忆，芦海清至少有4次因琐事和滕某发生矛盾。有一次，芦海清将杯子里的水洒在地上，导致滕某摔了一跤，芦海清哈哈大笑。滕某当时就说"我早晚得弄死你"。

芦海清和滕某的床铺紧挨着，芦下床时会发出声响，尤其是周末，他到外面做兼职，7点就要起床，会影响滕某休息，因为这事，两人争吵过。后来芦海清想和别人换个铺位，但没有人愿意。芦海清先后两次向老师提出想更换宿舍，但老师表示：新生要学会和不同的人相处，这也是上大学要学习的内容之一。

唱歌引发斗殴

今年3月26日晚，宿舍有人用电脑播放音乐，芦海清忍不住跟唱了两句，还用手拍打书桌伴奏。滕某当时在看书，他大声说："唱什么唱，你唱得很好听吗？"芦海清反问："我唱两句怎么了？"谁知，滕某冲了过来，拿着手中的书本往芦海清的脸上打，一巴掌打在他脸上。芦海清也不甘示弱，拿起床上的皮带挥舞过去，刚好抽在滕某的脸上。几名室友赶紧过来劝架。滕某的脸被抽出一条血印，芦海清的T恤则被撕烂。

第二天一早，滕某起床发现，芦海清将昨晚打架被撕坏的衣服扔在他的垃圾桶里。他愤怒了，这是挑衅，他决定杀了芦海清。

最后的疯狂

3月27日，周日，上午9时。爱睡懒觉的室友们起床后发现，滕某不在床上，也不在桌边。就在这天中午11时许，班上一个和滕某相熟的女同学接到他的电话，滕某告诉她"我不想活了"。她还以为他在开玩笑，于是劝他："遇到点困难很正常，不要想不开。"

下午6时，滕某在超市买了一罐啤酒，一个人在宿舍喝，一同买回的还有一把菜刀，被他放在抽屉里。

当晚11时50分，滕某将芦海清叫到了寝室附近的一个学习室内，拿出菜刀，将他杀害。

其后,滕某告诉室友自己杀了人,劝他们赶紧报警,否则自己还要砍人。15分钟后,警察前来,将滕某带走。

芦海清2岁时,他的亲生父亲意外死亡,母亲改嫁。他由大伯抚养长大,一直喊大伯"爸爸"。在家属看过芦海清最后一面后,4月9日,他的遗体被火化。其后,他的骨灰被家人带回白银老家。

4月17日,律师在看守所问滕某:"你们之间究竟有多大仇,你要这么对他?"滕某的回答让她大吃一惊:"当时我什么都没想,就想杀了他。"滕某告诉她,自己不止一次有过杀死芦海清的念头,因为自己不喜欢别人的嘲讽,而芦海清的很多玩笑话,在他看来就是挖苦、嘲讽,"我想死,但是不敢跳楼。于是就想杀了芦海清,让法院判我死刑"。

(资料来源:《中国剪报》2016年4月23日)

[点评提示]

上述案例讲述了一个令人扼腕的故事。故事的主人公滕某和芦海清都是刚上大学的一年级新生,本来他们都有一个很好的前程,只是因为不能适应大学的新生活,在遇到同学间的矛盾时不知道如何处理,更缺乏起码的思想道德素质和法律素质,不珍惜生命,蓄意杀人,造成芦海清被杀、滕某被抓入狱面临死刑的判决的悲伤结局。两位"天之骄子"的人生之路刚刚开始,就在大学新的生活环境中结束了。请结合课本中的"提升思想道德素质和法律素质"内容,谈谈我们应当怎样在大学新生中培养思想道德素质和法律素质,让他们愉快地、和谐地度过大学新生活的磨合期,也让他们在今后的职业生涯中学会与人沟通和相处。

三、视野拓展

(一) 推荐影视

1. 相声视频:郭德纲、徐德亮《我的大学生活》

推荐理由:以幽默轻松的方式揭露了目前大学生活中一些典型的现象,引发大学生对自我行为的反思和对大学生成长成才目标的思考。

2. 俞敏洪:走进大学,只是一次生命真正的开始(在圆明园的演讲视频)

推荐理由:大学是人生历程的新阶段,刚刚迈入大学校门的新同学,面临的是全新的环境、伙伴、生活,有许多新的特点需要大学生去认识和把握。俞敏洪先生以自身的经历告诉大学生:不管今天你的环境如何、身处何地,只要你心中真正有生命热情,只要你相信你的未来总有一天会变得更加美好,只要你相信努力和奋斗的力量,你一定会有美好的未来。

3. 电视剧:《五星大饭店》

推荐理由:电视剧《五星大饭店》围绕主人公潘玉龙从一名普通的实习生、服务员、领班、贴身管家,后来降至洗衣工,最后再次当上贴身管家的经历展开。我们认为潘玉龙不断奋进的动力源泉就是他特有的"玉龙职业精神"。"玉龙职业精神"包括崇高的职业理想,即潘玉龙对饭店服务工作抱有赤诚的热爱和拥有远大的职业憧憬;严格秉承企业文化的工作作风,即潘玉龙在工作中时刻铭记着饭店的十字方针"仪表、微笑、问候、起立、让路",努力做好服务工作;增长知识和技能的上进心,即潘玉龙不满足于从大学里面学到的专业理论知识,进入饭店后仍然虚心向老员工请教,在最短时间把从未接触过的贴身管家工作做到游刃有余;

高尚的职业道德修养,即潘玉龙不断向人文知识求索,以提升自己的职业品质修养贯穿于他的职业生涯的各个阶段,良好的职业品质修养成为他百折不挠、顽强进取的精神支撑。

(二) 推荐阅读

1.《大学生最不能逃避的课》,[美]吉拉尔德·科瑞,群言出版社,2003年

原著导读:吉拉尔德·科瑞教授不是一般的人物,其著作《大学生最不能逃避的课》击败无数同类读物,成功地入选美国大学教材。从书中找找差距,而且把找差距作为快乐的事情来做吧。学习让你怎样懂得如何生活。对于未来,你怀抱着哪些雄心壮志?对于上大学,你真正想获得什么呢?学校又具有哪些实质的意义呢?本书探讨的就是上述这些问题。这意味着,你能从自问与反思中找到自己独特的优点,也能清楚自己的不足,从而拥有积极的动力,享受更多学习与生活上的欢乐,建立起终身学习的正确观念,在未来的职场中不言败。

2.《做自己的老板》,徐永平,《中国旅游报》,2009年9月29日

文章导读:从字面上来理解,"做自己的老板"应该有两种含义,一是自己创业做老板;二是做自己工作和生活的主人。本文从第二种含义上谈了作者从事旅游职业十余载的一些体会。针对处在社会转型期的现代旅游类大学生深受社会各种价值观、伦理观、道德观的冲击的现状,描写了他们既渴望实现旅游职业生涯的成功,又对冷峻的职场现实感到困惑与迷茫的精神态势。作者从忠诚、换位思考、强烈的责任意识和主宰自己的收入等方面分析了一名旅游行业的打工者如何以"老板"自居,实现自己的职业梦想。

3.《社会主义核心价值观经典名句实用手册》,《月读》编辑部编,中华书局,2015年1月

原著导读:这是一本从中华传统经典名句的角度解读社会主义核心价值观的手册。本书以社会主义核心价值观的12个关键词为纲,遴选中国古代(截至晚清)名家名著名篇的经典名句,提炼蕴含其中的思想精华和道德精髓,古为今用,推陈出新,以传统价值作为基本资源,赋予时代新内涵,真正使"中华优秀传统文化成为涵养社会主义核心价值观的重要源泉"。

四、能力训练

(一) 问题思考

1. 阅读材料"高职生,别着急,慢慢来"后,作为旅游类高职生,你怎样尽快摆正目前的心态,适应新的学习生活,树立新的职业境界?

2. 通过阅读课本必读内容"培育和践行社会主义核心价值观"和材料"优秀服务人员应树立18种观念",你觉得在校期间如何践行这些观念,历练自己的职业思想品质素养?

3. 在网上观看电视剧《五星大饭店》,谈谈你对"玉龙精神"的认识。

4. 阅读课本必读内容"提升思想道德素质和法律素质",你认为眼下旅游职业人有哪些不足的方面?应如何提高旅游职业人的思想道德素质和法律素质?

（二）材料解析

再平凡的岗位也能铸成一座丰碑

在日本，广为传颂着一个动人的小故事：许多年前，一个妙龄少女应聘到东京帝国饭店当服务员。这是她涉世之初的第一份工作，因此她暗下决心，一定要好好干！但意想不到的是，上司首先安排给她的工作是洗厕所，而且要求必须把马桶擦得光洁如新。这位少女从未干过粗重的活儿，面对分配给自己的任务感到有些委屈，手还没碰到马桶就恶心作呕，对于如何实现"光洁如新"的高标准更是苦恼不已。

在这个关键时刻，一位前辈出现在她面前，一遍遍地擦洗着马桶，直到光洁如新。然后，他泰然自若地伸手从马桶里盛了一杯水，一饮而尽！竟然毫不勉强。他不用一言一语就告诉了这位新职员，高质量的标准就是让马桶达到可以让人充分信赖的洁净程度，哪怕是自己也可以放心地饮用里面的水。这一幕看得少女目瞪口呆，热泪盈眶，如梦初醒。她痛下决心，"就算一辈子洗厕所，也要做到炉火纯青，成为一个洗厕所最出色的人！"终于有一天，她也可以当着别人的面，把自己洗过的马桶里的水盛出一杯，眉头也不皱地喝下去。从此，她的工作质量也达到了那位前辈的高水平，无论从事任何工作都力求达到完美和卓越，开始了她不断走向成功的人生历程。

几十年的光阴一瞬而过，如今的她已是日本家喻户晓的政府重要官员，她就是日本前邮政大臣野田圣子。

（资料来源：王易，邱吉，《职业道德》，中国人民大学出版社，2009年版）

问题：

1. 如果你遇到野田圣子当服务员时的同样处境会怎样去做？为什么？
2. 你怎样理解野田圣子"无论从事任何工作都力求达到完美和卓越"的理念？

五、实践活动

根据教学内容，在课内实践中，运用主题演讲法、案例讨论法、激疑启发法等教学方法，组织学生就"你心目中的大学是怎样的？""专业课和文化基础课，哪个最重要？""如何厘清旅游职场中做人低调和做事高调的辩证关系？"等问题进行演讲和讨论；在课外实践中，运用策划、参观考察等形式开展"制定个人大学生活及未来职业规划""参观某旅游企业，考察从业人员的服务状态"等实践活动。

（一）课内实践

实践项目一：你心目中的大学是怎样的？

[实践类型]

主题演讲

[实践目的]

通过引导学生认识大学特点，了解大学生活变化，提升自身的独立生活能力，树立新的学习理念，培养优良的学风。

[实践方案]

时间：9~11分钟；地点：教室

流程:步骤1　动员、引导学生谈谈心目中的大学印象。
　　　步骤2　2～3名学生发言。
　　　步骤3　课后每位学生撰写一篇评议,谈谈自己的感受。
[实践结果]
评议稿
实践项目二:专业课和文化基础课,哪个最重要?
[实践类型]
案例讨论
[实践目的]
组织学生根据任课教师在教学中列举的旅游类专业毕业生职业生涯成功的案例以及自己的感受,谈谈自己对专业课和文化基础课孰重孰轻的不同观点,探讨旅游类高职生在校期间如何科学把握好、学习好专业课和文化基础课,树立良好的"全人意识"和"职业人意识"。
[实践方案]
时间:7～10分钟;地点:教室
流程:步骤1　毕业生职业生涯成功案例讲解后,教师提出问题,引发讨论。
　　　步骤2　2～3名学生发言。
　　　步骤3　教师点评。
　　　步骤4　课后每个学生撰写评议。
[实践结果]
评议文本
实践项目三:如何厘清旅游职场中做人低调和做事高调的辩证关系?
[实践类型]
案例讨论
[实践目的]
通过教学案例"做人低调,扎扎实实;做事高调,恪尽职守"向学生介绍旅游职业人的生活,结合教学重点引导学生思考在今后的旅游职场中如何处理做人低调和做事高调的辩证关系,并阐述自己的观点,在充分的讨论中提升自己处理将来职场中问题的能力。
[实践方案]
时间:7～10分钟;地点:教室
流程:步骤1　讲解教学案例"做人低调,扎扎实实;做事高调,恪尽职守"后,教师提出问题,引发讨论。
　　　步骤2　2～3名学生发言。
　　　步骤3　教师点评。
　　　步骤4　课后每个学生撰写评议。
[实践结果]
评议文本

（二）课外实践

实践项目一：制定个人大学生活及未来职业规划

[实践类型]

策划

[实践目的]

通过制定个人大学生活及未来职业规划，帮助旅游类高职新生尽快熟悉和适应当前的大学生活，知晓未来旅游职场的生活，明确旅游职业人成长成才的目标和路径。

[实践方案]

时间：一周，课外进行；地点：校内

流程：步骤1　根据任课教师的布置和要求，每位学生要结合自己的情况，制定出切合自己实际的、有操作性的"我的大学生活及未来职业规划"。

步骤2　每位学生在一个星期内提交一份不少于1 000字的"我的大学生活及未来职业规划"。

步骤3　批改、评价、展示。

[实践结果]

规划方案

实践项目二：参观某旅游企业，考察从业人员的服务状态

[实践类型]

参观考察

[实践目的]

通过参观与考察，了解该企业一些从业人员的服务状况和从业经历，分析他们的从业优点与不足，确立自己的学习目标和科学的职业理念。

[实践方案]

时间：半天；地点：某旅游企业

流程：步骤1　由任课教师对学生布置参观、考察的目的、任务及相关注意事项。

步骤2　以小组为单位，自主进行参观、考察。

步骤3　参观、考察结束后交一张活动照片和一篇不少于1 000字的考察报告。

步骤4　批改、总结、评比、展示。

[实践结果]

考察报告

第二单元
追求先进思想,规划旅游职业人生

第一讲 追求远大理想,坚定旅游职业人崇高信念

一、学习引领

(一)学习目标

1. 知识目标

通过教学,使旅游高职生牢固掌握理想信念的基本内涵、特征与作用,明确理想与现实的关系,掌握理想信念的实现路径,树立科学的旅游职业理想信念,引导旅游高职生学习先进人物和旅游先进工作者为崇高理想和旅游行业的辉煌未来而无私奉献的精神,确立在中国共产党领导下,为实现中国梦和中国梦旅游篇章而奋斗的共同理想和坚定信念。

2. 能力目标

使旅游高职生学会理论联系实际,深化对理论知识的理解与运用,学会理性地分析问题、解决问题。通过多种形式的理论教学和实践教学,加深旅游高职生对理想信念的理解,启发旅游高职生独立研析各种案例和材料,思考理想信念问题,提升开展主题团日、问卷调查、网上调研、人物采访、现场参观等活动的能力,拓宽旅游职业理想信念的实现路径。

3. 素质目标

积极运用本校积累的思想政治教育资源,引导旅游高职生学习身边榜样,寻找前行力量。通过切合实际的教学,有效促进旅游高职生主体个性的彰显、主体能力的提升、主体精神的培养与主体人格的完善,促使他们自觉地对思想和行为进行自我认识、自我规范、自我调控,使他们在知行合一中实现自我教育。

(二)认知提示

1. 学习掌握理想信念的含义及特征,认识理想信念对旅游高职生成长成才的重要意义。

2. 确立在中国共产党的领导下走中国特色社会主义道路,为实现中国梦和中国梦旅游篇章而奋斗的共同理想和坚定信念。

3. 把个人理想和社会理想相结合起来,树立远大的旅游职业理想,把握实现理想需要具备的基本条件,坚定为实现理想而奋斗的信念。

(三) 重点难点

1. 重点索引

理想信念对旅游高职生成长成才的重要意义;树立中国特色社会主义的共同理想,在实践中化理想为现实。

2. 难点提要

确立马克思主义的信念;个人理想与社会理想的有机统一;认清实现理想的长期性、艰巨性和曲折性。

二、教学与案例

(一) 导入新课的案例

坚定科学的人生理想信念
——记四川岷山饭店有限公司总经理邹敏

1988年,邹敏从北京第二外国语学院旅游经济管理专业毕业,分配进入四川省旅游局工作,但随即又被安排至基层——刚开业的岷山饭店锻炼。面对大学毕业生的分配单,当时饭店的领导层左右为难。因为公务员与服务员工作待遇的巨大差距,曾经令两位西北大学毕业生因实在感到委屈扛不住了,找门路调出了饭店。大学本科生当服务员有什么前途?能实现自己的精彩的人生理想吗?邹敏茫然了,脑子一片空白。这时一位带班的师傅热情帮助她、启发她:在省旅游局机关当公务员会有广阔的理想憧憬,固然是好;但是,在旅游饭店里工作就没有前途了吗?就不能有精彩的理想追求了吗?只要干好了,从服务员到职业经理同样可以成就自己的精彩人生。你是旅游管理科班的大学生,也适合这份工作,既来之则安之吧,你只要放下社会上对服务员的偏见,以你的知识功底坚定地干下去,你就一定会有理想的收获!在师傅的影响下,邹敏坦然地接受了服务员的岗位,沉住气,每天坚持准时上下班,什么苦活、累活,她都把它们干好。邹敏深知,出色的饭店管理者首先要从服务员干起,没有各种服务工作的经历,是很难胜任将来的管理工作的。她没有抱怨,有的只是对于如何干好本职工作的思考。她在饭店各个部门都实践过,都交出了令人满意的答卷。她的举动,感动了饭店的领导层,几年后,邹敏顺利被提为客房部主管,过了四年,由于她出色的工作业绩和一股使不完的冲劲,她又晋升为经理助理、副经理。1995年,被人称为"弱女子"的邹敏竟成为当时西南片区星级酒店最年轻的客房部经理,1999年,她被提升为饭店常务副总经理,2004年在美国休斯敦大学希尔顿饭店管理学院顺利完成硕士学位的她,成为岷山饭店有限公司总经理。

可能在常人看来,邹敏的事业似乎太顺利了,但她深知:幸运之门只向勤奋者开启,也许勤奋者还要付出很多很多。她每天工作都在10个小时以上,经常周末也在酒店,常常是她回家,家人已经睡下。她说:"我基本上没有时间陪家人,我没有尽到妻子和母亲的责任。"为了这份事业,她失去了家庭,也招致儿子的抱怨。她深感歉疚,但她认为酒店行业不同别的行业,她没办法做到两全其美。"只能努力工作,给他一种榜样的力量吧。"面对儿子,她常这样安慰自己,并坚定信念地走下去。

还在做服务员时期,邹敏业已铸就一个鲜活的理念:要想做好一项工作,必须先要熟悉工作的每一个细小环节。注重细节、小节,成了她建功立业的基石。走上管理岗位后,她不懈地去探索国际酒店经营管理的尖端,努力考察和比较中国酒店和西方酒店职业经理人的不同与相同,从中探求适合中国国情的酒店经营管理经验。

邹敏总结说:我的整个奋斗过程,从来都不是为一个职位而去追求。我看重的是人的心灵成长。把认真的态度、专业精神和坚定正确的理想信念当作我行事的风格。把每一个职位当作一次有趣的人生积累。我需要在有限的人生中尽快地积累更多的体验。当我年老时,可以把这些体验一一翻出来,悠闲而自得地去品味有价值的一生。

(资料来源:《中国旅游报》2008年11月24日)

[案例分析]

一个人应该具有崇高的理想和坚定的信念。拥有理想信念的人生是幸运和幸福的,而没有理想信念的人生则是痛苦和可悲的。理想信念对于人生至关重要,它在人生实践中起着重要的不可替代的作用。

首先,理想信念具有导向功能。文学家托尔斯泰也说过:"理想是指路明星。没有理想,就没有坚定的方向,而没有方向,就没有生活。"他在这里所强调的,就是理想信念的导向功能。邹敏大学毕业后分配在四川省旅游局机关工作,原本人生前途一片光明,能让人产生丰富多彩的理想憧憬。可好景不长,没多久她却被下基层至一家饭店,本科生当服务员能有多大前途?在改革开放刚开始、社会偏见还比较严重的时代,邹敏不能不考虑这个问题。是带她的师傅启迪了她,只要有远大的理想信念,就不要为一时的挫折所气馁,在机关里工作有美好的前途,在酒店里工作同样也有前途。既来之则安之,而且还要干好,你才能干出一番事业来。因此,当邹敏一旦确定了以酒店事业为自己的理想信念后,就为自己的前行导引着方向。

其次,理想信念具有动力功能。理想信念能给人一种动力,一种推进的力量。理想信念为人生实践提供动力和毅力。邹敏的事业既顺利也不顺利,因为她的干劲和业绩使她在酒店里的"仕途"一路升迁,直至成为岷山饭店有限公司总经理。但是她所走过的道路是艰辛的,她付出很多很多。除了每天的辛苦,她还失去了家庭,招致了儿子对她的抱怨,然而她并没有退却,依然坚定地走下去。她期望以自己的努力工作给孩子一个榜样的力量。在理想信念的推进下,邹敏不仅注意工作细节,更关注行业发展的高端,努力探索符合中国国情的酒店经营管理经验。

再次,理想信念具有立命功能。人们之所以形成理想信念,在某种程度上是由于人们力图在现实生活中的不稳定之中,寻求一种精神的确定性,作为自己安身立命之所在。邹敏认为,自己的整个奋斗过程,从来都不是为一个职位而去追求,而是注重自己的心灵成长,她把自己安身立命于对工作的认真和对事业的敬重从而体现自己的人生价值。因此,在这样的信念支撑下,邹敏的人生道路走得充实、精彩。

(二)授课中的材料与案例精选

材料精选 2-1　　在同各界优秀青年代表座谈时的讲话

习近平

(2013年5月4日)

青年朋友们,同志们,今天是五四青年节。在这个属于青春的日子里,很高兴来参加"实现中国梦、青春勇担当"主题团日活动,同各条战线的优秀青年代表一起交流,聆听大家抒发与祖国共奋进、与时代齐发展的青春感受。

首先,我代表党中央,向全国各族各界青年,致以节日的问候!向荣获中国青年五四奖章的青年朋友们,向中国大学生和全国高校辅导员年度人物、中国青年创业奖获得者、全国农村青年致富带头人标兵、"西部计划"优秀志愿者等优秀青年代表,表示热烈的祝贺!向各行各业的先进青年典型,表示由衷的敬意!

我们同青年朋友们到航天城来,就是要实地感受载人航天精神,激励包括广大青年在内的全国各族人民为实现中华民族伟大复兴的中国梦而奋斗。

刚才,不同领域的优秀青年代表作了很好的发言。在你们身上,充分体现了当代青年报效祖国的远大志向、朝气蓬勃的精神风貌、自强不息的意志品格、甘于奉献的思想境界,也充分体现了广大青年对中国特色社会主义的坚定信念、对实现中华民族伟大复兴的必胜信心。

青年最富有朝气、最富有梦想。近代以来,我国青年不懈追求的美好梦想,始终与振兴中华的历史进程紧密相连。在革命战争年代,广大青年满怀革命理想,为争取民族独立、人民解放冲锋陷阵、抛洒热血。在社会主义革命和建设时期,广大青年响应党的号召,向困难进军,向荒原进军,保卫祖国,建设祖国,在新中国的广阔天地忘我劳动、艰苦创业。在改革开放历史新时期,广大青年发出团结起来、振兴中华的时代强音,为祖国繁荣富强开拓奋进、锐意创新。在最近的芦山抗震救灾中,大批青年临危不惧、顽强拼搏,广大青年心系灾区、无私奉献,为抗震救灾作出了重要贡献。

历史和现实都告诉我们,青年一代有理想、有担当,国家就有前途,民族就有希望,实现我们的发展目标就有源源不断的强大力量。

党的十八大描绘了全面建成小康社会、加快推进社会主义现代化的宏伟蓝图,发出了向实现"两个一百年"奋斗目标进军的时代号召。根据党的十八大精神,我们明确提出要实现中华民族伟大复兴的中国梦。现在,大家都在谈论中国梦,都在思考中国梦与自己的关系、自己为实现中国梦应尽的责任。

——中国梦是历史的、现实的,也是未来的。中国梦凝结着无数仁人志士的不懈努力,承载着全体中华儿女的共同向往,昭示着国家富强、民族振兴、人民幸福的美好前景。

——中国梦是国家的、民族的,也是每一个中国人的。国家好、民族好,大家才会好。只有每个人都为美好梦想而奋斗,才能汇聚起实现中国梦的磅礴力量。

——中国梦是我们的,更是你们青年一代的。中华民族伟大复兴终将在广大青年的接力奋斗中变为现实。

在革命、建设、改革各个历史时期,中国共产党始终高度重视青年、关怀青年、信任青年,对青年一代寄予殷切期望。中国共产党从来都把青年看做是祖国的未来、民族的希望,从来都把青年作为党和人民事业发展的生力军,从来都支持青年在人民的伟大奋斗中实现自己的人生理想。

现在,我们比历史上任何时期都更接近实现中华民族伟大复兴的目标,比历史上任何时期都更有信心、更有能力实现这个目标。行百里者半九十。距离实现中华民族伟大复兴的目标越近,我们越不能懈怠,越要加倍努力,越要动员广大青年为之奋斗。

展望未来,我国青年一代必将大有可为,也必将大有作为。这是"长江后浪推前浪"的历史规律,也是"一代更比一代强"的青春责任。广大青年要勇敢肩负起时代赋予的重任,志存高远,脚踏实地,努力在实现中华民族伟大复兴的中国梦的生动实践中放飞青春梦想。

第一,广大青年一定要坚定理想信念。"功崇惟志,业广惟勤。"理想指引人生方向,信念决定事业成败。没有理想信念,就会导致精神上"缺钙"。中国梦是全国各族人民的共同理想,也是青年一代应该牢固树立的远大理想。中国特色社会主义是我们党带领人民历经千辛万苦找到的实现中国梦的正确道路,也是广大青年应该牢固确立的人生信念。

广大青年要坚持用邓小平理论、"三个代表"重要思想、科学发展观武装头脑,把理想信念建立在对科学理论的理性认同上,建立在对历史规律的正确认识上,建立在对基本国情的准确把握上,不断增强道路自信、理论自信、制度自信,增强对坚持党的领导的信念,永远紧跟党高高举起中国特色社会主义伟大旗帜。

第二,广大青年一定要练就过硬本领。学习是成长进步的阶梯,实践是提高本领的途径。青年的素质和本领直接影响着实现中国梦的进程。古人说:"学如弓弩,才如箭镞。"说的是学问的根基好比弓弩,才能好比箭头,只要依靠厚实的见识来引导,就可以让才能很好发挥作用。青年人正处于学习的黄金时期,应该把学习作为首要任务,作为一种责任、一种精神追求、一种生活方式,树立梦想从学习开始、事业靠本领成就的观念,让勤奋学习成为青春远航的动力,让增长本领成为青春搏击的能量。

广大青年要坚持面向现代化、面向世界、面向未来,增强知识更新的紧迫感,如饥似渴学习,既扎实打牢基础知识又及时更新知识,既刻苦钻研理论又积极掌握技能,不断提高与时代发展和事业要求相适应的素质和能力。要坚持学以致用,深入基层、深入群众,在改革开放和社会主义现代化建设的大熔炉中,在社会的大学校里,掌握真才实学,增益其所不能,努力成为可堪大用、能担重任的栋梁之材。

第三,广大青年一定要勇于创新创造。创新是民族进步的灵魂,是一个国家兴旺发达的不竭源泉,也是中华民族最深沉的民族禀赋,正所谓"苟日新,日日新,又日新"。生活从不眷顾因循守旧、满足现状者,从不等待不思进取、坐享其成者,而是将更多机遇留给善于和勇于创新的人们。青年是社会上最富活力、最具创造性的群体,理应走在创新创造前列。

广大青年要有敢为人先的锐气,勇于解放思想、与时俱进,敢于上下求索、开拓进取,树立在继承前人的基础上超越前人的雄心壮志,"以青春之我……创建青春之国家,青春之民族。"要有逢山开路、遇河架桥的意志,为了创新创造而百折不挠、勇往直前。要有探索真知、求真务实的态度,在立足本职的创新创造中不断积累经验、取得成果。

第四,广大青年一定要矢志艰苦奋斗。"宝剑锋从磨砺出,梅花香自苦寒来。"人类的美好理想,都不可能唾手可得,都离不开筚路蓝缕、手胼足胝的艰苦奋斗。我们的国家,我们的民族,从积贫积弱一步一步走到今天的发展繁荣,靠的就是一代又一代人的顽强拼搏,靠的就是中华民族自强不息的奋斗精神。当前,我们既面临着重要发展机遇,也面临着前所未有的困难和挑战。梦在前方,路在脚下。自胜者强,自强者胜。实现我们的发展目标,需要广大青年锲而不舍、驰而不息的奋斗。

广大青年要牢记"空谈误国、实干兴邦",立足本职、埋头苦干,从自身做起,从点滴做起,用勤劳的双手、一流的业绩成就属于自己的人生精彩。要不怕困难、攻坚克难,勇于到条件艰苦的基层、国家建设的一线、项目攻关的前沿,经受锻炼,增长才干。要勇于创业、敢闯敢干,努力在改革开放中闯新路、创新业,不断开辟事业发展新天地。

第五,广大青年一定要锤炼高尚品格。中国特色社会主义是物质文明和精神文明全面发展的社会主义。一个没有精神力量的民族难以自立自强,一项没有文化支撑的事业难以持续长久。青年是引风气之先的社会力量。一个民族的文明素养很大程度上体现在青年一代的道德水准和精神风貌上。

广大青年要把正确的道德认知、自觉的道德养成、积极的道德实践紧密结合起来,自觉树立和践行社会主义核心价值观,带头倡导良好社会风气。要加强思想道德修养,自觉弘扬爱国主义、集体主义、社会主义思想,积极倡导社会公德、职业道德、家庭美德。要牢记"从善如登,从恶如崩"的道理,始终保持积极的人生态度、良好的道德品质、健康的生活情趣。要倡导社会文明新风,带头学雷锋,积极参加志愿服务,主动承担社会责任,热诚关爱他人,多做扶贫济困、扶弱助残的实事好事,以实际行动促进社会进步。

为实现中华民族伟大复兴的中国梦而奋斗,是中国青年运动的时代主题。共青团要在广大青少年中深入开展"我的中国梦"主题教育实践活动,为每个青少年播种梦想、点燃梦想,让更多青少年敢于有梦、勇于追梦、勤于圆梦,让每个青少年都为实现中国梦增添强大青春能量。要用中国梦打牢广大青少年的共同思想基础,教育和帮助青少年树立正确的世界观、人生观、价值观,永远热爱我们伟大的祖国,永远热爱我们伟大的人民,永远热爱我们伟大的中华民族,坚定跟着党走中国道路。要用中国梦激发广大青少年的历史责任感,发扬"党有号召、团有行动"的光荣传统,在党和国家工作大局中找准自身工作的切入点和结合点,组织动员广大青少年支持改革、促进发展、维护稳定。要积极为广大青少年实现梦想提供服务,切实改进作风,深入基层、走进青年,想青年之所想,急青年之所急,代表和维护青少年普遍性利益诉求,努力为广大青少年成长成才创造良好环境。

青年模范人物是广大青少年学习的榜样,肩负着更多社会责任和公众期望,在青少年中乃至全社会都有着很强的示范带动作用。希望青年模范们再接再厉、严于律己、锐意进取,用自身的成长历程、精神追求、模范行动为广大青少年作好表率。

青年兴则国家兴,青年强则国家强。我们党自成立之日起,就始终代表广大青年、赢得广大青年、依靠广大青年。各级党委和政府要充分信任青年、热情关心青年、严格要求青年,为青年驰骋思想打开更浩瀚的天空,为青年实践创新搭建更广阔的舞台,为青年塑造人生提供更丰富的机会,为青年建功立业创造更有利的条件。各级领导干部要关注青年愿望、帮助青年发展、支持青年创业,做青年朋友的知心人,做青年工作的热心人。

青年朋友们,人的一生只有一次青春。现在,青春是用来奋斗的;将来,青春是用来回忆的。人生之路,有坦途也有陡坡,有平川也有险滩,有直道也有弯路。青年面临的选择很多,关键是要以正确的世界观、人生观、价值观来指导自己的选择。无数人生成功的事实表明,青年时代,选择吃苦也就选择了收获,选择奉献也就选择了高尚。青年时期多经历一点摔打、挫折、考验,有利于走好一生的路。要历练宠辱不惊的心理素质,坚定百折不挠的进取意志,保持乐观向上的精神状态,变挫折为动力,用从挫折中吸取的教训启迪人生,使人生获得升华和超越。总之,只有进行了激情奋斗的青春,只有进行了顽强拼搏的青春,只有为人民作出了奉献的青春,才会留下充实、温暖、持久、无悔的青春回忆。

青年朋友们,我坚信,在党的领导下,只要全国各族人民紧密团结,脚踏实地、开拓进取,到本世纪中叶,我们必将建成富强民主文明和谐的社会主义现代化国家,我国广大青年必将同全国各族人民一道共同见证、共同享有中国梦的实现!

(资料来源:中共江苏省委党校,《习近平总书记系列讲话专题选编》,2013年11月)

[点评提示]

在讲话中,习近平总书记要求青年人要在实现"中国梦"的过程敢于担当、勇于奉献,希望广大青年一定要坚定理想信念、练就过硬本领、勇于创新创造、矢志艰苦奋斗、锤炼高尚品格。读了这篇讲话,结合课本中"追求远大理想,坚定崇高信念"内容,你认为作为旅游类专业大学生,在旅游行业的发展中应当怎样坚定信念,实现自己的职业人生理想?

案例精选 2-1　　千年伟人马克思的思想魅力

在东欧剧变之后,许多人对马克思主义产生了怀疑。但是,令人称奇的是,随着经济社会的不断发展,坚决主张消灭资产阶级的马克思却被资本主义媒体评为"千年第一伟人",坚决主张推翻资本主义的马克思主义思想却成为西方学术界的研究热点。

1999年,由英国剑桥大学文理学院教授发起,对于谁是人类纪元第二个千年"第一思想家"这一问题进行了校内的推选。投票结果是马克思位居第一,而似乎早已被习惯公认第一的爱因斯坦却屈居第二。随后,英国BBC广播公司,又以同一命题,在全球互联网上公开征询投票一个月。一个月后,汇集全球投票的结果,仍然是马克思第一,爱因斯坦第二。从互联网的分布和覆盖密度的实际情况来看,应该说,这次BBC网上投票结果,主要是反映了西方知识界、思想界精英层的评价和判断。据说,在评选活动开始阶段,爱因斯坦的票数领先。在评选活动的后期,评马克思为本千年最伟大思想家的票数直线上升,并遥遥领先于爱因斯坦。美国纽约的一家报纸用整版篇幅评论了这个意义深远的事件。不久,路透社又邀请政界、商界、艺术和学术领域的名人评选"千年伟人",对39名候选者的投票比较平均,爱因斯坦仅以一分的优势领先于甘地和马克思。这同样具有重要意义,同样说明马克思是"千年伟人"。1999年12月19日的《澳门日报》,报道了这个消息,并刊登了3位"千年伟人"的照片。该报说:"这样的调查当然不能十分科学地反映广泛的事件,但这次调查可以让我们看看一些名人的想法。"台湾地区《中国时报》12月25日在报道类似的评选活动时指出:"马克思有关资本积累与资本集中的说法,放在当今大并购潮的背景之下似乎更具意义,苏联瓦解,中国大陆也已改采社会主义市场经济路线多年,这么多学者肯定马克思,的确有些出人意料。"还说,"马克思对于资本主义的洞见应该再度获重视,他不应为其他人对其学说所作的引申背黑锅。"西方思想界所开展的这项活动和澳门、台湾地区报纸的报道,应该说是客观、公允的。尤其引人深思的是,路透社的评选活动不是由社会主义国家传媒举办的,而是由一个资本主义国家传媒举办的,这就更具有特殊的意义和重要性。

当前,世界社会主义运动处于低潮,但并不意味着马克思主义理论研究也处于低潮,相反,世界范围内研究马克思主义的热潮却在悄然兴起。从1995年到1998年,千人以上的马克思主义国际学术研讨会开过四次。它们是:1995年为纪念恩格斯逝世100周年在巴黎举行的、有1 500多位学者参加的"世界第一届马克思大会";1996年在美国纽约召开的、有

第二单元 追求先进思想,规划旅游职业人生

1 500多名学者参加的"世界社会主义者大会";接着,在伦敦召开的、有6 000多人参加、盛况空前的"96伦敦马克思大会";以及1998年为纪念《共产党宣言》发表150周年在巴黎召开的、有1 500多人参加的马克思主义国际学术讨论会。此外,1998年在巴黎还召开了有500多人参加的"第二届国际马克思大会",以及在莫斯科举行的每年一度的国际社会主义研讨会。至于小型的国际学术讨论会更是不计其数。

当然,马克思主义对西方社会的影响,不仅仅局限于学术研究领域,而且在实践领域也具有重要影响。2008年,由于华尔街金融危机蔓延,批判资本主义的鸿篇巨制《资本论》重新成为欧美读者的宠儿。该书的销售量相比2005年已提高两倍。德国的一位出版社社长说,人们尤其是年轻一代愿意读《资本论》是有理由的,因为这次金融危机的大爆发告诉他们,新自由主义的幸福诺言并没有兑现。如今在德国,马克思的影响力日渐扩大,魅力不断上升。德国现任财长施泰因布吕克,现在也开始阅读《资本论》。在接受《明镜周刊》杂志采访时,这位财长表示,"通常情况下,大家都承认马克思理论的相当一部分是不错的。"《汉堡晚报》则评论说:"现在马克思的魅力正在飞速增加。"在英国,坎特伯雷大主教罗恩·威廉斯呼吁加强对金融业的监管,并表示卡尔·马克思的观点是正确的。他在时事周刊《旁观者》中撰文指出:"马克思在很早以前就观察到了不受约束的资本主义如何变成一种神话。在这一点上他是正确的。"

(资料来源:《实践如是说——思想道德修养与法律基础案例解析》,南京大学出版社,2015年版)

[点评提示]

一百多年前诞生的马克思主义为什么被今天的人们继续传承?为什么在资本主义的西方仍被资产阶级学者们津津乐道?这归功于马克思主义能够解释一切的理论,如辩证唯物主义、历史唯物主义学说和资本论学说等。迄今为止,还没有别的理论能够超过马克思主义的理论。马克思主义是科学,不是教条。凡丢弃马克思主义的人是因为将马克思主义教条化屡遭失败无可奈何而处之;凡是将马克思主义的普遍真理与具体的环境实践相结合频频获胜的人则久久传承,坚定信仰。马克思主义有着令人惊讶的现实意义令今天的人们崇拜不已,如西方的学者提出,想要研究好解决好眼下的经济危机,去翻看《资本论》吧。阅读上述案例,学习教材内容,想一想,在当代中国,确立马克思主义的科学信仰具有什么意义?

材料精选2-2　坚定科学发展信念,构建旅游发展理想

党的十八届五中全会明确提出"完善发展理念",并且对创新、协调、绿色、开放、共享等五大理念做出了新的阐述。这对于构建中国旅游企业发展理想具有重要的现实意义和深远的理论意义。五大发展理念是一个有机整体,互相之间具有辩证关系,即:创新是动力,协调是准绳,绿色是本色,开放是本性,共享是目标,只有增加最广大人民群众福祉、获得感,实现共同富裕,才是高质量、大格局、上档次的真发展。

中国旅游企业处于经济发展新常态之中,站在转型升级新台阶之上,必须坚持科学的发展信念,既要珍惜过去的光荣传统,又要跳出原有的思维定式,舍弃一些不完善的旧理念,才能为构建"十三五"的理想目标夯实思想理论基础。

在创新发展方面,要让创新"挂帅",统揽全局。环顾世界,把创新放在第一动力的位置上是成功企业基业长青的秘诀。波士顿咨询公司评出的2015年全球最具创新力的50强企

业中,非科技类公司占75%;迪士尼和万豪国际分列第18和19位。这说明,创新同样是优秀旅游企业的灵魂,要增强中国旅游企业国际竞争力,必须把创新放在首位。

旅游企业既要坚持引进创新、鼓励集成创新,更要推进自主创新。自主创新一般都是原始创新,其源泉在于劳动者的利益和心田。对绝大多数劳动者而言,"联产才能联心",与自身利益相关才能催生创新的内在冲动。创新的前提是创意,创意的基础是思想解放。只有让员工敢想、敢说,才可能让员工敢闯、敢干,最终让创新在整个企业、行业和社会蔚然成风。因此,旅游企业既要发动全员创新,形成万众创新的热潮,又要保护好创意、专利、品牌等无形资产的知识产权,尊重首倡者、发明者、发现者等创新个体的心力劳动,一旦取得商业成功,务必给他们以足够的精神和物质奖励。

要以创新中的问题为导向,深化企业整合和国企改革。创新意味着对现存观念、秩序和利益等固化格局的挑战,会产生或大或小的"蝴蝶效应"。这些都需要旅游企业不断进行体制机制、道德文化、工艺流程等深层次的变革,更多地简政放权,把鼓励创新落到实处。

在协调发展方面,要以协调为准绳,增强发展的整体性。中国旅游产业中,有许多单体企业的硬实力已经达到世界中上等水平,而软实力还有较大差距。因此,旅游企业,尤其是大型企业必须站在国内和国际两大市场、两种资源的角度动态整合配置资源,紧紧抓住整体协调性这根主线,着力充实品牌、网络、人才、智力等软实力,开展以旅游为主业的多元化经营,打造以高体验性目的地产品为骨干的多节点产业链条,构建以有效需求为基础的多层次产业集群,降低旅游产业季节性、脆弱性等不利影响,提高抗风险能力,预防突发事件的冲击,避免经营效益大起大落,实现可持续的均衡发展。

在绿色发展方面,要完善绿色理念,在保护中发展,在发展中保护。旅游企业要正本清源,牢记"没有绿水青山,就没有金山银山"的旅游产业发展铁律,把美好环境和风景线当作企业的生命线,带头实施生态文明优先战略,编制兼顾长中短期利益的发展规划,做好投资前的环境评估,保护好土地植被、历史真迹、居民生活等原生态资源,选用节能、节水、节支等材料、设施和设备,减少过度包装、装饰和服务,杜绝各种浪费,搞好低碳化、无害化、再循环、再利用等运营工作。企业要顺应社会分工日益细化的趋势,实现专业协作,区域协同,摒弃有损环境的盈利业务,避免二次污染、防范重复污染。

绿色发展需要促进绿色消费的政策扶持。旅游企业要积极宣传环保理念,逐渐取消客房洗漱用品等一次消费品,推进控烟禁烟等控制污染措施,倡导文明消费。同时,还要努力争取优惠政策,在推广绿色能源、设施、设备中得到经济扶持和补偿。

在开放发展方面,要双向开放,着力提高国民福祉。旅游产业是典型的开放型经济,在与其他产业的不断融合中,由最初单一的中介行业,逐渐成长壮大为门类齐全、要素丰富的独立产业。旅游企业既是对外开放的受益者,又是促进者。经过多年发展,出境旅游成为中国民间外交和旅游产业的一张"王牌"。旅游企业要抓住机遇,加快"走出去"的步伐,为出境游公民提供地道亲切的"中国服务"。与此同时,旅游企业,尤其是产能相对过剩的饭店,要加大对内开放的力度,以市场为主导力量,以国内游客、本地和社区居民为目标客户,从供给侧着手,优化供给结构,提高供给效率,增加高体验性旅游目的地产品的供给,改善旅游服务质量,从根本上重构中国旅游业的产品体系,使之更加符合国民的消费习惯和口味,让广大人民群众更加满意。

在共享发展方面,要不断增加共享点,扩大共享面。共享是旅游的天性。旅游是具有事业、产业等多重属性的现代服务业。其中,旅游产业发展的终极目的不仅仅是为了收入翻番、利润加倍,而是让人民群众过上好日子。旅游产业是名副其实的民生工程,创造的直接和间接就业岗位占社会就业总量的比例超过其他大多数产业。旅游产业还是渗透率很强、性价比很高的脱贫工程,门槛低,进入易,投资小,见效快,能够化闭塞为神奇、变原始为宝贝。北京的"山里寒舍"项目就是这方面的典型案例。近年来席卷全球的"共享经济"之风,刮进了民宅、私家车等领域,催生了农家乐、民宿、专车等新品种、新业态、新模式。尽管其中还有许多不完善之处,但是,中央的决心已下、方向已明,只要是有利于科学发展的事情,就要大胆地试、勇敢地闯。旅游企业要满腔热情地关心、扶持新生事物,并与之一起成长,共同把"蛋糕"做大,让更多的群众共享。

与员工共享发展成果也是旅游企业全面实现共享理念的基础和责任。企业要改变过分依赖自然等外部资源的习惯,眼睛向内,把重心放在现有人力资源上,要千方百计优化用工、薪酬、分配等结构,善待员工,有效地加以培训、激励,提高劳动生产率。这是提升全要素生产率的关键,是实现所有共享的基础之基础。

(资料来源:《中国旅游报》2016年1月4日)

[点评提示]

促进旅游企业的发展,树立科学的理想信念十分重要。党的十八届五中全会提出的"完善发展理念"是中国旅游企业的科学发展观,要想构建并实现"十三五"的旅游行业理想目标,就必须正确理解和坚定"创新、协调、绿色、开放、共享"五大理念。这五大发展理念是一个有机整体,互相之间具有重要的辩证关系。创新是动力,协调是准绳,绿色是本色,开放是本性,共享是目标,只有增加最广大人民群众福祉、获得感,实现共同享有,才是高质量、大格局、上档次的理想发展。学习"树立科学的理想信念"内容时,结合本材料,谈谈如何坚定实现中国梦——旅游篇章的信心?

材料精选 2-3　　怎样看待酒店新生代员工的流失

当前,酒店业"招人难、流失率高"已成为普遍关注的话题,特别是随着《劳动合同法》的出台实施,用人单位的压力很大,并且招来的以80、90后为主体的新生代员工,在价值观、行为模式上具有新的特点。他们虽然朝气蓬勃、文化基础好,但"流失率高、怕吃苦、不好管理、期望值太高、受不了委屈、缺乏敬业精神"等是很多酒店管理者对新生代员工的描述,传统管理哲学和管理方式留人、激励人的方法很难见到成效。为此,本人根据多年的人力资源管理经验,通过对多家酒店走访、与同行交流及对周边酒店的调查研究和探讨,提出了应对新生代员工的流失对策。

传统的管理方式必须改变

当前,酒店业传统的员工管理模式不能做到与时俱进,脱离了当代的员工特点和成长规律。特别是日常管理上方法不对路,让员工产生逆反心理,进而离职。从酒店管理者自身分析,主要有以下八方面原因:

部分管理者专业知识匮乏,汲取行业知识少;管理方法简单粗暴;过于重视手中的权力,不能正确处理与下属的关系;管理经验不足,分析和解决实际问题的能力有待提升;培训机制尚不健全，不能引导员工树立正确的择业观、价值观；工作缺乏创新；没有很好地发挥下属的主观能动性；没有起到模范带头作用。

上述所有这些问题在一定程度上影响了管理者的威信和号召力。这些问题的形成不但与一些管理者的主观因素有关，也与当前许多酒店缺乏健全完善的管理机制有关。

透过新生代员工关注点看流失原因

1. 新生代员工工作关注点

凡上岗后的员工，自身都有较强的远见和辨别是非的能力，他们在工作岗位上的关注点主要有：企业性质及资源后盾；岗位薪资待遇；本职工作是否与个人兴趣、志向相吻合；能否发挥个人优势和专长；是否提供了有利于个人发展的平台和空间；专业对口及挑战性；上升通道及自身价值能否实现；酒店在周边的影响力；个人工作自由度；工作环境及人际关系等。上述关注点一旦与自己期望值相差甚远，就会离职，有人比喻说"新生代员工离职就如同穿衣服一样，感觉不合适就另外换一件"。

2. 流失原因

薪酬不高，酒店行业无论工资待遇还是单位提供的食宿条件、保险福利等方面与其他行业相差明显，没有可比性；社会地位不高；工作时间不规范，持续服务，有职业厌倦感；中、基层管理人员职业竞争压力大，上升通道窄；高素质人才感觉无用武之地，改行或跳槽较多；自身认识偏差，认为服务行业就是客人的出气筒，使自己失去信心；普遍缺乏职业生涯规划。

应对流失的对策

1. 从待遇方面建立合理的薪酬体系。据调查，目前上海酒店业员工月平均工资1 100元，建议酒店根据当地的消费水平进行绩效评估，切不能因周边酒店的工资哄抬而盲目上涨、攀比。

2. 树立以人为本思想，员工与企业共同发展。在企业经营管理过程中，要始终坚持"以人为出发点和管理中心"。除待遇外，要在食宿、管理方法和手段等方面体现对员工的人文关怀和尊重，生活中对一些水土不服、生病、饮食不习惯的员工要细心照顾，要真真切切地尊重员工、理解员工、关心员工、相信员工、依靠员工、为了员工。另外，管理方法不能过于简单粗暴，每个员工都有受尊重的需求，"没有员工的满意就没有客户的满意"。

3. 用企业文化留住人。好的企业文化和理念，员工认同，对企业忠诚度高，或许待遇并不高，但员工乐意在这种氛围中工作。

4. 重视旅游人力资源规范工作，树立人才兴企的战略思想。作为劳动密集型场所，新老员工交替，要注意对员工职业生涯规划设计，测定员工的期望，如皇冠、假日对员工在酒店工作满一年、两年、三年……甚至多少年后可享受什么样的待遇，能有什么样的升迁、晋级或发展机会都有规定，能让员工踏踏实实地在酒店做下去。

5. 对员工敬业精神进行培养。应着眼于职业发展，引导新生代员工把握自己的前途命运。现在我们常说80、90后员工不好管、不如以前，从管理层讲要转变观念，用正确的方法逐步引导这些新生代员工树立正确的职业观。实践证明，大多新生代出校门后心态把握不好，不够踏实、心浮气躁、眼高手低、自以为是，酒店管理者要耐心教育，鼓励他们从小事做起，从基层做起，逐步完善自我，摒弃"眼高手低"和"一切朝钱看"的观念。

6. 利用社会舆论。消除他们对酒店行业的认识偏差。适时地用好舆论影响,可以帮助引导他们树立从业的信心。

7. 学习知名酒店的管理理念。如锦江集团采取的是不同岗位拟定不同的用人待遇标准。

8. 建立"员工幸福指数"调查系统。用该系统跟踪新生代群体的成长状态。

9. 建立健全考核激励机制。制定并运用科学的评价方法对员工的表现和综合素质进行评价,对工作成绩显著、综合素质全面、基础较好的骨干员工要予以奖励和提供晋升空间。

10. 管理人员要身先士卒,起很好的表率和模范带头作用。管理者应以自己的个人魅力影响下属员工,让员工从内心由衷地敬佩,并乐意去工作,由"要我做"变为"我要做"。不要给了"官"不知怎么用,一下班就回家,不管员工生活疾苦,上班拉着长脸,情绪化,开会批评多,鼓励少,员工干活何谈高兴、踏实?要求员工做到,自己必须先做到。

11. 考虑加大对学校实习生的招聘力度。行业特性决定了酒店业是一个人员流动率高的行业,而《劳动合同法》本身并未对此界定,因此可考虑加大对学校实习生的招聘力度。一是有利于节约人力成本;二是便于学校和企业对新生代进行统一管理。当然,岗前教育是较为关键的一步,一是让他们以良好的心态面对工作中的各种困难与挫折,知道如何应对,毕竟现实与想象有很大的区别;二是让他们了解、懂得酒店的基本常识、规章制度、企业文化,快速融入酒店这个"小社会"。

(资料来源:《中国旅游报》2010 年 10 月 13 日)

[点评提示]

在新世纪,一大批旅游服务专业的毕业生不愿到旅游企业工作,已经在岗的也心不在焉,认为干服务工作地位低、收入低、太辛苦、无奔头。目前,我国旅游行业人才流失率较高。当然,我们不否认现阶段我国旅游行业一线员工的生活水平普遍比较低,这里有一个收入分配制度和管理措施需要改进的过程,旅游行业和各企业已经和正在下大力气加以解决,问题的关键在于,旅游从业人员在物质生活、功利等问题上是否有一个清醒的正确的认识。

马克思主义伦理学并不否认功利原则、物质利益在确立职业理想中的重要性。兼顾眼前利益和长远利益、局部利益和整体利益,正确处理好物质利益和精神追求是马克思主义伦理学科学的功利观。就旅游业的整体而言,旅游业发展波澜壮阔、势如破竹,已经多年成为世界第一大产业,我国旅游业改革开放三十余年的发展也同样让人刮目相看,2020 年旅游业的经济比重在国民经济中占 8% 以上,旅游业将成为国民经济的厚重的支柱行业之一。旅游从业人员不为眼前的得失所虑,一心一意地献身旅游事业,旅游事业就能得到更好更快的发展,旅游企业也会随之壮大增强。旅游行业、旅游企业的日益强势必然会带来旅游从业人员的待遇的提高。这是毋庸置疑的。旅游从业人员持之以恒地奉献旅游事业,随着时间的推移,资历、经验、能力会大大提升,为旅游事业的贡献也会逐年增多。奉献得越多,回报也必然会增多。若干年后,一名普通的从业人员就会被企业培养成为优秀的员工、出色的管理者,甚至成为行业中深受爱戴的全国劳动模范或者行业先进工作者,成为著名的旅游企业家。在我国旅游从业人员队伍中,不计得失,殚精竭虑,无怨无悔终身服务于旅游行业的员工数不胜数,这是值得人们骄傲和欣慰的。

请你结合"在实践中化理想为现实"的教材内容,谈谈你对实现旅游职业理想的正确认识和坚定的信念。

材料精选 2-4　　**旅游业全面实现"十二五"确定的发展目标**

"国内旅游收入完成预期目标的163%""旅游业总收入完成预期目标的165%""旅游直接就业完成预期目标的193%"……来自国家旅游局数据中心日前发布的消息,"十二五"期间,我国国内旅游市场持续高速增长,入境旅游市场增长放缓,出境旅游市场保持高速增长。旅游业全面实现"十二五"确定的发展目标。

2015年是"十二五"收官之年。数据显示,至"十二五"末,我国国内旅游人数40亿人次,国内旅游收入3.42万亿元,分别完成预期目标的121%和163%;入境旅游人数1.34亿人次,入境过夜人数5 689万人次,分别完成预期目标的102%和100%,实现国际旅游收入1 136.5亿美元;中国公民出境旅游人数达到1.2亿人次,完成预期目标的133%;全年实现旅游业总收入4.13万亿元,完成预期目标的165%。全年全国旅游业对GDP的直接贡献为3.32万亿元,占GDP总量比重为4.88%,超过4.5%的预期目标;综合贡献为7.34万亿元,占GDP总量的10.8%。旅游直接就业2 798万人,完成预期目标的193%;旅游直接和间接就业7 911万人,占全国就业总人口的10.2%。

统计数据显示,2015年,我国国内旅游市场持续高速增长。全国国内旅游人数40亿人次,同比增长10.5%。其中:城镇居民28.1亿人次,农村居民11.9亿人次。全国国内旅游收入34 195.05亿元,比上年增长13.1%。其中,城镇居民旅游消费27 610.90亿元,农村居民旅游消费6 584.15亿元。全国国内旅游出游人均花费857元。其中,城镇居民国内旅游出游人均花费985元,农村居民国内旅游出游人均花费554元。在春节、十一两个长假中,全国共接待国内游客7.87亿人次,实现旅游收入5 661.3亿元。

统计数据显示,2015年,入境旅游市场企稳回升。入境旅游人数1.338亿人次,同比增长4.0%。其中:外国人2 599万人次,下降1.4%;香港同胞7 945万人次,增长4.4%;澳门同胞2 289万人次,增长10.9%;台湾同胞550万人次,增长2.5%。入境过夜旅游人数5 689万人次,同比增长2.3%。其中,外国人2 029万人次,下降2.5%;香港同胞2 709万人次,增长4.7%;澳门同胞467万人次,增长10.9%;台湾同胞484万人次,增长2.5%。国际旅游收入1 136.5亿美元。

据统计,2015年,我国出境旅游市场增速放缓。全年我国公民出境旅游人数1.2亿人次,旅游花费1 045亿美元。

(资料来源:《中国旅游报》2016年2月1日)

[点评提示]

当旅游类高职生在树立科学的旅游职业理想并为之而奋斗时,必须真实了解我国旅游行业发展的现实,上述材料中的许多旅游行业发展的最新数据就是最好的实证。通过这些数据,你就能感触到旅游行业发展的巨大魅力,从而预测未来发展的良好趋势,坚定你为旅游事业而奋斗的信心。请你结合"在实践中化理想为现实"教材内容,谈谈上述数据对你在实现中国梦——旅游篇章的实践中放飞青春梦想有怎样的帮助?

材料精选 2-5　　　　　　　　**如何增强旅游职业吸引力**

现代旅游业的竞争由硬件设施的竞争到价格竞争再到服务竞争,并最终体现为旅游人力资源的竞争。旅游人才的专业素质、服务态度、服务技能、服务意识等决定了旅游服务质量的高低。优秀的旅游人才队伍是旅游城市提供高水平服务的根本保障。因此,人力资源不仅是旅游企业最重要的经营资源,而且是一个城市旅游产业最重要的经营资源。现阶段增强旅游职业吸引力应主要采取以下措施:

1. 打通旅游从业人员晋升通道。为了增强旅游行业的就业吸引力,应实施行政职位晋升与专业技术晋升相结合的双轨制职业成长路径,以拓宽旅游基层员工的职业成长路径。一是旅游主管部门或旅游协会应建立技术岗位等级考评制度的顶层设计,对饭店、旅行社、旅游景区等旅游企业的工作岗位实行分类分级考评;建立常态化的旅游职业专业技术等级考核机制,打通旅游从业人员晋升专业技术等级的通道。二是建立旅游专业技术人才的薪资福利保障机制。旅游主管部门或旅游协会应将旅游企业拥有不同级别的专业技术人才数作为其评级的重要指标,这将有利于引导旅游企业重视专业技术人才。专业技术晋升制度为员工创造了更大的职业成长空间,有利于鼓励基层员工长期从事专业技术岗位,从而实现员工、旅游企业和行业发展的多赢。

2. 强化旅游从业人员权益保障。旅游主管部门或旅游协会应建立更加具体、可操作的旅游从业人员权益保障机制,以切实有效保障旅游从业人员的劳动权益。一是建立劳动纠纷快速处理机制。旅游主管部门或旅游协会应设立专门的旅游从业人员权益援助组织,负责处理旅游从业人员权益侵害事件,协调相关部门快速处理旅游行业的劳动纠纷,切实维护旅游从业人员的合法权益。二是旅游主管部门或旅游协会可以定期发布地区旅游行业的工资数据,包括不同类型企业、不同岗位的最高工资、最低工资、平均工资等,并根据不同地区的实际情况分类设定最低工资建议,以信息调控手段引导旅游企业切实保障基层员工的合理劳动收入与福利。三是旅游主管部门或旅游协会可以设立旅游从业人员权益保障基金,主要用于对弱势或困难的旅游从业人员进行法律援助、生活救助等。四是加强对旅游企业管理者进行劳动法规普及培训,并将旅游企业维护劳动者权益的情况作为其评级、评优的重要评价指标。

3. 营造尊崇旅游职业的社会氛围。旅游主管部门或行业协会应采取多种措施以营造尊崇旅游从业人员的社会氛围,吸引优秀人才从事旅游职业。一是定期开展年度优秀从业人员评选活动。一方面,通过评优活动奖励在旅游产业发展中做出突出贡献的从业人员,同时激发更多旅游从业人员的职业自豪感、荣誉感。另一方面,通过主流宣传媒介向社会公众广泛宣传旅游行业的服务明星、先进事迹、突出贡献等,树立旅游职业良好的形象,扩大旅游职业的社会影响力和声誉,让社会公众更多地了解、理解、尊重旅游从业人员。二是定期开展旅游行业的技能比赛、比武活动。通过这类活动评选出行业技术能手、行业服务明星,既能加快行业优秀人才脱颖而出,又能以先进人物的示范效应来激发其他员工的职业荣誉感。另外,可以通过这类活动搭建一个常态化的行业交流平台,以促进旅游行业的技术交流、人才交流。三是由旅游主管部门或行业协会牵头开展旅游行业最佳雇主评选活动,以表彰在维护员工权益方面做出突出贡献的旅游企业,营造和谐的行业用工环境。

4. 构建职业心理健康援助平台。由于职业特性，旅游一线基层员工容易存在心理自卑、不公平、委屈等心理失衡问题，影响其身心健康。旅游行业协会应联合各级各类旅游企业，建立旅游从业人员心理健康援助平台。一是聘请心理医生或职业心理师定期到旅游企业为员工提供心理咨询或医疗服务。二是建立旅游从业人员心理健康热线电话、网络论坛、微博微信等，借助多元化的媒介载体为旅游从业人员提供心理咨询服务。三是通过内部刊物、网站、电子报刊、手机微信等多样化形式对旅游从业人员进行心理健康知识的培训，教授员工应对压力、挫折的方法与技巧，引导其对心理健康进行科学的自我调控与管理。

5. 完善员工后勤支持服务系统。由于旅游业是消费服务性行业，行业特性决定旅游从业人员经常性的加班、倒班，不能在正常节假日休息等，使得旅游从业人员不能很好地履行家庭责任。旅游协会可以联合各成员单位共同构建旅游从业人员后勤支持服务系统。一是建立旅游从业人员职业生涯管理平台。旅游行业协会、旅游企业应设立专门组织、专人为旅游从业人员提供职业生涯发展的咨询、培训、管理等服务，将旅游从业人员的个人职业生涯发展有机融入旅游产业人才战略管理范畴。二是建立员工家庭友好服务平台，为员工照顾家庭成员提供老人照顾援助、儿童看护中心、生活信息与咨询服务等。三是定期开展员工主题业余活动，资助旅游从业人员经常性开展丰富多彩的业余兴趣爱好活动，丰富旅游从业人员的业余生活、缓解工作疲劳的同时，增进员工之间的人际交流。

（资料来源：第一旅游网2016年2月1日）

[点评提示]

实现旅游职业理想是一个长期性、艰巨性和曲折性的过程，这不仅是因为需要旅游职业人的主观努力，也需要旅游行业客观环境和条件的具备。上述材料提出了要想增强旅游职业的吸引力，让旅游职业人为实现自己的旅游职业理想而努力奋斗，旅游行业及整个社会必须打通旅游从业人员晋升通道、强化旅游从业人员权益保障、营造尊崇旅游职业的社会氛围、构建职业心理健康援助平台、完善员工后勤支持服务系统等。客观条件具备了，再加上人的主观努力，旅游职业人就会坚定理想信念，终身为之奋斗。在学习"在实践中化理想为现实"教材内容时，你认为构建良好的旅游行业客观环境和条件对于实现旅游职业理想的过程有怎样的意义？

案例精选 2-2　摆脱逆境，磨难能使我们更加幸福

"失败的意外好处"

将近而立之时，乔安妮曾自认为一个不折不扣的失败者。在生下女儿仅几个月后，她就结束了短暂的婚姻。她离开了伤心地葡萄牙，带着女儿前往苏格兰爱丁堡投奔亲友。她没有工作，仅靠国家补贴抚养女儿，同时还承受着令父母深感失望的负罪感。为了让乔安妮接受良好教育，父母曾经费尽心血。她最终患上抑郁症，感到自己一事无成，甚至想过自杀。

然而，正如多年后她在一场演讲会上所说，这段惨痛经历帮她排除了一切杂念。她认清了真正的自我，并且开始将全部精力都投入到一项重要事业当中：写作。

在那场题为"失败的意外好处"的演讲会上，乔安妮表示，如果在其他方面小有所成，她永远都不会下决心发挥自己的真正才能。贫困、孤独和失落在乔安妮的生活中一一变成现实，但她却还活着。

人生低谷为她重塑自我打下坚实的基础。5年后，乔安妮凭借《哈利·波特》系列畅销

书摇身变成亿万富翁小说家J·K·罗琳。根据权威杂志《福布斯》公布的榜单,陷入逆境14年之后,她在2008年以年收入3亿美元登上收入最高作家榜首,并且成为全球最具影响力的50人之一。

2008年6月,罗琳在哈佛大学毕业典礼的那场演讲会上,娓娓道出自己从逆境中重新站起来的人生经历。她提醒在场的天之骄子们,他们很可能对未来的失败没有充分准备,并且对失败怀有畏惧,而惧怕失败正是现代社会的一个弊病。

"创伤后成长"

很多心理学家都对罗琳的观点表示赞同。我们应当学会忍受逆境带来的痛苦,进而排除对失败的恐惧。此类观点尤其适用于爆发经济危机的今天。

心理学家的此类观点在一定程度上来源于对创伤后压力症的研究。过去的研究发现,在车祸和家人病危等悲惨经历之后,首先出现的多为事物消极的一面。但是现在有越来越多的研究成果开始涉及"创伤后成长"这一课题。

实际上,经历一场浩劫之后,感到脱胎换骨的人远比自怨自艾甚至精神错乱的人多。此外,那些将失败抛诸脑后的人不但在精神上更加坚强,而且在很多方面都比遭遇失败之前有所长进:他们的生命力更加旺盛,人际关系得到改善,并且更能同情和理解他人疾苦……

美国弗吉尼亚大学的乔纳森·海特教授认为,失败使人不断成长。要想在经受创伤之后有所长进,那么这一改变过程将比一般情况更加艰难和痛苦。我们之所以能够成长,并不是因为曾经经历逆境,而是因为我们必须不断适应新的现实情况。逆境使某些人变得更加灵活变通,并且能够很快将痛苦从记忆中删除,但并非所有人都能如此。有些人就一意孤行,不思改正。

乌尔里希·范利希滕施泰因是13世纪奥地利的著名骑士。在那个时代,人们视情欲为人生的终极目标。乌尔里希也是其中之一,他的爱情诗篇随着他的癫狂行径传遍各地,最后汇成一部名为《愿为女士效劳》的自传体诗集。

这位中世纪的骑士爱上了一名女子,但她却毫无回应,她的拒绝使乌尔里希做出种种极为荒唐的举动。那名女子解释说,她之所以不愿成为他的爱人,是因为乌尔里希的上嘴唇过于丰厚。于是我们的主人公便对自己实施了现在我们称之为外科手术的行为,而后等待他的是持续将近一年的疼痛难耐。

那名女子认为这种痛苦还不足以表达诚意,仍然拒绝接受他的求爱。乌尔里希为了赢得芳心而参加了多场赛事,有一次险些失去一只手。那名女子得知后反而嘲笑说:"我想他的小指还在。"乌尔里希听闻此言,即刻将小指削掉,附上一首长篇情诗一并送给了那女子。

对方的回答很干脆:"我从不认为一个理智的人会做出这种蠢事。"郁郁寡欢的骑士随后踏上一段传奇旅程:他离开自己的城堡,向在日耳曼王国领土上遇到的所有人发出挑战。一旦战胜,他就强迫战败者向他所爱的女子致敬。乌尔里希·范利希滕施泰因的史诗和悲剧以不出人们意料的结局画上句号:他至死也没有获得爱人的芳心。他的错误在于,虽然不断遭遇失败,但仍然抱住同一战略不放。

"自我形象"

美国斯坦福大学的心理学家保罗·瓦茨拉维克认为,改变态度对人类而言是一件相当痛苦的事,因此我们在遭遇失败之后很容易重蹈覆辙,甚至变本加厉。瓦茨拉维克主要研究与改变有关的人际沟通。他举例说明,在自己的话不能被别人理解的情况下,我们往往会极不情愿地重复同一句话,并且会逐渐提高音调。瓦茨拉维克认为这种观念是阻碍个人进步的大敌。如果我们不能将其摒弃,就永远无法从失败中吸取教训。

斯坦福大学的另一位心理学家卡罗尔·德韦克从"自我形象"概念出发,拓宽了上述观点的内涵。她认为,我们对个人能力的判断可能是固定的,也可能是可变的。在这个方面,思维灵活的人,即具有发展思维的人获得成功的概率更高。

德韦克对思维固定的人的定义是,他们认为自己的智力、天赋和社会能力等基本特征是不变的。这些人自以为才华横溢,而且无需加以保持。实际上,他们花费大部分时间来显示自己是卓尔不群且大受欢迎的人,简言之就是胜利者。为了展现这种形象,他们不允许任何人指出自己的缺点,而这就使他们丧失了学习的能力。如果一个人执念于掩饰自己的失败,那就很难有所长进。

相反,以发展思维作为指导的人则认为,应当通过不懈努力来修身养性。这种观念赋予了他们巨大的发展潜力,在科学家、企业家和运动员当中有很多成功典范。

人们在失败面前可能采取两种截然不同的态度:思维固定的人认为缺点是智力低下或者缺乏天分的象征。而思维灵活的人则将其视为学习的机会。因此后者更适合成为优秀的导师:他们能够帮助学生、子女或者配偶磨炼对失败的忍耐力。

勇于面对失败

并非只有在工作中才需要掌握面对失败的艺术。人们在谈到这一话题时,通常列举的都是在各个领域当中的成功典范,例如,迈克尔·乔丹、亨利·福特、托马斯·爱迪生以及上文提到的J·K·罗琳在获得事业成功之前都曾陷入逆境。其实无需提及这些著名人物。在日常生活中随处可见失败带来成功的例子,我们可能听说或者亲身经历过这样的情况:某人的婚姻破裂,却因此找到更适合自己的伴侣;抵押问题导致我们没有买到心仪的房子,但也使我们有机会遇到更加称心如意的住宅;与一位损友交恶,却使我们避免了近墨者黑的可能……

因放弃幻想、友谊或爱情而引发的危机很可能反而对我们大有裨益。因为在这些艰难时刻,我们更容易成长进步。从长远角度出发,磨难能使我们在未来生活得更加幸福。

美国精神分析家朱迪丝·维奥斯特认为,在处理夫妻、朋友和长幼关系时,我们可能陷入两种困境。其一是放弃在年幼时期建立的某些固定关系模式。如果不能学会摆脱这些模式,我们将永远无法懂得其真正价值所在。其二是承受争执、不和或关系决裂带来的痛苦。作为失败的不同形式,这些情况可能使我们的人际关系变得更加健康。

实际上,一段关系的决裂可能将我们从困境中解放出来。面对一段不能顺利发展的关系,我们应当痛下决心,快刀斩乱麻。

如果所有的研究结果都表明,失败是成功之母,那么为什么人们还避之唯恐不及?美国加利福尼亚大学的理查德·W·罗宾斯认为,失败已经成为现代社会中的一种禁忌。根据他的观点,我们在令自己或者他人失望的时候会或多或少地产生两种感情:责任感和羞耻感。第一种感情于我们有益,因为它能在我们脑中激发一种"我这次做得不好"的想法。第二种则相反,因为它会使我们产生"我很愚蠢"的念头。这二者具有天壤之别:在第一种情况下,我们认为下次还会改进;在第二种情况下,我们就已经把失败归为永恒了。罗宾斯强调,现代社会生活更易于激起我们的羞耻感,而非责任感,这就导致很少有人愿意谈及自己遭遇的逆境。

尽管如此,J·K·罗琳和很多成功人士已开始打破这一禁忌,他们往往持有同一种观点:在失望情绪弥漫的危急时刻,正视现在更不应闭口不言失败,应当勇于面对失败,通过自我调整为未来取得成功夯实基础。

(资料来源:《参考消息》2009年10月21日)

[点评提示]

实现理想、创造未来是一个长期的、艰巨的和曲折的过程,会遇到种种失败与磨难。遇到失败和磨难怎么办?上述案例给你提供答案。首先,要正确认识失败和磨难。视失败为成功之母能够获得意外的好处,反之惧怕失败则会痛苦永伴。其次,面对失败要学会灵活应对,重塑自我,不断学习。最后,要增强责任感,抛弃羞耻感。在学习课本中"实现理想的长期性、艰巨性和曲折性"内容时,参看上述案例,你对案例中的答案是否满意?为什么?

案例精选 2-3　　**全国劳动模范、海南导游李静娜的奉献人生**

2010年4月27日,2010年全国劳动模范和先进工作者表彰大会在北京人民大会堂举行,来自各行各业的近3 000名全国劳动模范和先进工作者欢聚一堂,接受党和人民授予的崇高荣誉。然而,光荣的时刻,一位旅游行业的全国劳动模范却未能亲身见证。因为,此刻的她,正躺在北京妇产医院肿瘤科的病床上,病历上写着令人揪心的几个字——"癌症晚期"。她就是2010年全国劳动模范、海南兴旅导游服务有限公司导游——李静娜。

来海南之前,李静娜生活在千里之外的内蒙古。1992年,内蒙古自治区经济委员会在海口设立口岸办事处,李静娜被派驻到海南负责接待工作,成为义务导游员。一来二去,她竟然喜欢上了这份工作。经过全国导游统一考试,她于1998年9月拿到了导游证。那一年,她39岁。

由于年龄大,文化底子薄,想干好导游工作可不是件容易的事情。但是李静娜有着一股子不服输的精神,每次出团,她总是带上书本,见缝插针地苦学。她还拜别人为师,苦练导游基本功。兴旅导游服务有限公司的同事们一致认为,"李静娜的带团技巧不是最好的,知识储备也不是最好的,但她的热心和服务却是最好的。"十多年来,李静娜敬业爱岗、无私奉献,拼命工作、任劳任怨,诚实守信、忠于职守,即使身患绝症依然坚持工作在导游第一线。从1998年当导游至今,她带的团量在海南导游中连续创下最高纪录,平均每年300多个工作日,出团上百个,且12年无一投诉。2009年5月到今年2月,李静娜已经知道自己身患癌症仍然出团46个,接待游客2000多人;出团时间139天,每月平均出团14天,一天工作10多个小时甚至20个小时是常事。她成了海南导游圈里出了名的"拼命三郎"。对于她来说,"导游已不仅仅是一份职业,更是毕生所追求的事业"。"把最好的服务奉献给游客""用诚信赢得游客的心"成为她的座右铭。游客亲切地称她为我们的"阳光导游"。当李静娜由于病情严重,要从海南转院到北京治疗时,她仍然保持一贯的阳光微笑。"我会坚强的,我会争取早日治好,回来继续为游客服务的。"

海南省省长助理、省旅游委主任陆志远说，李静娜很坚强，她有着一颗纯洁的心，热爱祖国，热爱人民，对事业、对集体、对工作，有着强烈的责任心。"这个时代需要弘扬这种精神！"

(资料来源：《中国旅游报》2010年5月5日)

[点评提示]

李静娜用自己的毕生精力践行了个人理想与社会理想的有机统一。她根据自己的个人喜好和发展可能，在39岁时与国家旅游行业最需要的导游职业结合起来。她克服了年龄大、文化底子薄，拜别人为师，苦练导游基本功，敬业爱岗、无私奉献，拼命工作、任劳任怨，诚实守信、忠于职守，即使身患绝症依然坚持工作在导游第一线。她为实现理想勤奋努力，终于得到社会的回报。国家授予她"全国劳动模范"的称号，政府领导表彰她，号召人们向她学习。李静娜用自己的行动证明：只有把实现理想的道路建立在脚踏实地的奋斗上，才能放飞青春梦想，实现个人理想。在学习"坚持个人理想与社会理想的统一"和"在实现中国梦的实践中放飞青春梦想"的教材内容时，思考李静娜的事迹，你会受到哪些教益？

案例精选 2-4 金翠萍的坚定的服务信念和精准服务的职业人生

换床单、吸地毯、理衣柜……这一个个动作，金翠萍已经重复了27年，做了无数遍不仅不觉疲倦，而且次次服务精准。

从1986年高中毕业、进入上海市西郊宾馆参加工作至今，金翠萍已成长为资深的"全能型"服务员，长期工作于中宾接待岗位，不离不弃、无怨无悔。多年来，她精益求精的工作态度多次得到各级领导的赞誉和好评。

中宾接待工作，讲究的是心诚、眼尖、口灵、脚勤、手快，以及敏锐的洞察力。金翠萍的服务信念就是为每一位客人营造一个温馨有序的"家外之家"。

2011年11月到2012年4月期间的139天中宾接待工作，是近年来西郊宾馆中宾接待时间最长的一次重大任务。担任贵宾贴身服务的工作依然落到了有着丰富接待经验的"全能手"金翠萍身上。对于每次的接待任务，金翠萍都及时与部门沟通。为了让客人感受到人性化的亲情式服务，金翠萍每次都提前将客人的客史资料进行仔细学习和研究，甚至对每位贵宾的个性化习惯都早已牢记在心，连有些贵宾家人和身边主要工作人的情况都能说出许多细节。结合贵宾的个性化需求，金翠萍常常建议部门提前采购物品，这样的细心给许多为贵宾打前站的客人留下了非常深刻的印象。接待中，她主动与贵宾及其随行人员密切接触，记录下每一个细节，制定详细的档案，全心全意为客人提供最满意的服务。不少客人都赞扬金翠萍的亲和力，也正是这个特质，使她能够和贵宾及其家人、工作人员取得融洽而高效的沟通，从而及时掌握宾客的需求，更有针对性地为其服务。

这位从业多年的"老师傅"一丝不苟，严守机密，除了做好本职工作外，还细心带教进入贵宾接待区域的新员工，以身作则，每一天的服务接待、每一个细节都落实到位，坚持做到服务规范化、标准化、制度化，带领新员工尽快学习，尽早胜任，起到了积极的表率和帮教作用。

金翠萍告诉记者，把贵宾都当成自己的长辈，把随行的工作人员都当成自己的兄弟姐妹，想他们所想，急他们所急，设身处地地为他们服务，对方自然会感受到你的善意和用心，这样每次的接待任务都能圆满完成。

"中宾接待记大功奖""服务世博，奉献世博"立功竞赛优秀个人奖……面对这些成绩，金翠萍显得非常谦虚,腼腆的笑意里满是淳朴。在她看来,作为中宾接待的基层员工,最重要的是要有一颗责任心和平常心,做好自己的本职工作,为集团争光,也是为国家和上海人民争光。她的执着、坚韧、努力和勤奋终于绽放了她的亮丽青春。

(资料来源:《中国旅游报》2013年8月16日)

[点评提示]

金翠萍的事迹是酒店服务员践行个人理想与社会理想统一的案例。金翠萍是上海市西郊宾馆的一位很普通的服务员,她27年的服务工作也很普通,是每一位旅游类专业毕业的大学生都能够做的。但是,她的敬业、认真、细致、心诚、讲究规范的职业品质却不是任何人都能够做到的。她的勤奋工作同样获得社会的回报。她能够实现自己的理想与她把实现理想的道路建立在脚踏实地的奋斗上分不开的。酒店管理专业或爱好该专业的学生在学习"坚持个人理想与社会理想的统一"和"在实现中国梦的实践中放飞青春梦想"的教材内容时,可以参考此案例,想想在未来的酒店服务工作中怎样向金翠萍学习。

案例精选 2-5　　　　**勤奋学习,毛头小伙成为烹饪大师**
　　　　　　　　　　——记北京大戏楼营运总监、烹饪大师姜波

　　1994年,姜波从原北京61中学、现在的烹饪职业高中毕业。因为学习出色,姜波留校担任了烹饪专业教师。这一年,姜波年仅18岁。在学校组织的一次课外活动中,姜波认识了当时国宝级烹饪大师刘俊卿。刘师傅看中了姜波,有意收他为徒。姜波的母亲却不同意:"面点师傅又苦、又累、不挣钱,被同行看不起。"但是刘师傅身上的那种中正之气以及对烹饪技术的探索之心还是让姜波拜其为师,开始了长达10余年的学艺之路。除了每周教两天课,其余时间姜波都用来向刘师傅学艺。1996年,北京举办首届面点冷拼食雕大赛,初出茅庐的姜波获面点金牌组第一名,抱回了3块金牌中的一块,20来岁的姜波成为高级厨师。由于技艺精湛,这一年的8月,在师傅的带领下,姜波进入国家机关,先后为一些中央领导人服务。1998年,姜波参加了北京第四届烹饪大赛,拿到面点金牌,成为全国高级技师。之后,又在师傅的鼓励下,姜波走出"红墙"转战于社会餐厅并远赴海外表演讲学,积累了丰富的厨房、餐厅管理经验,练就了组织、设计、安排大型中高档宴会制作本领。2008年,姜波被聘为北京集餐饮文化和戏剧文化于一身的大戏楼的营运总监。

　　看到今天的成绩,姜波情不自禁地说:"今天能够管理可以容纳1 600多人同时进餐的大戏楼,多亏了这些年的历练和师傅的教诲。"走上管理岗位之后,姜波更加发奋图强。如果说当初学习烹饪并以此为业是为了谋求生存的一技之长,是出于对美食的热爱,姜波认为现在他对这个行业的热爱和投入则更多的是想实现自己的"念想"——传承京味精品,把餐饮上升到餐饮文化的高度。在他的带领下,大戏楼重新恢复了北京传统名菜。他们挖掘研制宫廷点心、菜肴,改革创新北京小吃等。许多客人就是冲着油炸冰激凌、御制八珍糕、老北京蜜供、贝母秋梨膏等北京小吃而来。如今大戏楼已经恢复整理出了上千种北京传统的热菜、小吃等。"天天变着样,三年也吃不完。"京味精品吸引来许多入境游客。听着台上梅兰芳京剧团的精彩演出,品尝着各式精美的北京小吃、宫廷菜肴,客人们无不为之陶醉。

(资料来源:《中国旅游报》2009年1月2日)

[点评提示]

成功的天平总是会倾向于勤奋学习,刻苦钻研之人。北京大戏楼营运总监、烹饪大师姜波的学艺经历鲜活地印证了这句至理格言。作为一名旅游从业人员,固然会做着成功事业的七彩好梦,但要梦想成真,让上苍将成功拱手相送,还是有赖于梦想者自己的努力、努力、再努力。烹饪专业的学生在学习"坚持个人理想与社会理想的统一"和"在实现中国梦的实践中放飞青春梦想"的教材内容时,认真思考姜波的事迹,细细品味"天道酬勤"的深刻寓意。

三、视野拓展

(一)推荐影视

1. 视频:《百年小平》

推荐理由:这部视频全面展示了邓小平博大精深的政治思想、传奇跌宕的人生经历和丰富质朴的情感世界,既有生动的故事,又表达了深邃的思想内涵,被称为国内第一部口述历史纪录片,更是第一部口述体的伟人纪录片。通过观看,学习小平精神,树立远大的人生理想,坚定信念,为实现中华民族伟大复兴的中国梦而不懈努力。

2. 不朽的信念——电影:《面对巨人》

推荐理由:一个失意的教练,在经过痛苦的蜕变后,重拾信心,重塑信念。一个改变了的教练,一支改变了的球队,从必输无疑,到一场场打入复赛,最终取得冠军。虽然电影短短100多分钟的表现略显幼稚及少许刻意夸张,但是电影所体现的精髓却深深触动人的内心深处,这是一部很好的励志影片。

其实拿我们自己来说,又何尝不是这样。我们都不知道其实自己已经拥有了100码的能力,但通常我们只有30码的信心,对50码就觉得恐惧,100码更是遥不可及的目标。很多时候,并不是我们不够好,也不是我们没有尽力。我们都在努力,只要我们再坚持一下,就可以到达目标,成为能够被信赖的人,同时也收获信心。

3. 视频:《感动中国》之全国"最美导游"2015年度颁奖仪式

推荐理由:由国家旅游局、光明日报社主办,中国旅游报社承办的"寻找最美导游"活动于2014年5月19日正式启动,历时一年。此次活动旨在发现和推出一批诚实守信、乐于奉献、积极向上、奋发有为、践行旅游行业核心价值观、恪守旅游职业道德的导游,树立导游群体的良好形象,促进我们进一步理解、尊重和信任导游,增强当导游的职业自信心和自豪感,激励和引导广大导游热爱旅游、服务游客、奉献旅游。

北京导游李志广、辽宁导游金磊、上海导游胡蓉、浙江导游潘伊玫、福建导游黄玉麟、河南导游董亚娜、广东导游张潇潇、广西导游刘萌刚、四川导游邱高、新疆生产建设兵团导游艾克拜·米拉吾提10人,当选全国十大"最美导游"。江苏导游李滨和安徽导游鲍柳明获得游客满意奖,福建导游陈艺榕和王青火获得旅游奉献奖,江苏导游夏军获得传"导"授业奖。河北、山西、河南等10个省旅游局或旅游委,获得最佳组织奖。

(二)推荐阅读

1.《青年们,读马克思吧!》,[日]内田树、石川康宏著,于永妍、王伟译,红旗出版社,2013年10月原著导读:在世界出版物中,阐释、解读马克思著作的各种读物可以说是浩如烟海,但大多晦涩难懂,以至于很多年轻读者往往是"谈马色变"。《青年们,读马克思吧!》在体裁上别具一格,以内田树与石川康宏两位著名学者书信来往的形式对马克思经典理论进行阐释,这一创意可谓史无前例。通过8封书信,两位作者分别就《共产党宣言》《论犹太人问题》《黑格尔法哲学批判导言》《经济学哲学手稿》《德意志意识形态》这些马克思经典著作中的经典问题进行了讨论。两位作者文风不同,对同一问题的态度及观点也有不同,这种形式增强了阅读的趣味性,能使我们以一种快乐的阅读方式深入浅出地品味马克思,受到良好的思想信念教益。

2.《我的人生故事》,[美]海伦·凯勒著,朱力安译,安徽文艺出版社,2013年1月

原著导读:《我的人生故事》是海伦·凯勒的自传性作品,作品以翔实的笔触描述了她在失去视力和听力后,由早年的自暴自弃到学会用顽强的毅力克服精神痛苦,学会读书和说话,学会和他人沟通,并以优异的成绩毕业于美国哈佛大学的奋斗历程。《我的人生故事》中收录的《假如给我三天光明》是海伦·凯勒的散文代表作,她以一个身残志坚的柔弱女子的视角,告诫身体健全的人们应珍惜生命,珍惜造物主赐予的一切。

3.《不平凡的人生,寻常的道德境界——记全国优秀导游员吕东》,《中国旅游报》,2009年1月2日

文章导读:1987年,吕东大学毕业进入重庆市客轮总公司团委工作,他的一些同学已经干上导游,他就拿自己与他们比,觉得自身的综合素质、文艺才能等方面的条件并不比他们差,也很适合导游职业,于是铁心辞职转到重庆亨大旅行社做了一名专职导游,开始了他坚韧、执着和快乐的"旅游人生"。从1993年到现在,吕东接触旅游近20个年头。这些年里,重庆市"十佳导游"、重庆旅游界公推资深"金牌导游员"和"全国优秀导游员"等系列称号见证了他个人理想与社会需要集一体的精彩的导游人生旅程。

四、能力训练

(一)问题思考

1. 阅读材料"坚定科学发展信念,构建旅游发展理想"和统编教材第一章"追求远大理想,坚定崇高信念"内容,想一想旅游职业有怎样的未来?你如何坚定信心,放飞旅游职业的美好梦想?

2. 阅读案例"摆脱逆境,磨难能使我们更加幸福"和《我的人生故事》,联系所学内容,谈谈如何面对今后跌宕起伏的旅游职业人生?

3. 在网上观看"感动中国2015年度人物"视频,谈谈令你最为感动的人物是谁?为什么?

4. 阅读"金翠萍的坚定的服务信念和精准服务的职业人生""不平凡的人生,寻常的道德境界——记全国优秀导游员吕东"等案例,结合所学内容,想想他们的精彩旅游职业人生主要表现在哪里?

(二)材料解析

援藏之旅不平淡

和很多人一样,遥远而神秘的西藏,令吴洲向往;和很多导游一样,援藏导游令吴洲敬佩,而这两者相加,就是江西导游员吴洲开启援藏之旅的最初动力。

"因为需要,所以来到"是他作为援藏导游的真实感悟。

西藏情结

从 2006 年开始,吴洲就已经先后 5 次参加导游援藏工作,十几次登上珠峰。谈起最早对西藏的认知,吴洲用"神秘"两个字进行了概括。

2005 年,吴洲在西藏的朋友就跟他提起过那里的美丽,勾起了他对西藏的最初向往,去西藏也成了他的一个梦想。幸运的是,没过多久,这个梦想就有了实现的机会。2006 年,在九江庐山招商国际旅行社工作的吴洲,得知国家旅游局在每个省份选拔援藏导游,他及时报名并顺利通过了考核。

但是,从报名到接到进藏通知,吴洲心中的忐忑一直存在。"未到西藏之前,只能通过来自书本和电视的资料,形成对西藏的认识。那时候,只知道那里是文成公主和亲的地方,那里有个装满宝贝的地方叫布达拉宫,那里海拔高导致做饭得用高压锅,那里有蓝天白云、高山湖泊,那里的人都有黑脸庞和高原红……"说着自己当初的揣摩,吴洲自己都忍俊不禁,"总之,在当时,西藏在我心里是很朦胧的。"

然而,让吴洲没有想到的是,在 2006 年第一次为期半年的援藏工作后,他对西藏有了新的感悟。"我对西藏的情结不再仅仅是被它的神秘所吸引,而是真真切切地喜欢上了援藏导游这份工作。"

他时常会告诉那些想来西藏的人,来这里只要带上你的眼睛和你的笑容就好,这里的人会让你的旅程充满美好和惊喜,他们的真诚和亲切会让每个远道而来的客人都有宾至如归的感觉。

于是,第二年,吴洲继续报名参加援藏导游的选拔,随后的第三年,第四年,第五年……直到现在,他都在坚持着自己的援藏导游之旅,并期望这个旅程能一直持续走下去。

真诚相守

在援藏这些年间,每年 4 月中旬,吴洲便踏上了雪域高原这片净土,经过一段时间的集中培训和学习后,开始工作,用自己掌握的语言给世界各地的客人讲述西藏的历史传说,用自己最熟悉的方式将西藏的独特和魅力展现给每一位来到高原的客人。而这样的工作会一直持续到每年 10 月中下旬。

去西藏的旅游团在藏日期一般都在 4 到 6 天,长一些的有 8 天左右,而吴洲经历最长的足足有半个月时间。

多次进藏带团,让吴洲渐渐克服了因为气候和地形原因导致的睡不熟、易上火、流鼻血、易着凉等小问题,并慢慢融入了这片土地。

从 2006 年第一次援藏,吴洲在西藏生活和工作已近 10 年。在这期间,他迎来送往的客人不计其数,发生的故事也随着时间的流逝变得模糊。但总有那么几件事几个人,萦绕在脑海,挥之不去,愈加清晰,让他的援藏之旅变得平凡而不平淡。

"前几年,我接待了一对来自台北的老夫妇,初次抵达高原的他们非常期待在西藏的旅行。不料,在行程过半的时候,老太太却患上了肺水肿,住进了医院。于是,我就白天带领其他客人参观景点,晚上替老先生整夜陪着老太太,让老先生得以休息。最后,在行程结束的那一天,老太太激动地流下了眼泪,告诉我,有空一定去台北和她见面。"吴洲说,老夫妇相濡以沫的感情和老太太身上乐观向上的态度,让他领悟到:"人与人之间最重要的是真诚和相守。"

从2006年至今,吴洲多次带团登上过珠峰,在这期间,除了看到珠峰日出那一刻的欣喜,登峰途中的辛苦以及突发事故,也一次次考验他。2013年的一天,在吴洲带团踏上珠峰的途中,大巴车轮深陷冰里,无法前行,在执勤交警也束手无策的情况下,客人们失望地看着远处珠峰,他们沮丧的神情让吴洲感到难过,他在寒风中走到附近工地借来了工具,在大家的共同努力下,车子终于走出了泥泞,游客按时抵达了珠峰观景台,看到了珠峰日出。吴洲说,当时,有客人把热水袋和羽绒服硬塞进他的手里,一股暖流立刻涌上了他的心头。

心存感激

吴洲说:"我希望能用自己的力量为援藏事业做出贡献,哪怕只有一点点。"对于多次的援藏经历,吴洲心存感激,他觉得,是援藏让他的导游生涯变得更丰富。

"导游行业是一个服务行业,作为一名普通的导游,我希望用自己的热情与正能量感染我身边的每一位游客。"吴洲说。

导游是一个乐趣和挑战同在的职业,导游面对的每一个团队、每一位客人身上都会发生不同的故事。在援藏的过程中,吴洲明白了自己不仅仅应是景点知识的讲解者、专业热情的服务者,更应该是文化的传播者。

在西藏,吴洲认识了不少藏族朋友,接触到了汇聚藏族世间百态的甜茶馆,那里就像一幅幅活动的史诗画卷,有流浪的民间艺人、传统的藏族牧民、退休的老职工等,他们用不同的生活经历和表达方式向吴洲展示了藏族源远流长的文化底蕴,他们用笑容让吴洲感受到了藏族民众对新社会生活的满足。

援藏的经历让吴洲更热爱导游职业,让他觉得更应该努力学习相关的专业知识,更好地去服务旅游事业,尽自己最大的能力将西藏的文化与外界联系起来。

今年11月,在江西省旅游发展委员会召开的表彰大会上,从事导游工作13年的吴洲作为2015优秀援藏导游受到了表彰。他说,他所希望并一直在做的就是,将自己感受到的幸福和书本上学到的知识结合在一起,传达给每一位客人,让他们也能认识西藏的历史和今天。"这也是我作为一名援藏导游的职责所在。"吴洲说。

(资料来源:《中国旅游报》2016年1月4日)

问题:

1. 一个江西籍导游为什么要把去西藏当成他的一个职业梦想?
2. 通过案例以及所学内容,谈谈如何认识个人理想与中国特色社会主义共同理想的关系。

五、实践活动

根据教学内容,在课内实践中,运用课堂讨论法、辩论法、启发法等教学方法,组织学生就"当代大学生应该有怎样的职业理想?""逆境出英才,顺境出英才"等问题进行讨论和辩论;在课外实践中,运用征文、走访等形式开展"理想与人生""旅游职业理想点亮人生道路"等实践活动。

(一)课内实践

实践项目一:当代大学生应该有怎样的职业理想?

[实践类型]

讨论会

[实践目的]

通过讨论,让学生对当代大学生的理想进行深入思考,树立正确的理想,并为之奋斗。

[实践方案]

时间:15分钟;地点:教室

流程:步骤1　分组分工,7人左右一组,设组长一名,记录员一名。

步骤2　小组讨论发言,组长主持,记录员记录。

步骤3　发言完毕后,小组形成简要结论。

步骤4　各组组长在课堂上陈述自己小组的结论,并作简要解释。

步骤5　组织全班同学对讨论中的焦点问题进一步讨论,由班长主持。教师最后总结发言。

[实践结果]

讨论结果综述

实践项目二:*逆境出英才,顺境出英才*

[实践类型]

辩论会

[实践目的]

通过辩论,让学生对成长环境有更清醒理性的认识,明白在今后的成长道路上,无论身处顺境逆境,都要充分发挥主观能动性,立志成才,实现理想。

[实践方案]

时间:80～90分钟;地点:教室

流程:步骤1　分别组织两个由4人组成的辩论队,一个为正方,另一个为反方;确定主持人,评委成员。

步骤2　在主持人的组织下,两队进行辩论活动,观众学生可以参加辩论。

步骤3　评委进行评议打分,主持人根据评委意见进行评价。

步骤4　老师总结。

[实践结果]

每位学生课后撰写一篇心得体会

(二) 课外实践

实践项目一:"理想与人生"

[实践类型]

征文

[实践目的]

通过撰写征文,让学生对理想与个人成长成才的关系有更深刻的思考,进一步明确自己的奋斗目标并将其付诸于每天的努力中。

[实践方案]

时间:1个月;地点:校内。
流程:步骤1　教师对征文的目的及意义进行讲解动员。
　　　步骤2　利用课外时间进行征文写作。
　　　步骤3　征文提交、评选打分。
　　　步骤4　优秀论文展示、诵读。
〔实践结果〕
文章

实践项目二:"旅游职业理想,点亮人生道路"
〔实践类型〕
走访
〔实践目的〕
通过走访身边的优秀旅游从业人员,畅谈旅游职业理想与个人人生道路的关系,让学生明白旅游职业理想是旅游从业人员的人生之魂,是旅游职业人生的指路明灯,旅游从业人员的人生在追求和实现旅游职业理想中实现自己的价值,写出优异的人生答卷。
〔实践方案〕
时间:半个月;地点:校外。
流程:步骤1　教师对活动的目的和意义进行讲解和动员。
　　　步骤2　课外访谈并记录。
　　　步骤3　撰写心得。
　　　步骤4　批改、讲评心得。
〔实践结果〕
心得

第二讲　弘扬中国精神，构筑旅游职业人精神家园

一、学习引领

（一）学习目标

1. 知识目标

本讲的教学以爱国主义为核心的民族精神和以改革创新为核心的时代精神的中国精神为切入点，贴近旅游类高职生学习、生活实际，使他们学会理性爱国，与时俱进，改革创新，并且结合自身学习的知识点，担当起旅游行业辉煌发展的历史重任，努力做忠诚的爱国者和勇于创新的实践者。

2. 能力目标

把握爱国主义的科学内涵，了解中华民族爱国主义的优良传统和时代价值，明确改革创新的主要体现和重要意义，通过寻找并分析身边的爱国行为与改革创新的案例，开展参观爱国主义教育基地、观看爱国主义教育影片、观摩改革创新的旅游企事业单位等实践活动，引导学生从自身出发，切实发扬爱国主义的民族精神和改革创新的时代精神。

3. 素质目标

引领旅游高职生做忠诚理智的爱国者，追求高尚的旅游职业人生，热衷于旅游职业中的改革创新，让学生发现爱国就在身边，改革创新处处可见；提升学生立足自身、理性爱国、大胆改革、勇于创新的思想道德素养。

（二）认知提示

1. 中华民族悠久辉煌的历史文化孕育了中国精神，涵养了伟大的民族精神和时代精神。中国精神作为兴国强国之魂，是实现中华民族伟大复兴的中国梦不可或缺的精神支撑和精神动力。

2. 民族精神是中华民族生命力、凝聚力、创造力的不竭源泉。爱国主义作为民族精神的核心，既是中华民族最深厚的精神传统，也是动员和鼓舞旅游从业人员团结奋斗的精神旗帜及推动中国旅游业发展的巨大力量。

3. 时代精神是时代发展的产物，是人类文明在每一个时代的精神体现。随着改革开放和中国特色社会主义事业的不断发展，改革创新成为当代中国的最强音，改革创新精神也由此成为时代精神的核心。当代旅游高职生应胸怀祖国，放眼世界，勇做时代精神的弘扬者和旅游行业改革创新的实践者。

（三）重点难点

1. 重点索引

新时期中华民族的爱国主义；改革创新对于中国旅游行业发展的重要意义。

2. 难点提要

在经济全球化条件下,在旅游从业中弘扬爱国主义,做改革创新的实践者。

二、教学与案例

(一)导入新课的案例

导游人员要处处以国家利益为重

来自中青旅新疆国际旅行社导游买地尼亚提·海力力在全国旅游系统先进集体、劳动模范和先进工作者表彰大会上说:

导游工作要求我们处处要以国家利益为重。1996年,新疆阿勒泰地区发生了雪灾,联合国救援组织的人要考察灾情,我有幸被选中去当翻译。由于东西方文化的差异,当地政府为了感谢他们,在每天用餐时,总是安排丰富的膳食,客人对此不解,对我方的灾情产生了误会。我凭借对东西方文化的了解和从事导游工作练就的应变能力,对客人说:"哈萨克族热情好客,即使家里再穷,也要用最好的东西招待客人。"使对方的误解及时消除,为当地争取了差点失去的300万吨粮食捐助款项。

2001年,有位多次来华的游客,由于受到国外错误言论的误导,在新疆期间大肆发表歪曲中国形象的言论,在团队中造成了不良的影响。

我义正词严地当众给予了反驳,用大量事实阐述了正确的观点。当有理、有据、有力的反驳结束时,在场的游客们不由自主地热烈鼓掌。作为一名普通的维吾尔族导游,我以自己的实际行动维护了国家和民族的尊严。

(资料来源:《中国旅游报》2007年5月21日)

[案例分析]

爱国不是空洞的,必须落实在行动上。新疆导游买地尼亚提·海力力两次在行动中维护了祖国和民族的利益,尤其是在游客对祖国进行非议时所表现出来的行为和气质更让人敬佩。旅游从业人员弘扬爱国主义精神不仅要搞好本职工作,在服务工作中遇到游客对祖国的声誉有非议时,要主动站出来说话,实事求是地维护祖国的形象和尊严。业界中,有些从业人员工作还不错,但对游客非议祖国时无动于衷,置之度外,这是错误的,是违反职业道德的。旅游行业是祖国形象的窗口,从业人员代表祖国的形象,维护祖国的形象和尊严责无旁贷。我们在学习"弘扬中国精神,构筑旅游职业人精神家园"教学内容时,应当借鉴买地尼亚提·海力力的事迹,在搞好本职工作之余,注意游客对祖国的议论,需要时立即主动站出来,以摆事实讲道理的方式引导游客的正能量议论,表明自己对祖国的真诚热爱。

(二)授课中的材料与案例精选

材料精选 2-6　　　　　"爱国主义"在古今中外

爱国主义是一个典型的现代意识形态,是人类社会通向现代化过程中的重要思潮之一。爱国的最根本前提是必须要有一个可以为人们情感提供依托的"国家"。没有国家或国家意识,"爱国主义"的情感就无以附着。

国家的历史形态

古希腊罗马时代,国家乃"神与人共同居住的地方"。基督教在欧洲传布以后,欧洲国家

45

成为基督教国家,教会是上帝在信仰领域的代理人;君主则是上帝在世俗社会的代理人。处于封建时代的欧洲,"国家"的内在含义空泛而不确定,国王们也时常搞不清自己"国家"的边界到底在哪儿,随意丢弃土地的现象经常发生。而广大民众则被紧紧束缚于土地之上,只认同领主及其领地,"国家"的概念对于从不认识外部世界的人来说是无法想象的,爱国主义无从谈起。

中世纪教会势力强大,控制着欧洲各国的政治、经济、文化事务,王权相当羸弱,信仰使民众对上帝的爱远比爱国要庄严、神圣、重要得多。

经过漫长岁月,世俗王权力量得到加强,教会却蜕化为野蛮。王权与教权之间的冲突,到13世纪末渐渐激烈起来,既然教皇自命为"人间之父"、教会为世人的"母亲",为与教皇抗衡,国王就把自己当做"国家之父"——祖国的概念由此产生。

欧洲现代民族国家起源于英法百年战争(1337年~1453年),这场历时百余年的战争打出了现代民族国家的雏形。此时欧洲人才朦胧意识到,在不同土地上生活的人具有不同的民族性,近代英吉利民族、法兰西民族开始形成,国家渐渐具备了民族特征。随着基督教势力衰退和贵族权力逐渐瓦解,中央政府作用越发凸显。法国在路易十五时代经历了人类历史上最重要的一次思想变迁:启蒙运动。它为法国大革命奠定了强大的思想基础,也是近代爱国主义思潮的来源。

把"祖国"推上神圣地位的是卢梭,他于1764年发表《向祖国圣坛的奉献》一文。文章中,卢梭要求民众接受"举国皆兵"的教育,呼吁对儿童、青年进行爱国和战争的训练。说为了"国家",他们将在沙场上重生。为什么卢梭对国家产生了如此深厚的爱国主义情怀?一方面,它是基督教衰落、宗教思想世俗化的一种体现,对上帝的爱被移情于国家;另一方面,它与启蒙运动权利意识的觉醒有着很大关联。爱国主义的最初阶段是为伸张民权而来,人民之所以要热爱这个国家,是因为拥有国家的主权。拥有权利,方能承担义务。当国家危难之时,爱国主义热情得到激发,就是理所当然的事情。

爱国主义的极端化

卢梭理论在法国革命中产生了深远影响。法国革命正是以人民主权为基础反对君权的一场爱国主义运动。由于大革命几乎完全忽略现代国家的权力配置问题,它导致了严重后果,先是以罗伯斯庇尔为首制造的恐怖时期,接着又带来了拿破仑专制。

拿破仑专制时期开始了欧洲征服,同时把近代国家形态向全欧洲扩散,当现代国家意识对德国产生深度影响的时候。爱国主义的内容随之发生重大转变:爱国主义在法国是国家与权利的结合,在德国则是国家与民族的结合,主权由人民权利一变而为国家权力。

拿破仑于1806年8月6日取缔了神圣罗马帝国,两个月后,普鲁士又在耶拿战役中惨遭失败,这两件事给德意志人造成了巨大心理冲击,像火一样点燃了德国人的民族意识和爱国精神。

堪称德意志民族最伟大爱国主义哲学家的当属费希特。费希特于1807年12月13日到次年3月20日,在拿破仑占领下的柏林科学院圆形大厅连续发表14次演讲。演讲中,他号召德国人民反抗外来侵略,对唤醒德意志民族意识、树立民族尊严起到重要作用,有力地推动了德国的国家主义和民族主义情绪。

但不论是卢梭还是费希特，他们激荡起的爱国主义情怀在受到赞誉同时，都受到后人的强烈批评，而其中尤以费希特为甚。费希特在演讲中到底说了什么？在演讲中，费希特对国家进行了神圣化和乌托邦化，并赋予绝对意义，国家成为高于一切的东西。他要求德意志人民为了国家，不仅要交出自由，还要交出意志自由。他完全不承认在国家权力与个人自由之间的平等关系。费希特的爱国主义思想，在内容上凝结着国家意志，精神上灌输了民族主义情绪，目标的正义性被手段的极端性代替，这种极端性深刻影响了未来的德国。当爱国主义结合民族意志，纳粹主义便破门而入——它导致费希特这位伟大的爱国主义哲学家的一腔深切的爱国主义情怀，被后来学者一致公认是研究纳粹主义思想的开端。一个世纪后，德国面目全然不是费希特所期待的那样——它变得狰狞和恐怖。

爱国主义在中国

中国是天朝上国之"国"，与西方君主的区别在于，皇帝不是上帝的世俗代理人，皇帝自身就具有神性，是受命于天的统治者。在这种政治框架下的爱国，必然是与忠君联系在一起的，忠君爱国，维护的实为天命。当遭遇外族入侵时候，残酷的战争塑造了大批可歌可泣的爱国主义者壮烈形象，从屈原到岳飞到文天祥到史可法，等等。这种建立在对"君"绝对效忠基础上的"爱国"，是一种与天下共存亡的生死。中国爱国主义者们的表现，既惨烈悲壮又缺乏理性和深度。

中国最早系统阐述"爱国主义"观念非梁启超莫属，他在1899年2月发表长篇文章《爱国论》，指出："我支那人非无爱国之性质也。其不知爱国者，由不自知其国也。"那么到底什么样的人才能算一个爱国者呢？梁启超指出，爱国者必须要认识到，爱国是与民权紧密联系在一起的："爱国者何？民自爱其身也。故民权兴则国权立，民权灭则国权亡……故言爱国必自兴民权始。"——民权，正是启蒙运动的产物，梁启超迅速找到了爱国主义在西方起源的依据，中国晚清启蒙的起点并不低。在中国现代史中，最为壮烈和悲壮的爱国主义篇章莫过于抗日战争。

爱国主义的现代图景

在现代社会中，每个人都不可能没有自己的国家，不可能没有自己的故土，也不可能不属于一个族群，爱国主义是公民的天然情感和自然属性，它具有强大的正面意义。但爱国主义的极端化是一把双刃剑，一切非法行动都会以国家意志强加给个人和他国，人民的安全就会失去保障，世界也不会有和平与安宁。日本侵华战争、纳粹德国发动的第二次世界大战，都是以"爱国主义"为旗号，以民族主义为底色，以军国主义为手段，以争夺生存空间为目标所发动的侵略战争，给人类社会造成极为惨重的损失，哀鸿遍野、血流成河。

殷鉴不远，为防止这种惨绝人寰的悲剧再度上演。在现代国际关系准则中，要求每个国家在维护国家尊严和领土完整前提下，进行适当的主权让渡并充分保障个人的自由不受侵犯。不论是国家的土地意义还是民族意识，都是为了人的全面发展和自由才发生作用的。只有国家对人民承担责任，人民才会与国家的兴衰休戚与共，爱国主义才会成为人类最可珍惜的情感之一。

(资料来源：《中国经营报》2012年9月24日)

[点评提示]

这篇材料讲述了西方爱国主义的由来、中国古代爱国者的精神,并对今天爱国主义的内涵提出了精准诠释。西方的爱国主义是在教权与王权的争斗中逐渐发展起来的,当教权强大时,人们只是崇拜宗教,没有国家的意识;当教权衰落,王权兴盛时,近代的爱国主义思潮产生。但是,爱国主义在德国发展时出现了极端化,将人民的主权剥离,强调国家成为高于一切,高于人民的东西,于是它成了产生纳粹主义的温床。文章指出,中国古代的爱国主义则强调对"君"绝对效忠基础上的"爱国",是一种与天下共存亡的生死。这种爱国主义同样具有缺陷。文章精辟提示,现代的爱国主义不应当再是国家高于一切,高于人民,以牺牲个人的全面发展和自由的爱国主义,而是提倡将国家利益与人民利益结合起来,为维护个人全面发展和自由,对人民承担责任的爱国主义。只有这样,爱国主义也才能在人们心目中深深扎根。这些知识对于学习课本的"以爱国主义为核心的民族精神"具有很大裨益。请你谈谈对今天的爱国主义是怎样认识的。

案例精选 2-6　　　　　　**民族精神靠什么延绵**

《苦难辉煌》一书以其独特的视角、鲜明的语言,为我们再现了一幅20世纪20年代至30年代中国革命历经磨难挫折、走向辉煌胜利的历史全景画。《解放日报》8月25日刊登该报记者对其作者金一南少将的专访,摘登如下。

记者:看《苦难辉煌》,觉得那个时代特别的刚强,这样的"血性",当代还需要吗?

金一南:当然需要。你看美国大片,他们到今天还是非常崇尚英雄。我2006年到中俄边境,有个团长跟我讲,他们到俄罗斯巴甫洛夫斯克参观那里的无名烈士墓,一个幼儿园的老师正带着孩子们在讲故事,老师哭,小孩子也哭。团长说,他在那里看了很长时间,很感慨,三四岁的孩子知道什么历史呀? 关键是俄罗斯还有一批至今在烈士墓前掉泪的老师。他说,不要说俄罗斯现在经济怎么样,我看到这个民族的精神延绵不绝。

记者:相比之下,您觉得我们有些历史教育是否存在缺失?

金一南:有个日本学生到中国留学,他听说了邱少云的故事,非常崇拜,就问一位中国同学,说你们有个英雄,在一次执行任务时为了不暴露目标,宁愿被火烧死也纹丝不动,他叫什么名字? 这位中国学生说,不知道他叫什么,但像这样的傻瓜今天不会再有了。这个日本留学生回国写了一篇文章,认为中国人根本不懂什么叫做英雄。今天的一些教育工作者,缺乏基本的感染力,说到底施教者本身都不信自己讲的话,怎样让听众相信? 要想让民众相信你所讲的东西,首先你自己要相信它,并愿意为之付出和奋斗。

(资料来源:《解放日报》2010年8月25日)

[点评提示]

无论是俄罗斯的教师带着学生在烈士纪念碑前哭泣,还是日本人对邱少云的崇拜,他们流露出的都是自然的、诚挚的崇敬某种英雄精神的情愫。那么,今天我们的国人又知道多少民族英雄和革命烈士? 即便知道了又能对他们的民族精神产生多少感动和热爱? 如果这一切都难以启齿,传播者本身都不相信自己传播的内容,我们的民族精神又如何传承、延绵? 也许我们能够找出种种原因予以解释,但我们能不能正视评价英雄烈士、教育传播本身存在的问题? 长期以来,我们总是以"高、大、全"的视角神话了英雄和烈士,似乎他们战胜敌人、战胜困难是那么的

第二单元 追求先进思想,规划旅游职业人生

容易与顺利。这样的评价和教育,怎能让人相信?怎能让人们感动、哭泣、记住英雄烈士的名字?又怎么能传承、延绵英雄烈士们伟大的民族精神?其实,英雄烈士在现实中就是一位很普通的人,他们在战胜敌人、战胜困难的过程中是多么的不容易,是那样地反反复复、曲曲折折,充满着痛苦、充满着悲伤,充满着艰辛。就是因为他们付出了一般人难以付出的代价,经历了一般人难以经受的磨难,才使他们成为英雄烈士,弘扬了他们伟大的民族精神。如果我们从人的角度实事求是地评价分析英雄烈士们这样的经历,教育和引领后来之人,又怎能不让人感动、哭泣和崇敬?怎能不叫人记住英雄烈士的名字,传承延绵他们的民族精神?请结合课本中的"民族精神"内容,认真思考这一问题。

材料精选2-7　供给侧改革考验执行者的战略定力

1月26日召开的中央财经领导小组第十二次会议,研究了供给侧结构性改革方案。习近平总书记在讲话中指出,"要把思想认识统一到党中央关于推进供给侧结构性改革的决策部署上来""各地区各部门要坚定信心、坚决行动,抓紧抓好抓实,切实取得实效"。

做好"实"的文章,是推动全面深化改革的保障。这其实包含两层含义:一是要"落地",不能悬而不决;二是要"推进",不能点到为止、有头无尾。尤其是面对改革重任,各级领导干部都要拥有"铁肩",对照"三严三实",强化责任担当,保持战略定力。

习近平总书记在中央全面深化改革领导小组第十四次会议上强调,"领导干部是否做到严以修身、严以用权、严于律己,谋事要实、创业要实、做人要实,全面深化改革是一个重要检验""要把'三严三实'要求贯穿改革全过程"。

供给侧改革是这一过程的重要节点,也可以说是必要节点。与供给侧相对应的是需求侧。过去我们强调在需求侧发力,正是对准民众需求动力不足的问题。现在,问题转移到供给方面。

供给侧的问题需要改革解决。"要在适度扩大总需求的同时,去产能、去库存、去杠杆、降成本、补短板,从生产领域加强优质供给,减少无效供给,扩大有效供给,提高供给结构适应性和灵活性,提高全要素生产率,使供给体系更好适应需求结构变化。"

供给侧改革最终实现的是供给与需求的有效对接,保证两者的平衡;供给侧改革好比一剂良药,能有效化解经济发展过程中的矛盾。但良药"苦口":相比较传统的"三驾马车"能在短期内刺激经济增长,供给侧改革将会带来潜在的经济增速,这一周期甚至可能会比较长;供给侧改革要求政府简政放权。降低"制度性交易成本",让市场在资源配置中起决定性作用;在转方式调结构的过程中,有可能在短期内影响GDP增速,这是改革过程中必经的阵痛期。

供给侧改革是一项系统性工程,经济结构性改革是一项长期性任务。它考验着我们的战略定力。

(资料来源:新华网2016年2月13日)

[点评提示]

当我们在学习课本中"以改革创新为核心的时代精神"内容时,必须考虑眼下正在进行的供给侧改革。供给侧和需求侧是社会发展的两个方面,过去强调需求侧发力,扩大消费,以消费拉动经济。现在,问题转移到供给方面,在适度扩大总需求的同时,进行供给侧改革,使供给体系

更好适应需求结构变化。这一经济改革的巨大变化给了我们一个什么样的启迪?请结合课本"以改革创新为核心的时代精神"的学习分析之。

案例精选 2-7　　　　　福建旅游发力供给侧改革

笔者从近日召开的福建省旅游工作电视电话会议上获悉,今年福建将着力推进旅游供给侧改革,加快转变旅游发展方式,推动旅游业转型升级,努力实现2016年全年累计接待游客数量增长14%以上、旅游总收入增长16%以上的目标。

据了解,福建将以市场为导向,策划实施项目建设,在优化存量、补齐短板、延伸链条等环节下工夫,大力推动旅游与各领域的跨界融合,积极培育旅游新模式、新业态,打造"玩在福建""闲在福建""住在福建""吃在福建""购在福建"等一批体验式旅游品牌;持续实施全省旅游景区创新提升计划,重点是与国际标准对接,促进各类景区的交通、设施、环境、厕所等硬件提升;开展创建A级旅游景区、旅游度假区、生态旅游示范区等活动,培育发展新景区;注重精细化运作,精心策划针对不同游客群体、在不同时点的旅游线路;按照全年假期和传统节日分布,研究推出不同假日的休闲度假线路;依托高速公路网络,培育世遗山水、红色体验、万里茶路等自驾游线路;整合高铁沿线旅游资源,打造一批最美高铁旅游线路,吸引更多的省外游客、回乡华侨;鼓励旅游众创众筹,鼓励创意设计,开发更多体现景区特色、时尚情趣、便于携带的旅游纪念品,满足游客需求。

福建省旅游局局长吴贤德表示,要更加注重供给侧发力,进一步优化存量、提升增量,丰富"清新福建"旅游产品体系,满足游客个性化、多元化需求,确保完成全年工作目标。

(资料来源:《中国旅游报》2016年2月15日)

[点评提示]

旅游行业如何进行供给侧改革?福建旅游发力供给侧改革提供了答案。福建旅游在打造旅游品牌、提升硬件、培育发展新景区、策划旅游线路、设计旅游纪念品等方面注重供给侧发力,以确保完成全年工作目标。这一案例对于我们领会旅游行业供给侧改革及其意义,理解和掌握"以改革创新为核心的时代精神"课本知识具有很大帮助。问题:请你收集一下我国旅游供给侧改革资料,谈谈其改革与课本中的改革创新内容的联系。

材料精选 2-8　　　我们缺的不是创新,而是尊重失败的文化

新华网5月22日刊登卞华舵的文章说,李克强总理多次提出要推动大众创业、万众创新,但是中国却是最缺乏创新环境的。

现在小微企业很受关注,但实际上这类企业却恰恰缺乏真正创新的动力,因为他们一创新就可能死亡。不仅小微企业,大企业也是如此。比如国内一家大型电缆企业,早在20世纪末期就引进了美国的碳纤维技术,但是要想把它卖给中国的电网使用根本就不可能。因为电网公司把安全放在第一位,要使用新产品需要先经过五年的实验时间,实验成功后还需要至少五年才能推广使用。十年磨合,一个企业的锐气估计已经荡然无存。

此外,限制创新的还有来自于鼓励创新的体制。不妨再举一例,国内有一位科学家,花了40年时间研究出一个新的玉米品种,经过种种考察和验证发现确实是全球最领先的,但由于申报体系的限制,遇到了问题。因为它属于杂交品种,要把它申报成玉米,但它又不是传统的玉米,申报项目时找不到相应的品类。一个真正的创新,就因为这样的限制"难产"了。

创新本身就是风险,一旦失败,就得不到各种支持了,但那些失败的创新者同样令人尊敬。中国缺乏尊敬创新失败者的文化,而这恰恰是创新最需要的氛围。没有这种文化就难以树立真正的创新精神,也就难以成为强国。

(资料来源:新华网2015年5月22日)

[点评提示]

这个案例讲得何等地好啊,它针砭了当今改革创新的利弊。我们要尊重改革创新者,也要尊重改革创新的失败者,没有尝试,哪来改革创新?没有失败,哪来的成功?除了尊重改革创新的仁人志士,更应该打造好促进改革创新的社会环境,这才是鼓励改革创新、实现改革创新的重要根本。结合课本"做改革创新的实践者"内容,思考你应该做个怎样的旅游行业改革创新的实践者。

案例精选 2-8

三招促进酒店菜品创新

"取他山之石"

"他山之石,可以攻玉。"近年来,山东省桃园宾馆在这方面采取了五点做法:一是从各大美食网站上寻找"矿藏"。从总经理、分管副总经理到行政总厨、厨师长,都经常上美食网站,一方面在网站上掌握同业竞争态势和酒店发展方向,寻找可以学习借鉴的新菜品,把自己需要的"矿石"挖掘出来加以提炼,灵活运用,另一方面把自家酒店需要宣传推广的地方名食名菜发送到美食网站,利用这个传播媒介和信息平台加以宣传推广。去年,在山东美食网站上,酒店宣传了地方名吃桃园签子馒头和蘑茹后,引起了不少外地客商的关注,纷纷打电话或在网站上发来信息联系订购。二是在烹饪书林中"淘宝"。每年我们都为餐饮后厨征订《中国大厨》《中国烹饪》等多种专业书籍,行政总厨、厨师长经常利用菜品研讨会和班前例会等,组织厨师们认真学习书本上的经典菜品,通过剖析一些名菜的主、配料和制作工艺,使其掌握要领和真谛。三是聘请粤菜名厨来店献艺。随着本地招商引资力度的不断加大,一来自南方的客商日益增多,而粤菜又是宾馆的一个空白。为填补这一项空白,宾馆高薪聘请了两名粤菜厨师来酒店献艺,专门为喜欢粤菜的客人加工制作菜品,较好地满足了客人们的口味。四是走出去,到高级酒店拜访名师,学习名菜。近年来,由总经理带队,先后到北京钓鱼台国宾馆、北京长城饭店、河北省唐山宾馆、山东大厦、舜耕山庄以及川、豫、浙、沪等省、市的高端酒店学习取经,并拜访了多位国家级名厨大师,推出了"佛跳墙"等知名菜品。五是抓住有利时机,举办野菜美食节,开发生态野味美食,满足消费者追求绿色生态的膳食需求。迄今为止,宾馆已成功地举办了五届野菜美食节,就地取材,开发出了四五十种新鲜野菜,加工制作成风味独特、令消费者喜欢的菜肴。

召开菜品研发座谈会

座谈会是加快菜品创新的"催化剂"和"推进器",是拓宽思路,集思广益、研发试制新菜品的"诸葛议事会",也是根据客人反馈来的信息和饮食特点、总结菜品工艺中存在的不足、改进菜品制作的"补偿会"。

座谈会既可以会代训,传播菜品制作的专业知识和技能,也可请名厨"亮相",现场示范,做几道拿手的精品菜,通过言传身教,启发众位厨师,还可采取现场考核的形式,让新厨师八仙过海,各显其能,行政总厨给予点评或请来熟悉的客人品尝,给予评判,看是否可作为主打菜进行全面推广。譬如:对待南方来的客人多提供以甜、辣或口味清淡的菜品,对待冀、鲁、豫及东北来的客人可提供具有当地特色风味的小菜和小吃;对待来自西方国家和地区以及边陲少数民族的远方客人,则根据其民俗风情和宗教信仰提供他们喜爱的食品菜品等。还可以请总经理和分管副总、质培部经理、行政总厨当评委,开展厨艺技能大比拼,让厨师们登台献艺,根据分数高低评出名次来,调动厨师们创新、创优的积极性和创造性。

实行绩效挂钩

科学合理的收入分配制度是完善酒店经营管理、促进菜品创新的重要经济杠杆。宾馆应在全面提升员工工资水平的基础上,大力实施个人贡献与收入所得相对应的绩效工资制。特别是对于餐饮后厨、客房等一线部门的员工,加大了绩效考核力度。鼓励厨师们多出新菜、好菜、名菜,宾馆拿出一定比例的绩效工资作为对厨师的动态化浮动性工资考核和质量考核。对受到上级领导和多数宾客赞许的厨师,或在国家、省、市级厨艺大赛中取得优异成绩的参赛选手不仅享受部分浮动工资,同时予以重奖;对在一个月内利用当地资源低成本加工5种以上新菜品,并在社会上产生良好反响的厨师给予相应的物质奖励。

与此同时,宾馆质检部门对菜品的质量、卫生安全等指标应进行全面的质量监督检查,对新菜品的命名、营养价值及所赋予的文化内涵均应精心设计和创意,力求与历史文化、地方民俗风情完美结合。

(资料来源:职业餐饮网2012年12月4日)

[点评提示]

这个案例介绍了酒店菜点的创新。山东省桃园宾馆通过"取他山之石"、召开菜品研发座谈会、实行绩效挂钩三个方面对酒店的菜品进行了创新。作为烹饪专业的高职生在学习"做改革创新的实践者"内容时,参考这个案例,了解烹饪工作的改革创新内容,思考怎样去做好一名酒店烹饪工作改革创新的实践者。

案例精选 2-9　　　　　**服务创新让春节出行更顺心**

7天春节假期已经结束,截至记者发稿前,来自铁路总公司的信息显示,全国铁路共发送旅客4 777.7万人次,创历年春节期间旅客发送量最高。2月13日(正月初六),全国铁路发送旅客1 033.4万人次,春运同比增加86.6万人次,增长9.1%,创历年春运单日发送人数最高。假日七天(2月7日到13日)国内航空公司执行航班7万余班,同比增长6.9%;运送旅客855.5万人次,同比增长3%。春节期间,民航旅客出行目的延续了近两年的变化,从正月初二开始,以旅游为目的的旅客迅速增多,哈尔滨、长春、丽江、张家界、九寨沟、西双版纳、北海等地成为民航旅客的出行热点。

尽管客流增加,但春节假期交通运输保持平稳态势,这与铁路、民航、道路部门的未雨绸缪密不可分。

网络平台带来便利

今年"铁路12306"手机APP自2月3日起新增了列车正晚点查询服务。旅客可通过"铁路12306"手机APP选择"我的12306"中的"正晚点查询"服务,查询列车在指定车站3

小时内的正晚点信息。此外，12306网站首页还增加了"余票动态信息"栏目，滚动显示当日起至4日内重点方向列车余票信息，余票数据每半小时更新一次。

铁路部门相关负责人介绍，目前互联网止售时间已由开车前2小时调整为30分钟，旅客在临近开车时段仍可通过12306网站查询余票信息并购票。购票时，通过手机双向核验的用户还可使用手机号码直接登录服务，避免忘记用户名带来的不便。

针对近年来网络订票中常见的问题，今年，铁路西安北站推出了"e网直通车"服务窗口，为旅客提供7项互联网服务：办理12306新用户注册，帮助检验身份信息，添加常用联系人及账户注销，帮助旅客解决因身份信息被他人冒用或既有注册用户限制购票导致无法正常订票等难题，为旅客办理开车前30分钟以内、互联网未取车票的改签或退票，解决互联网订票中遇到的问题，为旅客乘高铁出行提供规划、建议。

春运以来，西安铁路局互联网售票占比达57.5%，旅客咨询网购问题较多，为此，西安铁路局线上线下联合发力，利用新浪微博、腾讯微博、微信公众号等8个平台发布列车开行、车票预售、列车正晚点、购票攻略等春运信息。

除了铁路领域，在公路客运方面，互联网也有了广泛的应用。如今年春运，贵州省推出了道路客运联网售票系统，"贵州省汽车票务网"和微信、APP"贵州汽车票"相继启用，乘客不用再到车站排队，用手机、平板、电脑等互联网客户端均可查询、预订、购买省内汽车票。

服务创新更加贴心

春运期间，首都机场在T3-C楼国内出发C02、C03等5个登机口加装了旅客自助登机设备，从北京飞往上海、杭州等地的国航快线航班旅客均可以享受到自助登机服务所带来的便捷，只要轻松扫描登机牌上的条码，便可自行完成通道验票。此外，首都机场还在1号航站楼的K01、K02柜台，3号航站楼J31、J32值机柜台加装了全自助行李托运设备，旅客完成包括办理登机牌、打印行李条、交运行李、领取行李凭证的自助托运全流程，用时不超过5分钟……

正如首都机场的服务创新一样，今年春运，各地交通部门继续创新服务，为乘客带来了很多惊喜。

在部分高铁枢纽车站，持有当日经停联程票旅客可由站台直接进入候车区换乘接续列车，大大提高了出行效率；安徽部分高速公路服务区除了供应日常餐饮外，还推出了"航空餐"，价格亲民实惠，通过微波炉加热后便可食用……

据悉，为确保春运期间公交与机场、车站、码头、轨道等交通方式之间的衔接，上海公交部门提前安排30条春运专线，覆盖虹桥枢纽、浦东机场、上海火车站、上海南站、上海西站、石洞口码头等重要枢纽站点，这批专线将一直运行到3月3日春运结束。

在民航系统，"暖冬行动"在多地展开。首都机场在候机大厅内安排了"红马甲"服务人员，他们不仅解答旅客问询，还为旅客提供申请轮椅、搬运行李、全流程陪伴、冬衣寄存等"暖冬"服务项目。与往年不同的是，今年首都机场将"爱心陪伴"服务的年龄范围放宽至60岁，而且，还专为女性旅客开设了专用通道。

此外，在广州白云机场、武汉天河机场、沈阳桃仙机场、哈尔滨太平机场、海口美兰机场等，志愿者的身影也出现在人群中，他们引导咨询、维护秩序、重点帮扶，获得乘客的认可。

安全保障全面加强

铁路部门加强了行车设备特别是新投用设备的日常维护和实时监控;对可能出现的极端天气,安排应急物资储备,做好风险控制和应急处置准备。

在山东,交通运输厅组织了9个督导组,对全省交通运输系统的春运工作进行全面督导;在福建,各级交通执法系统联合交警部门开展了打击路面交通违法行为专项行动,共查获"营转非"涉嫌非法营运大客车52辆,查获污染破坏公路及其设施的行为3821起,净化了春运运输市场,同时开通了全省统一举报电话"12328",24小时值守;在青海,西宁市成立了联合执法组,采取源头稽查、巡查、定点稽查、流动稽查等方法,不分时间、不分地点,深入辖区非法营运车辆集中地段对非法营运行为进行查处、劝导和纠正。

此外,重庆、江苏等地交通部门还发布了自驾出行指南,及时发布春运"大数据",为春节期间返乡或出游的自驾者提供了精准的引导……所有这些,都为广大旅客的出行安全和便利带来了帮助,也为节日旅途送上了一份温暖。

(资料来源:《中国旅游报》2016年2月15日)

[点评提示]

在改革创新春风的劲吹下,旅游交通部门也迎来了改革创新的春天。旅游交通部门从网络平台、服务、安全保障等方面进行了创新,使旅游交通行业出现了显著变化,给出行人和游客带来了便利,增进了贴心,加强了安全。这是给予空乘、铁运等旅游交通专业的学生学习和掌握"做改革创新的实践者"内容的极好精神食品。认真思考如何做好一名旅游交通工作改革创新的实践者。

案例精选 2—10　　　**为学生成长注入创新创业基因**

前不久,南京旅游职业学院"成才杯"校内技能大赛在该校举行。此举旨在落实国务院办公厅发布的"关于深化高等学校创新创业教育改革的实施意见"。该院以此为契机,将"创新创业"四个字从纸上拉入了现实。

赛中处处有挑战

"成才杯"校内技能大赛可以说是南京旅游职业学院的"老牌"赛事,而此届"成才杯"相较往年,对学生来说是多了一份挑战。

障碍托盘、中式铺床、导游大赛、电商运营、中餐热菜、西式烹调、民航情景模拟、情景剧……一个个看似传统的比赛项目却"暗藏玄机"。

"'一鸡二吃'比赛项目挺考验人的。"一名参加中餐热菜的选手告诉笔者,在该项比赛中选手们不仅要在20分钟内制作完成指定菜品银芽鸡丝,还要利用比赛提供的原材料在40分钟内完成自选菜品,"因为到了现场才知道有哪些原材料,所以自选菜的制作非常考验平时的积累以及创新、应变能力,挺具挑战性的。"话虽这么说,但从现场情况来看,参赛选手们似乎个个信心十足,精细的刀工、熟练的翻炒让不少评委老师为他们竖起了大拇指。

全新加入的"园林微缩景观设计"大赛则不仅要求学生设计制作景观,成品还要完成销售。来自143级园林专业的参赛选手刘秀文坦言,作品的设计还算是专业强项,但植物、摆件的采购及最终的销售就要花时间自己去摸索了。她告诉笔者,为了完成比赛,她与同学几乎跑遍了南京的花草市场,只为了解用材成本及市场情况。一株小植物配上些许景观石、红豆再附以写有"玲珑骰子安红豆,入骨相思知不知"的小屏风,刘秀文的作品《相思》颇有几分意境。但刘秀文说,因市场上找不到与设计中相符的原材料致使最终呈现效果与原稿有些出入。"尽管有些遗憾,但也提醒了我们今后的设计不能空想,还得多考虑实际材料。"

专业素养令教师欣喜

尽管今年大赛难度有所增加,教师们却纷纷表示,学生们展现出的过硬职业素养令他们欣喜不已。

如中式铺床与做夜床比赛中,学生们不仅操作规范,夜床主题设计也创意不断,其中一位参赛选手的kitty猫主题令人印象深刻,床上摆放的一杯热牛奶更是展现出服务人员的贴心;摆盘中,学生们发挥想象力,制作出各式各样特色鲜明的主题摆盘。酒店管理学院院长匡家庆表示,今年选手们的整体水平较往届又有了明显提升,而令他欣喜的是,就台面主题设计情况来看,不仅种类多、形式多,更可贵的是这些创意不仅实用,且操作简单、推广性强,可以直接带到今后的工作中使用。

人文艺术系副主任胡爱英表示,本次大赛针对会展策划与管理专业设置的商品展销大会,一改往日的模拟展销,而是真正举办了一场校园小商品展销会。学生们第一次走出校园向社会商铺邀展,本以为会遇到些困难,没想到学生们不仅成功邀请了近40家商铺参展,还洽谈到了展位费,"这意味着学生们已具备办展能力,在今后就业竞争中将更具优势。"

注入"创新创业"基因

据了解,近年来南京旅游职业学院屡传"喜报",无论是国家级啦啦操锦标赛还是商务秘书职业技能大赛,都能看到该院学子的佳绩,而在教育部举办的全国职业技能大赛中,该院更是连续两年包揽7金,在同类学校中走在前列。得益于学生专业素质高,该院学子不仅在赛场上能取得佳绩,在就业中往往更受企业青睐。该校党委书记王海平表示,这些都与学院坚持"以赛促教""以赛促学""以赛促研",坚持通过各类技能大赛为学生搭建自我展示、自我提升的舞台密不可分。

笔者得知,作为南京旅游职业学院传统赛事,"成才杯"校内技能大赛今年最为显著的特征便是被归口到了创新创业教育系列中,比赛更注重考验学生的创新能力,并引导学生从理论走向实际,鼓励学生接触市场。南京旅游职业学院副院长冯明表示,技能大赛带来的最有利的方面就是让学生认识到要获得好成绩需要怎样的积淀。通过举办这样的赛事为学生注入"创新创业"的基因,不仅契合国家对职业教育的要求,更重要的是提升了学生的自信、修养,提高了学生们自主学习、钻研能力,为他们未来高质量就业奠定了基础。

(资料来源:《中国旅游报》2016年1月8日)

[点评提示]

作为未来的旅游从业人员,与其说在将来的工作中去领会行业、部门的创新创业,还不如在校学习期间就着手参与创新创业的实践。南京旅游职业学院的"成才杯"校内技能大赛为学生成长注入了创新创业基因。了解南京旅游职业学院"成才杯"校内技能大赛中给予学生的种种创业创新的挑战,再结合课本所学的"做改革创新的实践者",难道不是一个极好的启示吗?

三、视野拓展

(一) 推荐影视

1. 电影:《仰望星空》

推荐理由:该影片以钱学森经历的百年中国历史为主线,全面展现了钱学森坎坷的经历、纯净的心灵、独特的个性和卓越的科学思想,反映了以钱学森为代表的一代仁人志士为中华民族的富强和人民的幸福安宁所作出的艰苦卓绝的努力以及他们无私奉献的爱国情怀。

影片以人文情怀作为风格追求,汇集了大量重要历史影像,尤其是以钱学森的夫人蒋英及其儿子钱永刚对钱学森生活情景的回忆为首次披露。影片还充分运用数字电影技术,制作了大量三维动画场面,将宏大历史场景与细腻情感表达有机结合,既令人震撼又感动不已。

2. 歌曲:《我的中国心》(张明敏,1984 年春晚)

推荐理由:1982 年,日本文部省在审定中小学教科书时,公然篡改侵略中国的历史,这激起了黄霑的愤慨,于是他和王福龄共同创作了《我的中国心》。黄霑又找到香港歌手张明敏,对他说,你心中有中国,有中华民族,你到底有没有心?于是就把《我的中国心》送给张明敏演唱。1983 年秋,为了筹备 1984 年春节晚会,中央电视台的导演黄一鹤到福建和广东一带采访。一天,他们坐着一辆武警战士开的吉普车,在当时还很破旧的深圳奔驰时,战士车上偶然播放的一首歌曲,令央视导演激动异常。"洋装虽然穿在身,我心依然是中国心,……就算生在他乡,也改变不了我的中国心……"

黄一鹤后来回忆说:"当时我们坐在车上被这首歌曲给震动了,然后我就问司机,这个歌是谁唱的呀?司机说是一个香港的歌手,叫什么他也不清楚。后来我就要求他给我复制了一盘这个带子。"很快,黄一鹤导演就了解到,唱这首歌的是香港一名叫张明敏的歌手。于是,在 1984 年中央电视台春节晚会上,张明敏为数亿中国观众演唱了《我的中国心》,歌声一下子打动了无数人的心,引起了中华同胞的强烈共鸣。

3. 视频:《中国游客振兴了法国旅游业》

推荐理由:这部视频描述了近几年来,数以万计的中国游客频繁前往法国旅游,给欧洲大国法国旅游业和经济带来了极大的振兴。法国人,乃至世界对中国刮目相看。这是改革开放三十余年成果的最佳验明,中国不再是东亚病夫,中国人不再在欧洲大国和世界人面前畏首畏尾,毫无话语权,而是昂首挺胸,拥有充分的话语权和自豪感。过去的中国落后贫穷,都是外国游客前来中国,外国经济投入中国,现在是中国游客也可以前往外国,中国资本走向世界。富裕起来的中国要感恩世界、帮助世界,世界各国也会感谢中国、祝福中国!

(二) 推荐阅读

1.《苦难辉煌》,金一南,华艺出版社,2009 年 9 月

原著导读:20 世纪在世界东方,最激动人心与震撼人心的,莫过于中华民族从东亚病夫到东方巨龙、从百年沉沦到百年复兴这一历史命运的大落大起。在这一命运形成之初,中国国民党、中国共产党、联共(布)与共产国际、日本昭和军阀集团这四大力量,以中国大地为舞

台发生了猛烈碰撞。毛泽东、斯大林、蒋介石和昭和军阀集团精英处于同一时代,他们身后所代表的三种主义在中国的冲撞与较量绝非历史巧合。本书从这些非凡事件和非凡人物入手,对错综复杂、扑朔迷离、恢宏壮阔的这段中国现代史进程,进行了前所未有的全景式揭示和深入剖析。内外矛盾冲突空前尖锐,相互斗争局面极其复杂,各派力量的策略转换空前迅速;每一方的领袖和将领皆在较量中淋漓尽致地展现自己全部能量,从而在历史中留下深深的印痕。外部的围追堵截,内部的争论与妥协、弥合与分裂,以及不尽的跋涉、惊人的牺牲、大量的叛变,中国共产党人正是经历了如此的地狱之火,带领中华民族探索到了前所未有的历史深度和时代宽度,最终完成了中国历史中最富史诗意义的壮举,中国革命也由此成为一只火中凤凰,从苦难走向辉煌。

叱咤风云的人物纷纷消失之后,历史便成为一笔巨大遗产,完整无损地留给了我们。不是每个人,都能以短暂的生命辉映漫长的历史。历史是兴衰,也是命运。

2.《看懂世界格局的第一本书3:中国周边》,王伟,九州出版社,2014年5月

原著导读:大国博弈,正如丘吉尔所言:"没有永远的朋友,也没有永远的敌人,只有永远的利益。"中国目前的处境,内有经济滑坡、金融危机的困局,外有领土争端、军事战备的烦恼,如何在内忧外患中成功博弈并突围,将事关未来中国的兴衰与荣辱。《看懂世界格局的第一本书3:中国周边》以中国与周边邻国政治博弈为核心,详尽地分析了东亚、南海乃至世界格局的未来走势,也便于读者掌握与自己生活息息相关的国家行政、金融经济、民生领域的政策调整。

3.《旅游职业院校专业教师的成长与发展》,余昌国,《中国旅游报》,2016年1月8日

文章导读:该文叙述了近年来我国旅游院校教育蓬勃发展的状况,教育规模在不断扩大,教育水平也在逐步提升。若要培养"创新创业"型的旅游人才,就必须拥有以改革创新和敬业服务为底蕴的"五型"专业教师队伍。即一是增强信息意识与实践能力,做"双师型"教师;二是增强问题意识与探究能力,做"探究型"教师;三是增强服务意识与沟通能力,做"服务型"教师;四是增强改革意识与创新能力,做"创新型"教师;五是增强敬业意识与职业能力,做"职业型"教师。阅读了这篇文章,就能获知当今旅游人才的培养与旅游专业教师的成长之间的密切关系,也才能理解当今创新创业型的旅游从业人员产生的秘诀。

四、能力训练

(一)问题思考

1. 阅读"民族精神靠什么延绵"和《苦难辉煌》,联系统编教材中的"民族精神"内容,谈谈中国共产党人靠的是哪些爱国品质成就了中华民族复兴的伟业。

2. 阅读"为学生成长注入创新创业基因",结合教材中的创新内容,作为一名旅游类大学生从旅游的角度,你认为应该怎样实现今后的创业创新的旅游梦想?

3. 阅读统编教材中的"以改革创新为核心的时代精神"和"供给侧改革考验执行者的战略定力"等文章,想一想,旅游行业怎样进行"供给侧改革"?

4. "为学生成长注入创新创业基因""旅游职业院校专业教师的成长与发展"这些文章

给了我们什么启示？我们需要什么样的专业教师？应成为什么样的旅游人才？

（二）材料解析

我选择我奉献我快乐

　　林哲的背包如同日本动漫人物哆来A梦的口袋——牙签筒、指甲钳、针线包、常用药包……甚至还有一只小型电饭煲和一套功夫茶具！有时，碰上带同学会、战友会等短线游，他还会带上一整套电脑音响设备，让大家在野外来个篝火卡拉OK晚会。他的细心周到让他带过的每位团员都印象深刻。

　　一次，林哲带着平均年龄达到80岁的南海舰队老战士前往北京，旅途中他体贴细致的服务让老人们感动；他也带过去贵州的团，团友们在车上一路呕吐，每一次他都第一时间清理，有的团友不小心吐了一地，他强忍着不适，用纸板把呕吐物一点一点推进塑料袋里；他还曾整晚在医院照顾过因急性胃肠炎入院的独身香港客人，次日早上没能休息便继续带团。

　　工作之余林哲挤出时间，历时8年整理出《导游常识（全陪篇、地陪篇、领队篇）》和《潮州旅游计调手册》，把自己带团的经验介绍给业界，让大家将文明、个性、细微的服务渗透到旅游服务的每一个细节中，高效地提高了导游的带团综合技能，提升了服务质量。他通过业界QQ群、微信群，让这些书的电子版在周边地区同行中广为传用。这些书籍现已成为当地旅游管理专业的导游实务、模拟导游、游在潮州等核心专业课程的辅助教材和潮汕导游员的培训教材。

　　为了从根本上解决潮州市"旅游旺市"后备人才不足、持证导游严重缺乏的问题，林哲主动提出了以资深导游身份对新导游进行"传、帮、带"。他成为潮州旅游业界倡议资深导游与院校签订长期协约无偿提供义务教学援助的第一人，自2004年以来，他一直致力于创新教学方式，已成功培养出了一大批导游新人。

　　林哲曾接待过马来柔佛"溯源之旅"代表团，他生动翔实的讲解，让客人自始至终报以阵阵掌声，潮州电视台、潮州日报全程跟踪报道了此次活动。凭着出色的讲解和服务，林哲还多次被潮州市委、市政府指定委派为本市来宾接待讲解员。

　　林哲喜欢撰写游记，借此推广家乡旅游，"让世界认识潮州，让潮州走向世界"是他的理想。他用个人博客、微信让更多的人了解潮州和潮州文化，到潮州来旅游。带团去外地，林哲也总是不忘向当地人宣传潮州，推介旅游。他曾作为"潮漳辉映、闽粤情深"的导游服务志愿者，陪同潮州热心观众前往漳州做两地文化交流的综艺节目，促进了粤潮文化和闽南文化的深度交流。他还受潮州广播电台的邀请，用了一个多月整理并录制了一期名为《潮州古城十大名巷——猷灶义兴甲，家石辜郑庵》的节目，在《旅游潮州》栏目分期播出。

　　从2008年起，林哲坚持为所居住的金田花园小区担任义务调解员、维权监督员，为小区的和谐、文明贡献了相当多的精力。只要他没有出团，他可以随叫随到地为小区的独守老人买菜送米，维修水电，了解他们的需求，成为他们生活中不可缺少的"及时雨"，是社区内外老少皆知的"正能量哥"。

　　"我选择，我奉献，我快乐"是林哲的座右铭，他是我们寻找中的最美导游！

（资料来源：《中国旅游报》2015年4月13日）

问题:

1. 常言道:做好本职工作就是最好的爱国主义精神的表达。从上例中,你能找出主人公哪些爱国精神的表达?为什么?

2. 主人公林哲的导游接待工作有哪些与人不同的创新?为什么?

五、实践活动

根据教学内容,在课内实践中,运用观看电影、主题演讲等教学方法,组织学生就"今天我们如何爱国?""旅游行业改革创新知多少?"等主题,畅谈自己的观后感,热议自己的体会;在课外实践中,运用参观、交流的形式,开展"参观爱国主义教育基地""观摩改革创新的旅游企事业单位"等实践活动。

(一) 课内实践

实践项目一:今天我们如何爱国?

〔实践类型〕

观看电影与汇报宣讲

〔实践目的〕

通过影片观看,让学生体会中华儿女在救亡图存、革命牺牲中所展现出来的可贵品质与民族精神,以及其中所闪耀着的伟大的人性光辉;能分析爱国主义在特殊历史时期的时代价值,以及今天在国家和平建设发展时期的爱国主义内容与形式。通过汇报交流,增强学生的爱国意识,提高爱国热情,并自觉地将对爱国志士的敬意转化为自身不断奋斗的动力,能将爱国的激情转为具体的报国行动。

〔实践方案〕

时间:观看电影若干小时,汇报宣讲20分钟;地点:教室

流程:步骤1 每班分成若干小组,6人一组,1人任组长,负责任务安排。

步骤2 提前一周组织观看《十月围城》《辛亥革命》《建党伟业》《建国大业》四部或其中若干部优秀影片。

步骤3 挑选3组,每组制作主题为"今天我们如何爱国?"的PPT课件。内容包括爱国主义科学内涵、爱国主义的时代价值和当今旅游类大学生践行爱国主义的方式与途径等。其他小组撰写类似的观后心得即可。

步骤4 挑选的3组同学,每组选派1名进行课件主题汇报,课堂教学时宣讲,时间控制在5分钟内。

步骤5 教师讲评。

〔实践结果〕

观后心得,汇报PPT

实践项目二:旅游行业改革创新知多少?

〔实践类型〕

主题演讲

〔实践目的〕

不少旅游从业人员认为,旅游行业改革难,创新亦难,不仅难以找到改革创新的切入口,即便找到也难以让人理解,获得支持,或许还要付出代价。通过活动开展,让旅游类大学生正确地理解改革创新,自由讨论旅游职业改革创新的切入口、机遇、条件、代价,以寻求共识,为"创新创业"旅游人才的辈出增强求知求能基础。

[实践方案]

时间:20分钟;地点:教室

流程:步骤1　每班分成若干小组,6人一组,1人任组长,负责任务安排。

　　　步骤2　提前1周布置演讲内容,让同学们提前准备。

　　　步骤3　挑选3组同学,每组选派1名作主题演讲,时间控制在5分钟内。

　　　步骤4　教师讲评。

[实践结果]

演讲文稿

(二) 课外实践

实践项目一:参观爱国主义教育基地

[实践类型]

参观

[实践目的]

通过参观爱国主义教育基地,激发学生的爱国主义情感,强化学生的爱国主义意识,从而达到爱国主义教育的效果。

[实践方案]

时间:半天;地点:学校附近的爱国主义教育基地

流程:步骤1　教师提前讲解基地的历史,明确参观的目的和意义。

　　　步骤2　参观。专心听讲解,可以拍照和摄影。

　　　步骤3　撰写观后感,提交观后感。

　　　步骤4　各小组利用课外时间讨论交流、作总结。

　　　步骤5　教师批改和点评。

[实践结果]

参观观后感

实践项目二:观摩改革创新的旅游企事业单位

[实践类型]

参观与交流

[实践目的]

通过参观改革创新业绩比较突出的旅游企事业单位,并且与企事业单位的接待人员进行交流,让学生实地了解旅游企事业单位是如何进行改革创新的,取得了什么成绩,影响如何。让学生切身感受旅游行业改革创新的氛围,体会旅游职业人的改革创新的时代气息和经验总结。

[实践方案]

时间:半天;地点:学校附近的旅游企业单位
流程:步骤1　教师提前讲解旅游企业单位改革创新的状况,明确参观与交流的目的和意义。
　　　步骤2　参观。专心听讲解,积极参与交流。
　　　步骤3　撰写观后感,提交观后感。
　　　步骤4　各小组利用课外时间讨论交流、作总结。
　　　步骤5　教师批改和点评。
[实践结果]
参观观后感

第三讲 领悟人生真谛，创造旅游职业人生价值

一、学习引领

（一）学习目标

1. 知识目标

以理解和掌握人生观、价值观的重要内容及人生价值的标准与评价为切入点，旨在引领旅游类高职生对旅游职业人的人生目的、人生态度和人生价值的深入思考，引导他们树立起科学高尚的人生观，努力做到"以服务人民为荣，以背离人民为耻""以辛勤劳动为荣，以好逸恶劳为耻"，在为游客服务的实践中创造有价值的人生。

2. 能力目标

让学生参与教学活动的各个环节，培养学生运用马克思主义分析和理解人生问题，解决人生以及旅游职业生涯中遇到的现实问题。

3. 素质目标

通过一系列贴近旅游类高职生实际的案例，引导他们正确地进行人际交往、正确地处理人生中的挫折与困难；培养积极进取的人生态度；养成科学的价值观念，抵制拜金主义、享乐主义等错误思想。

（二）认知提示

1. 人生目的是人生观的核心。人生目的规定了人生活动的大方向，又是其动力源泉。旅游类高职生要追求高尚的人生目的，树立以"游客为本、服务至诚"为核心内容的旅游职业人生观，坚决抵制拜金主义、享乐主义和个人主义人生观的影响。

2. 要确立积极进取的人生态度。旅游类高职生应以认真的态度对待人生；以乐观向上的态度对待困难和挫折；以开拓进取的态度对待生活中的各种挑战；以求真务实的精神创造美好人生。

3. 人生价值评价的根本尺度，是看一个人的人生活动是否符合社会发展的客观规律，是否通过实践促进了历史的进步。旅游类高职生要在为中国特色社会主义旅游业真诚奉献、为游客尽心服务中创造有价值的人生。

4. 旅游类高职生要创造有价值的人生，必须科学对待人生环境，促进自我身心和谐、个人与他人的和谐、个人与社会的和谐、人与自然的和谐。

（三）重点难点

1. 重点索引

对人生观、价值观及其关系的理解。

追求高尚的旅游职业人生目的；树立积极进取的旅游职业人生态度；创造有价值的旅游

职业的人生。

2. 难点提要

关于"主观为自己,客观为他人"及"人性自私"的分析。

旅游从业人员自我价值的理解。

如何理解旅游职业的人生环境。

二、教学与案例

(一) 导入新课的案例

人生因飞行而美丽
——记上海航空公司世博金牌示范服务员吴尔愉

吴尔愉,上海航空公司"空嫂",先后荣获上海市三八红旗手、上海市劳动模范、全国劳动模范、全国五一劳动奖章、世博金牌示范服务员等荣誉,并成为上海空乘服务行业唯一的十七大代表。以其名字命名的"吴尔愉乘务组"建立并迅速成为上海航空公司的服务名牌,《吴尔愉服务法》也成为中国民航系统首部以个人名字命名的空中服务模式。

玫红色披肩、盘起的头发、精心修饰过的脸庞和亲切自然的微笑,吴尔愉知性优雅的"空嫂"气质让人惊叹。从15年前进入上航时的恐惧、迷茫到一路相随的掌声、荣誉,眼前的吴尔愉,天使般的笑靥里更多了一份淡定、从容,对工作的享受和生活的感悟使她更加迷人。

"我庆幸我找到了适合自己的点"

"您好,欢迎您乘坐本次航班。"早晨8点,登机口处,吴尔愉向旅客微笑领首,轻声问候。一天的飞行在她饱满的热情中开始了。而在此之前,吴尔愉早已忙碌了3个多小时:凌晨4点30分起床,洗漱上妆后匆匆赶往机场,6点领箱子、开准备会、登机例行检查、等候旅客登机。"这个时间是非常忙碌的,一天要出好多汗。"在帮助每位旅客安全登机后,又要开始一整套的服务程序,这又是一派忙碌的景象。

从纺织女工到"空嫂",再到乘务长、全国劳模,人到中年的吴尔愉付出了外人难以想象的艰辛。1995年,已32岁的吴尔愉经过上海航空公司严格的考试与挑选,成为一名"空嫂"。当时负责带她的老师都比她小10岁。刚开始,面对陌生的飞行环境和年龄、能力上的差异,迷茫、恐惧一度使她压力很大,不知道未来的路该如何走。但她天性开朗、爱思考、做事有激情、追求完美,这使她用最短的时间度过这个成长期,"工作机会来之不易,我需要这份工作,所以我格外珍惜。"从开始的不知所措到慢慢熟悉,再到如今游刃有余,甜美的微笑加上体贴、细致、周到的服务使吴尔愉赢得了广大乘客的赞誉。吴尔愉常对人们说:"我庆幸我找到了适合自己的点。"

现在的吴尔愉除了飞行,又一头扎进教室,开始全新的教员生涯,把飞机上的所见所闻和真实体验结合抽象的理论传授给员工。吴尔愉找到了跟工作恋爱的感觉,享受着服务带来的快乐。她说:"边飞行边上课,是我人生的一大福分。"

当规范变成习惯,习惯就成了自然

照惯例,每个航空公司都会选择与自己的企业文化相匹配、综合能力强的人担任旗手,在18位敬业、爱岗的优秀"空嫂"里,吴尔愉幸运地成为这个旗手。1995年进入上海航空公

司,1996年开始获得荣誉,1998年成为上海市劳动模范。突如其来的荣誉光环让吴尔愉措手不及,能力积累上的不足和同事的误解,曾让她痛苦万分。"把光环带在自己的头上,压力很大,你会觉得自己还不够完美。"那时候,她在人前很坚强,一回到家就哭,身体状况频频告急,经常感冒发烧。慢慢地随着飞行工作的开展,吴尔愉开始去思考荣誉是什么。

很多人对她说,"15年真是一个漫长的时间,如果让我像你这样服务一天都会觉得累,会忍受不了,十几年一如既往,真佩服你。"对此吴尔愉总是微微一笑,"我觉得没有什么不容易,当规范变成习惯,习惯就成了自然。"不是因为"是劳模"才这样做,而是"服务旅客"就是她的工作。什么是最高境界?她用朴实的行动告诉了每一个人:每天平安无事,让每一个旅客开开心心、安安全全地离开。

"这么多年,让我的微笑始终挂在脸上的是旅客。"旅客们因为她的服务说声"谢谢",哪怕只是一个微笑,她都会无限快乐,她的能量也会在收获的喜悦中不断扩大。她经常说,做一个端茶送水的乘务员很容易,但要做一个称职的、能从中得到快乐的乘务员,不容易。

有一次候机时,头等舱里来了一个头发花白、衣衫破旧的老人,背上还背了一个小电视机。细心的吴尔愉立即想到,老人的孩子肯定是在上海有所作为了,他希望能够让自己的父亲好好享受一下。可是孩子没有时间陪送老人,谁来尽这份孝心?"我替他来完成。"吴尔愉主动上前问候老人,半蹲着亲切地和他交谈。其间老人把舍不得吃的蛋糕要求打包,她耐心地照办,并微笑着告诉他不要时间放太久,坏了吃下去会影响身体。吴尔愉把帮助老人的孩子来完成他对父亲的孝心,看作是一种幸福。她说:"我要感谢他,让我得到了一个孩子给父母尽孝心的机会。"

15年里,她就是这样每天都在服务过程中收获感动,又在感动中不断完善自己。

服务世博:没有最好,只有更好

如今,吴尔愉也在为迎接世博忙碌着。"世博游客的期望值一定很高,我们要调整好自己的心态,通过所有服务人员的努力来共同演绎。空中乘务员只是世博过程中一个微小的链子,要从服务的细微处做起,当好链条中的一小环,千万别在自己的链扣上断掉了。"吴尔愉语气淡定。乘务员可以是演员,去展示什么是知性女性、什么是海派文化、上海与其他城市的不同之处……

"服务没有最好,只有更好。"面对航空公司激烈的竞争,吴尔愉道出了自己的理解:作为航空公司的一员,乘务员不仅是一个服务者,更应是信息的收集者,要充分发挥"触角"的功能,既把企业的文化、理念传输给旅客,也要收集信息反馈给公司。服务不是恩惠,只有协作,才能"双赢"。

现在,上海航空公司和东方航空公司已经重组。吴尔愉说:"这个组合过程很复杂,但是你可以选择简单。做好分内的事,尽好自己的责。"47岁的吴尔愉,历经岁月的洗礼,没有太多的杂念和欲望,执着地坚持飞行的快乐。她用自己的经历告诉我们,人生因为飞行而美丽。

(资料来源:《中国旅游报》2010年4月23日)

[案例分析]

大学时代是人生观、价值观、世界观形成的关键时期。人生观、价值观教育是思想政治教育的核心内容,其教育直接影响到学生的成长成才,影响到思想政治教育的实效。在给旅游类专业高职生讲解人生观、价值观、世界观理论时需要联系旅游从业人员的从业实际,让学生产生感情认同并意识到青春只有为祖国和人民的真诚奉献才能美丽多彩,个人的人生事业只有融入我国旅游的伟大事业才能闪闪发光。纺织女工吴尔愉因为国有企业改革减员增效而待岗。她并没有抱怨社会,也没有自暴自弃,而是积极响应政府号召再就业,应聘当上了"空嫂"。当时她并不知道这份工作是否适合自己,也不知道能干多久。她只抱一个理念:"工作机会来之不易,我需要这份工作,所以我格外珍惜。"正是在这个理念的支撑下,人到中年的吴尔愉付出了外人难以想象的艰辛,终于以自己的努力工作和优异业绩从纺织女工草根转型"空嫂",再到华丽转身乘务长、全国劳模、中共十七大代表。吴尔愉的人生因为飞行而美丽,告诉旅游类专业大学生们:旅游职业人生尽管漫长,不要有太多杂念和欲望,选择简单,做好分内的事,尽好自己的责,你的职业人生就一定会快乐和美丽。

(二)授课中的材料与案例精选

案例精选 2-11　　石灿:顾客满意是我的"天职"

领导问:"有一位老顾客过来,如何给他新惊喜?"石灿拍拍胸脯说:"放心,我来搞定!"石灿说:"顾客满意是我的天职。"

天生就是"酒店人"

石灿是一个湖南妹子,身形高挑,面容姣好,遇人总是面带微笑,目前为广州从化碧水湾温泉度假村营销部经理。自2003年到碧水湾工作以来,除了工程部、安保部、采购部、财务部外,她在餐饮、客房、前厅、温泉、营销等部门都历练过。在前厅工作时,石灿年年获得度假村优秀员工奖。

石灿似乎天生是一块做酒店服务的好料。她能说爱笑,加上颇具亲和力的外表,还有对服务工作的认可与理解,让她很容易就与客人打成一片。连她自己也说:"我不做服务行业能干嘛?"

在石灿看来,只要带着一颗真挚的心与客人交流,自然也能赢得客人的信任。不久前,珠海一个网络科技公司组织一个60人团队,想订30间客房。石灿跟他们负责人说,一切都没问题,旅行社能做的事情,我也可以解决。她不仅帮这家公司在度假村订好了客房,还按客人要求免费帮忙预订了从化特色的餐厅并把菜也点好了。虽然从未见面,客人二话没说就把订金交了。

她总是站在客人的角度,为客人想得更多。她举例说,碧水湾地处广州郊区,很多客人大老远开车过来,本身已比较疲惫了,所以更应该给予客人足够的关心与耐心。当客人暂时找不到证件办理入住登记时,就不要强求客人在大堂翻遍大包小包互相久等。可以建议客人说:"我们可以先帮您办理入住,等您上房间找到证件了再劳烦过来登记一下。"这是对客人的信任,你给他行了方便,他一般不会给你制造麻烦。

别人认为,做服务员有什么好?客人坐着,我们站着,客人吃着,我们饿着。

石灿却说:"每次看到客人因为我的服务,玩得更开心,吃得更放心,住得更舒心,我的心里也是美滋滋的。能够为客人解决问题,就是我的荣幸。"

石灿还是个喜欢自我挑战、自我加压的人。比如,她不喜欢淡季,喜欢黄金周。她说,淡季的时候,没有一点挑战,黄金周忙起来才过瘾,才有成就感。

总能带给客人惊喜

石灿所在的营销部,是碧水湾开展亲情服务的"中枢神经",也是创新服务的"驱动器",还是顾客与度假村之间的沟通"纽带",承担着碧水湾服务创新的重任。

"碧水湾与其他温泉企业最大的不同就是亲情文化,亲情服务。"石灿介绍,"碧水湾的亲情服务是一层一层逐步深入的,力求做到客人每一次来,服务内容都不一样。"

比如,第一次给客人送相片,第二次可以给客人送一个手工小礼物,第三次可以写一篇文章等。在碧水湾,服务创新是没有止境的。目前,碧水湾有300多条"见到"服务。

在很多同事看来,石灿是一个非常善于想服务点子的人。虽然她也经常说,每一次都挖空心思、绞尽脑汁做好服务,下一次客人再来我真不知道该如何带给客人新的惊喜了。但办法总比困难多,每次度假村领导交代了新的接待任务,她总是毫不犹豫地说"没问题"。

"其实有时候,我心里也没有底,敢夸下海口,不仅是对自己信任,更重要的是对我们碧水湾这个服务团队的信任。因为,我们想出了好的服务方法,具体执行还是要依赖每一个部门的配合执行。"石灿说,碧水湾有一个单纯而高效的团队,一切都以客人满意为中心。

石灿还记得,有一个脚部受伤的客人在碧水湾度假疗养,整个度假村的员工与客人充分沟通,做了很多个性服务,比如专门给他设计脚垫,客房每天更换不同鲜花,客人是朝鲜族,又给客人准备了特色泡菜,还给他购买喜爱的从化酸梅,离开时还专门挑选了顾客一家三口的生肖公仔,三个公仔抱在一起制作成"一家三口"作为礼物送给了顾客。顾客感动不已,回去后买了真正的朝鲜泡菜寄过来。

有顾客留下表扬信说,"在碧水湾,把我这一辈子没笑的,都笑完了。碧水湾人的笑,不是职业的,是自然而亲切的微笑。"

面对表扬,石灿总爱说:"带给客人惊喜与满意是我们的天职。"

以顾客满意为中心

在石灿看来,碧水湾的成功是必然的,因为抓住了顾客满意度这个中心。

碧水湾在客人身上的投入成本很高,比如说水果、蛋糕、各种小礼物等,还有就是服务成本,如果说一般酒店在客人身上花的服务时间是3分钟,那么碧水湾花的时候可能是30分钟,甚至更长。

有一个顾客,在碧水湾订25间房,同时在附近的温泉酒店也订了部分客房。最初客人还说,你们的硬件跟另外一家比差一大截。住完之后客人改口说,你们才是最专业的。碧水湾人用专业又有温度的服务,让客人觉得超乎想象。

据介绍,碧水湾有两个"满意度",一个是顾客满意度,另外一个就是员工满意度。度假村强调,没有满意的员工,就没有满意的顾客。每个人的情绪都会发生不同变化,员工本身快乐、幸福才会真情流露,才会把微笑、服务踏实做好。

"碧水湾人能吃苦,艰苦朴实,踏实做好每一件事。哪怕是实习生,今天的事情也不会拖到明天来做。各部门之间还非常友爱互助,某个部门忙,其他部门也会过去帮忙。"石灿说,碧水湾人的品质是非常可贵的,非常团结,充满正能量。

碧水湾另外一个可贵之处是创新。石灿说,创新的速度决定企业发展的速度。最近度假村董事长曾莉发给她一条微信,是一家酒店举行"白雪公主和七个小矮人欢迎仪式"。在碧水湾,从上至下,无时无刻,都在触动创新的神经。

碧水湾还有一个可贵之处就是坚持。石灿说,亲情服务坚持下来了,每日例会坚持下来了,用心做事坚持下来了,以德治村坚持下来了,检查制度坚持下来了。

(资料来源:《中国旅游报》2016年1月4日)

[点评提示]

广州从化碧水湾温泉度假村营销部经理石灿能从一名普通的服务员,历经餐饮、客房、前厅、温泉、营销等部门的工作的历练,成为部门经理,是跟她认同旅游行业、碧水湾温泉度假村的核心价值观分不开的。她的"客人的满意就是我的天职"价值理念,"总能带给客人惊喜"的亲情服务以及"以顾客满意为中心"的工作作风给企业带来了正能量的氛围,为企业创造了社会和经济效益,也给她自己的事业成功写下了华美篇章。当在学习课本中的"创造有价值的人生"时,想想石灿的从业经历,你认为个人价值观与用人单位核心价值观的融合对于职业人生的成功有哪些意义?

案例精选 2-12   **用行动换来村民的信任**

从高考落榜生到国家旅游局评定的中国乡村旅游致富带头人,面对所取得的成就和荣誉,沈阳卧龙谷旅游集团有限公司董事长刘炳旭却总是摇摇头说,"自己做得还不够""旅游作为朝阳产业应该带动农民致富。"

刘炳旭是这么说的,也是这么做的,如今他一手打造的沈阳卧龙谷旅游集团正以"农村包围城市"的战略理念,践行着让旅游产业带动乡村致富的梦想。

抓住商机

20世纪90年代的中国,正处于改革开放的热潮中,这个时期影响了一代人,刘炳旭便是其中之一。1991年,刘炳旭高考落榜,失意的他并没有自暴自弃,而是怀揣着创业梦想,带着从亲属那里东拼西凑来的2 000元钱,开始了漫漫创业路。

"当时,家里非常反对自己创业。"刘炳旭回忆说,创业之初,家人的反对成了创业路上的巨大阻力。

刘炳旭没有轻言放弃,他冲破家庭阻力,一边做干果、土特产小生意,一边为创业做知识、经验、资金等方面的积累。

那时候,刘炳旭早上蹲早市,白天跑市场,晚上去夜市,而且经常要奔波于各地收干果。经过一段时间的沉淀后,熟悉市场的他开始联络较大的干果产地,把当地土特产包装成旅游商品销售给游客,他的干果销路越来越好,由此,刘炳旭赚到了人生第一桶金。

与很多人创业成功后选择守业不同,刘炳旭选择让自己重新"归零"。这时候的他,事业已步入正轨,却并不满足。

1995年,刘炳旭开启了第二次创业之旅。当时,很有商业眼光的他发现了沈阳市旅游包车市场的潜力,于是他迅速安顿好干果生意,毅然投入旅游包车业务。

"我在沈阳算是从事旅游包车的第一人。"刘炳旭说,当时沈阳的旅游包车市场还未大规模开发,市场需求却不断增长,他瞄准商机,到停车场或配备通勤车辆的单位联系车辆,然后开展旅游包车业务,几年下来,他基本上把沈阳所有通勤单位的车辆资源调查清楚了,调动起了大量闲置的车辆资源。

边干边学

"始终在学"是刘炳旭从创业至今的真实写照。在创业之初，他就利用做干果生意的间隙攻读大专文凭并自学法律，为创业储备知识。

此后，刘炳旭事业版图不断扩大，但他并没有放弃学习。"学习的时候非常辛苦，在学习过程当中还得挣钱，还得养家糊口，感觉哪边也放不下。"刘炳旭说。

刘炳旭自己开车跑旅游客运时，即使在寒冬腊月也会利用休息间隙看书。每次车队同事看到他裹着厚厚的大衣，捧着一本厚厚的书看得入神，就调侃地问他："看啥书呢？这么入迷！"刘炳旭总是笑着回答："小说。"当时，他还不敢告诉周围人自己看的是法律和旅游方面的专业书籍，"不能说在看专业书籍，怕让人笑话，别人会以为，一个'开车的'还学习，还想考律师，多让人笑话啊。"刘炳旭笑着说。

2000年，刘炳旭正式注册成立了自己的公司——沈阳万豪汽车租赁公司，将绝大部分精力投入了旅游包车经营。

助农致富

从2006年到2010年，用刘炳旭的话来说，包车行业到了"井喷式"发展时期。在做了大量调研工作的基础上，刘炳旭决定全面转向旅游业，投重金打造卧龙谷旅游集散中心，并于2013年组建了卧龙谷旅游集团。

这家集团是在辽宁省旅游局的引导下成立的专业旅游集团。刘炳旭介绍：成立旅游集团的目的是进行资源重组，实现资源共享、信息互补，旅游的吃、住、行、游、购、娱要素，卧龙谷旅游集团基本都涵盖了。

作为沈阳市2015年重点项目之一，沈阳康平县乡村旅游综合开发的担子落在了刘炳旭肩上。

在开发过程中，刘炳旭调动手里掌握的企业资源和汽车租赁公司运营车辆去支持当地旅游开发，却意外地遭到了当地人的质疑——"这规模这么大，是不是想把旅游资源给垄断了，控制了？""你是不是挣我们的钱来了？"

面对质疑，刘炳旭不卑不亢，决心用实际行动赢得农民们的信任。

接下来，他又把当地所有的采摘园整合在一起进行免费推广，"最开始，当地农民都不信任我，不让我推广，农民们说'用不着你帮我推广'，我说'我不赚你钱，甚至差价都不要'，可农民们还是拒绝我。"刘炳旭说。

接二连三的阻碍并没有动摇刘炳旭在沈阳康平县开发乡村旅游的决心。他发现，乡村旅游的开发与推广需要一种整体氛围来带动。"比如开饭店，若单是一个饭店，未必经营得很好，如果整条街都是饭店，而且每家每户各具特色，这条街就火了。"

按照这个想法，刘炳旭开始走村串户，洽谈合作，"有些事只能我自己去做，这涉及一个诚意问题，有些地方我去了不止一两遍。我打算把自己掌握的资源拿出来和大家一起用，把当地的采摘园以及一些小旅行社的积极性都带动起来，这样市场不就整体都好了吗？"

刘炳旭耐心地对农户进行宣传和引导，逐渐消除了彼此间的隔阂，时间一久，当地老百姓也都愿意相信刘炳旭这个执拗的"有心人"了。这之后，刘炳旭又联系政府部门寻求扶持政策，帮扶农户开办农家乐，收购当地土特产，开辟营销渠道，打造景区，和旅行社合作吸引游客……一系列举动让刘炳旭从原先老乡口中的"骗子"一跃成了乡村旅游致富带头人,原先靠天吃饭的农民的腰包渐渐鼓起来。

"乡村旅游要想发展,首先要营造一种氛围,这至关重要。"他说,在众人认同的前提下,要有一个试点去实践开发,加之政府的引导和扶持才能把乡村旅游做好。

刘炳旭说,旅游企业在调动旅游资源,使其充分发挥作用的时候,企业本身也会随之成长,而且是很难得的经验。未来他想整合乡村旅游资源,打造一个乡村旅游服务中心,把沈阳周边乡村旅游优势发挥出来,坚持"农村包围城市"的战略理念,使短途旅游变成一种时尚。

"赠人玫瑰手留余香",刘炳旭说,在帮助别人的同时,自己也在不断收获。帮助农民致富是一件十分有意义的事情,自己在这方面任重道远。

(资料来源:《中国旅游报》2016年1月4日)

[点评提示]

这是一则个人价值观与社会价值观融合的成功案例。旅游从业人员刘炳旭20世纪90年代初高考落榜了,但他没有气馁,没有自暴自弃,而是选择自行创业、谱写旅游职业人生的艰辛之路。创业之初,家人反对,他顶住压力,从社会所需的干果、土特产小生意做起。赚到了人生第一桶金后,与很多人创业成功后选择守业不同,刘炳旭选择的创业价值观是让自己重新"归零",去挑战从不熟悉的旅游包车和助农致富。刘炳旭的事业成功了,他的成功在于能够将自己的个人价值观与社会价值观紧密结合,善于捕捉社会的需要,抓住一个个商机,刻苦攻读适合社会需要的知识,不辞劳苦地与农民沟通协调。他坚信,只要他的创业利益符合社会利益,他的事业就一定会取得成功。"赠人玫瑰手留余香",刘炳旭的职业人生实现了为别人谋福利,也为自己带来红利。请结合课本中的"创造有价值的人生"内容,谈谈自己的感受。

[案例精选2-13]   **给厨师一个秀绝活的机会**

2014年11月10日晚,北京APEC峰会欢迎晚宴在水立方举行。上北京烤鸭时,厨师展现了片鸭技艺。只见厨师手中的刀快速舞动,现场响起一片赞叹声。而后,厨师将餐盘端起,以45度角向在场的展示。只见16片鸭肉片组成了一朵中国名花牡丹,再配以丝瓜苗做成的枝叶,雍容华贵,栩栩如生。

在河南省举办的"全猪宴"活动上,一位厨师为食客们表演了一道叫做"功夫耳丝"的菜品。普通的猪耳朵,经过厨师的妙手,切得如同发丝一般粗细,再拌上葱丝,已然分不出哪些是猪耳朵、哪些是葱丝。雪白的一道菜,夹上一筷子,葱花的微辣和猪肉的香气混合在一起,只觉得口齿生津,食欲大增。

河南小伙小冯是位面点师傅,他能把手中的那团面玩到炉火纯青的地步。凭借高超的技术,他曾被阿联酋某家顶级酒店雇佣。在那里,某位国外政要入住时,听说小冯能把面条拉到从针眼儿穿过20根那么细,怎么都不敢相信,找到小冯要他现场表演。结果,他做到了,那天那碗面被拍卖到1 000美元。评析说到厨师的表演,不由得让人想起古代传说中的"庖丁解牛"。《庄子·养生主》中有这样一段话:"庖丁为文惠君解牛,手之所触,肩之所倚,足之所履,膝之所踦,砉然响然,奏刀䚻然,莫不中音。"

这哪里是解牛,分明就是一场艺术表演了,宰牛剖肉还能和着音律的节奏,真是神了。

或许是庖丁开了个好头,厨师的绝活表演还真就成了艺术表演的一种。比如一分钟烹鸡,客人都会瞪大眼睛看着厨师如何手脚麻利地杀鸡、去毛、烹制。这种现场制作与表演,让客人在品尝美味佳肴的同时,欣赏到厨师精湛的厨艺,从而获得了一次味蕾与视觉的双重体验。

美国营销大师爱玛·赫伊拉曾说:"不要卖牛排,要卖嗞嗞声。"餐厅完全可以将某道菜肴的烹制过程面向食客开放,或是将菜肴的最后一个烹制环节放在餐厅进行,让客人看到形、观到色、闻到香,获得全方位的感官体验。

例如,成都某酒店餐厅,服务员会先端上来一个玻璃缸,里面盛有一半液体。接下来厨师会上场,为在场的众多食客做一道"沸腾羊肉"。原来玻璃缸里盛的是热油。只见厨师将羊肉片和香菜一起放进玻璃缸,刚刚平静的热油,立刻沸腾起来,一串串气泡直冒,噼里啪啦的声音响起来,香气四下乱窜。客人们顿时胃口大开。

(资料来源:《中国旅游报》2016年1月13日)

[点评提示]

有人说,厨师就是给人烧饭的,有些厨师自己也自嘲是老炊,其实厨师是一种技能和知识都挺厚重的职业。上述案例揭示了厨师的绝活:厨师的片鸭技艺、"功夫耳丝"的菜品、把面条拉到从针眼儿穿过20根那么细、和着音律的节奏宰牛剖肉、一分钟烹鸡、"沸腾羊肉",让客人看到形、观到色、闻到香、尝到味,获得全方位的感官体验。随着人民物质文化生活水平日益提高,随着大众化的餐饮普及化,厨师职业的这种颜值还会劲升,还会让普通公民叹为观止。结合课本"创造有价值的人生",你认为厨师职业的价值意义在哪里?怎样去创造厨师的职业人生价值?

材料精选 2-9　　　　**培养现代酒店服务员的"3Q"**

在高星级酒店,宾客要求的不仅仅是一桌开胃的美食或一间豪华的客房,而且更注重心灵式的消费体验。换言之,就是要求服务员拥有高素质,能提供个性化服务。因此,现代高星级酒店的服务员仅凭服务技能已难以满足现代宾客的需求,必须与时俱进,全面提升多方素养,在向宾客提供优质服务的同时实现自我超越。当然,所谓的素养数不胜数,本文仅就与其工作联系最紧密的几点略述一二。

后天提升 IQ 指数

IQ(Intelligence Quotient)即智商,是测量个体智力发展水平的一种指标,包括观察力、记忆力、想象力、分析判断能力、思维能力、应变能力等。可能有人认为,IQ 是创意设计、调查策划、翻译咨询等行业的专属,而酒店作为劳动密集型的服务业,似乎与其关系不大。其实不然,一个优秀的服务员能在对客服务中提供个性化服务,提升宾客满意度的同时,为企业带来更多的利润和价值回报。个性化服务往往体现在细节服务中,而对细节的观察、把控则体现了服务员的智力。例如熟知老客户的爱好习惯,靠的就是服务员的观察力和记忆力;处理宾客投诉又显示了服务员的分析判断能力、应变能力等。

很多人认为 IQ 是天生的,但在 1966 年,美国心理学家霍恩和卡特尔经过研究提出,人类智力分为流体智力和晶体智力。流体智力是指人与生俱来的、不依赖于文化知识经验的能力,如注意力、空间定向能力等。晶体智力是以学得的经验为基础的认知能力,与文化知识经验的积累有关,如词汇量、判断力等,这也说明人的智力是先天遗传与后天环境综合作用的产物。由此可见,酒店服务员的 IQ 并非一成不变,可随着知识经验的积累而升高。宾客点菜时,要讨好所有人的味蕾不是易事,但一个优秀的服务员能根据其需要合理搭配,既推荐了酒店菜肴,又能让宾客满意,在接待过程中又能随时感知宾客需要,灵活处理,这便是长期学习积累的成果。

积极发挥 EQ 潜能

EQ(Emotional Quotient)即情商,又叫情绪智力,简单来说是一个人自我情绪管理以及管理他们情绪的能力指数,它是发掘情感潜能、运用情感能力影响生活的关键性的品质要素。情商是现代服务业从业人员不可或缺的素质。越来越多的研究表明,服务、教育、销售或管理职业类的成功更取决于 EQ。美国知名心理学家丹尼尔·戈尔曼在《情商》一书中写到:"情感潜能可说是一种中介能力,决定了我们怎样才能充分而又完美地发挥我们所拥有的各种能力,包括我们的天赋智力。"

现代酒店业集聚了一大批受过良好教育、拥有现代文化素养、受过专业训练的人力资源,越来越多的人意识到情商管理的重要性。任何服务都离不开与宾客的沟通与交流,酒店宾客形形色色,服务员必须不断提升情商素质,从根本上学会如何与顾客进行情感交流,并真诚为他们提供服务。试想,一个对待宾客意见愤愤不平的服务员,还有一个将宾客意见当成财富悉心听取的服务员,哪个更能使宾客满意呢?

酒店服务是细活儿,服务品质的好坏往往体现在细节上,而用心是关键,这就需要服务员细心、热心、耐心、贴心,在服务中仔细观察、聆听,想客人所想,急客人所急。发现用餐的宾客感冒了及时递上一杯姜茶;发现住店宾客的衬衫脏了,帮其送去洗衣房清洗……视客为亲人,如此用心服务才能对工作充满热情,挖掘当中的乐趣,发挥自我潜能,感染他人。

倾力打造 BQ 魅力

BQ(Beauty Quotient)即美商,这是现代人新兴的一种竞争力,较普遍的解释是 BQ 指一个人对自身形象的关注程度,包括社交中对声音、仪态、言行、礼节等一切涉及个人外在形象的因素的控制能力,是不断"修炼"的累积结果。BQ 在酒店服务业中主要表现为仪表姿态,包括言行举止、装束打扮等。作为一名酒店人,一言一行都代表着酒店的企业形象,这不仅反映出员工自身的职业素质,还折射出酒店的企业文化和经营管理水平。

BQ 是一个人精神面貌、内在素质的体现,往往与其生活情调、思想修养、道德品质和文明程度等密切相关。酒店礼仪无处不在,从接待见面时的称呼、引导,到服务中的语言技巧、举手投足,甚至坐姿、站姿都是一种表现。高星级酒店也越来越重视对员工 BQ 素质的培养,最直观的表现便是对员工的仪容仪表制定规章制度,并进行严格检查,对上岗前的新员工进行培训等。一个灿烂的微笑,一句真诚的问候,一个得体的动作,还可能使宾客的些许不快迅速化解。员工也必须加强个人 BQ 魅力打造,在熟练掌握本职工作和技能技巧的基础上,结合岗位要求,提高个人修养,形成良好的职业习惯。

(资料来源:《中国旅游报》2010 年 6 月 23 日)

[点评提示]

事业的成功往往在于细节,而旅游职业人的从业细节却在于善于培养自己的 IQ、EQ、BQ。IQ 是智商,旅游职业人要以比较娴熟的观察力、记忆力、想象力、分析判断能力、思维能力、应变能力来处理好游客纷繁复杂的需求;EQ是情商,旅游职业人还要以较高的情感能力增强自己的亲和力感染游客;BQ是美商,旅游职业人还要以美的修养,提升美的风度、气质和动作来和谐客服关系的氛围。学习课本"科学对待人生环境"内容,结合对 IQ、EQ、BQ 知识及其运用意义的理解,是不是可以解决你在旅游职场中的客服矛盾呢?

案例精选 2-14　　美国服务员为何如此自信

在美国,最常接触的是餐馆服务生、咖啡馆侍者等普通美国劳动人民,他们自信阳光的气质给人留下了深刻印象。

在餐馆,服务员每上一道菜后都会退后半步,简要流利地介绍一番菜品的名称、制作方法以及口感特色。最后还要微笑着说一句"祝您有个好胃口"。神态和语音语调简直就像博物馆里的学者教授在为观众讲解艺术品,偶尔还与顾客开个适度的玩笑来调节下氛围。

大妈级的服务员让顾客感到温暖亲切,仪表堂堂的帅哥让人领略到风度和优雅,而姑娘们体现出的则是高贵与自信……在他们与顾客的交流中绝难看出谨小慎微或者战战兢兢。

在唐人街吃点心时,我与一个叫做吉娜的姑娘进行了一番交流。我问她,美国人的自信和好口才是与生俱来的,还是从小接受培养、训练造就的?她不假思索地告诉我,都是后天培养的结果。

美国的学校,无论公立还是私立,无论小学还是初高中,学生都要接受演讲训练。尤其在中小学阶段,几乎每个星期都有两节"口才与演讲"的课程。这样的课程看似与学业没什么直接关系,但在这样日常的训练与实践中,学生们作为社会公民的自尊与自信以及与人交流的能力,便不知不觉得到了提升。那些考不上大学的学生进入了餐馆酒店等服务行业后,他们在学校期间的演讲训练便发挥了效力。

美国人在与人交流时,都会直视对方的眼睛,"眼神交流是否也是演讲课的训练内容之一呢?"听了我的问题,吉娜笑了。她直视着我说:"是的,不仅在学校的演讲课上,从小父母就训练我讲话时要敢于直视大人,他们常在跟我讲话的时候要求我:'看着我,对我说……'"

入住拉斯维加斯的第二天,我因为一早身上没有零钱就在枕头上放了"超额"的小费,结果晚上回来后竟收到了负责打扫我房间的服务员的感谢信,他(她)除了写上感谢的话,还特别祝福我在拉斯维加斯的几天里能够玩得开心,纸条的末尾,还画了一张笑脸。

我知道,并非我给的那么一点点小费让他(她)感到高兴,而是我对他们劳动的尊重,赢得了他们的心。而正是这样的充分尊重,使得那些普通的侍者变得自信和更加负责。

(资料来源:《绕着地球去旅行》,凤凰出版社,2012 年 2 月版)

[点评提示]

美国的服务员为何自信?它是涉及美国社会的一种现象。旅游企业尊重服务员的劳动,游客尊重服务员的劳动;无论是学校、家庭还是企业都注重对人的表达能力及其尊重他人的品质的培养。因此,无论考上考不上大学的学生在进入餐馆酒店等服务行业后,都能够自信且负责任地搞好服务工作。

那么,当我们在研读课本"科学对待人生环境"内容时,是否应该也要考虑社会各方面对人的成长环境以及人生价值创造环境的打造?

第二单元 追求先进思想,规划旅游职业人生

材料精选 2-10　　　　　　　　　放下即是拥有

夫贵者,夜以继日,思虑善否,其为形也亦疏矣。人之生也,与忧俱生,寿者惽惽,久忧不死,何苦也! 其为形也亦远矣。
　　　　　　　　　　　　　　　　　　　　　　　　　　　　——《庄子·外篇·至乐》

译文:高贵的人,夜以继日地苦苦思索怎样才会保全权位和厚禄,那样对待身体也就太忽略了。人们生活于世间,忧愁也就跟着一道产生,长寿的人整日糊里糊涂,长久地处于忧患之中而不死去,多么痛苦啊! 那样对待身体也就太疏远了。

世界上的事本身就是辩证地存在的,辛辛苦苦劳作的人不一定就有收获,拥有财富的人也不一定就很快乐,而那些顺其自然、不妄作劳的人倒是快乐逍遥。在庄子的观点中,人之所以不快乐,是因为对物质的不知足和贪得无厌。

佛家特别讲究放下,因为世人有太多的放不下,所以成佛难,修行也难。

曾有一位外道修行的仙人自认为修行很高,可总有一些问题困扰自己,所以打算去拜访佛陀。仙人用神力变出两个花瓶想要送于佛陀。

佛陀见了,说:"放下!"仙人以为佛陀是让他放下花瓶,于是,马上把左手的花瓶放下。佛陀又说:"放下!"仙人想佛陀是让自己把右手的花瓶也放下,于是遵照佛陀的指示。把右手的花瓶也放了下来。佛陀继续说道:"放下!"这次仙人不理解了,便问:"佛祖,我现在已经是两手空空,还让我放下什么呢?"佛陀这时对他说:"我让你放下的不是双手拿的东西,而是你心中的六根、六尘、六识。只要你把这些都放下了,也就没有什么可以放下的了,也就是你从生死的桎梏中解脱的时候。"

仙人这时终于明白自己困惑的原因了,也理解了佛陀让他放下的真义。社会是五彩缤纷的,世界是充满诱惑的,人都会有无限的憧憬和追求,然而一个理性的人应该学会如何保持清醒,能够分辨出哪是至关重要、不可或缺的,哪是无关重要的、可以舍弃的。懂得放下的人是快乐的,不但能拥有快乐,也能拥有幸福与财富。

　　　　　　　　　　　　　　　　　(资料来源:《庄子的智慧》,北京日知图书有限公司,2014年版)

[点评提示]

人有所得,必也有所失、所放。旅游类专业的大学生们在自己的职业人生价值的创造中,不能什么都要得,要分得清哪些是至关重要、不可或缺的,哪是无关重要的、可以舍弃的。什么都想要,也许什么都得不到,或者你会活得很苦、很累,没有快乐、没有幸福。这样的职业人生价值又有何意义呢? 为了读懂课本中的"促进自我身心的和谐",谈谈你怎样理解"放下",学会"放下"。

案例精选 2-15　　　　　　　　　胡适的"容忍观"

胡适曾作《我们必须选择我们的方向》一文,申说自己"偏袒自由民主潮流"的基本立场。他指出:"我深信这几百年(特别是这一百年)演变出来的民主政治,虽然还不能说是完美无缺陷,确曾养成一种爱自由,容忍异己的文明社会。法国哲人伏尔泰说得最好,'你说的话,我一个字也不赞成,但是我要拼命力争你有说这话的权利。'这是多么有人味的容忍态度! 自己要争自由,同时还得承认别人也应该享受同等的自由,这便是容忍。"

容忍,既是个人品德,也是政治德行。人与人之间的宽容,是有人味的体现;群体与群体

73

之间的宽容,则是社会文明的标志。实际上,胡适在这一点上曾有过示范。1933年,他被盛邀出任国民政府教育部长,而他的朋友如傅斯年等纷纷入阁。但胡适婉言拒绝了:"我所以想保存这一点独立的地位,绝不是图一点虚名,也绝不是爱惜羽毛,实在是想要养成一个无偏无党之身,有时当紧要的关头上,或可为国家说几句有力的公道话。一个国家不应该没有这种人;这种人越多,社会的基础越健全,政府也直接间接蒙其利益。我深信此理,故虽不能至,心实向往之。以此之故,我很盼望先生容许我留在政府之外,为国家做一个诤臣,为政府做一个诤友。"

所谓诤臣、诤友,便是政府和知识分子间相互宽容的良性结果。这里面,透出的是人味而非官味。

(资料来源:《中国青年报》2011年12月14日)

[点评提示]

宽容是促进个人与他人和谐必不可少的条件。宽容就是心胸宽广,大度容人,对非原则问题不要斤斤计较。胡适诠释的容忍是自己要争自由,同时还得承认别人也应该享受同等的自由。学习课本"促进个人与他人的和谐",了解一下胡适的容忍观是不是会更增进对容忍的理解。

[案例精选 2-16]　　　　　　混的最高境界

在一次列车旅途中,冯小刚身边坐着的一位年轻乘客一直处于亢奋的通话中,不停地换着人倾诉,而他的通话内容开头总是千篇一律,夹杂着怨天尤人:"今年我混得特垃圾,不如人。好多机会都与我擦肩而过,我悔青了肠子……"他的手机终于没电了,才停下来。

坐在一旁的冯小刚乐呵呵地听着,微笑着问年轻人:"我听你通话中多次提到'混'字,你知道这个字到底怎么写吗?"

对方疑惑地望了一眼冯小刚,说:"三点水加一个昆,就是混字!"

"你知道'混'这个字的真正含义吗?"冯小刚继续问。

"我认为糊里糊涂过日子,有钱赚就是混!"对方回答。

冯小刚说:"我认为这个'混'字大有玄机。首先看它右边的字,是'昆',就是向人们传递着这样的信息:日子是'比'出来的。那么如何去比呢？或者如何去比得过别人呢？那就看'昆'旁边的'三点水'。要有一点良好心态的水位,要有一点拼搏抗争的水准,还要有一点道德修养的水平,这样才是真正的'混'字,也是'混'的最高境界。"

听完冯小刚的一番解释,年轻人幡然醒悟,从座位上站起来朝冯小刚深深地鞠了一躬。

(资料来源:《做人与处世》2014年第19期)

[点评提示]

谈到"混"字,一般人都以不屑一顾视之。可在冯小刚那里却谈出了"混"字的最高境界:日子是比出来的,如何比呢？得看"昆"左边的"三点水",要有一点良好心态的水位,要有一点拼搏抗争的水准,还要有一点道德修养的水平,这样才是真正的"混"字,也就是"混"的最高境界。冯小刚告知我们怎样"促进个人与社会的和谐",想一想,你赞成冯小刚的观点吗？

案例精选 2-17　　德国人眼中的"王牌导游"

1997年，毕业于北京外国语大学德语系的李志广一头扎进旅游行业，扎实流利的德语加上爽朗的性格，他很快适应了导游工作。"几乎所有来旅游的德国人都问我是不是曾在德国留学，我说没有，他们都惊讶于我纯正的德语。"李志广笑道。

20世纪90年代，中国在德国人印象里还应该是穿中山装、跑马车的样子。李志广在接团中第一次感受到了"文化差异"。从此，他准备讲解稿的时候，会糅进中国文化的内容，还会带游客到菜市场、街心公园，让外国游客看看中国人真实的生活状态。

记得2003年5月，李志广准备带德国旅行团到洛阳赏牡丹。"行程是临时决定的，也订了北京到洛阳的软卧车票，但取票时才被告知只有硬卧了。"李志广说，这个团都是商务客人，软卧包厢变成硬卧三层铺，其中一名游客非常不满，"行李只能放过道，丢了怎么办？"面对乘客质问，李志广解释之后，就把行李集中起来自己看守，为此，他一夜没合眼。车抵洛阳，这名乘客私下里跟李志广道歉。

李志广细心体贴，每天出发前，他都会提醒游客当天行程中到达第一个卫生间的时间；德国人不愿吹空调，李志广就提醒他们再准备一件更换的T恤……这些贴心的服务，让李志广收获不少友谊，还有德国商人邀请他到德国工作。

15年里，李志广从未接到投诉，成了德国人眼中的"王牌导游"，不断有老顾客来华时指定李志广带团。

2012年10月1日，李志广带19位德国客人赴天津参加学术交流，旅游车从北京首都机场出发当行至京津唐高速公路天津武清段时发生了车祸。事发时李志广坐在司机背后的座位上，由于巨大的惯性，李志广从车窗处撞飞去，后经医院诊断，当时李志广右大腿骨折，左脚趾骨折，下颌骨骨折。由于旅游车的剧烈撞击，导致车前侧迅速起火，并快速向车后方蔓延。这时，李志广已被甩到车外相对安全的地方，但当他听到有客人在呼救时，不顾伤痛立刻爬起来向旅游车奔去。他看见一位男士正吃力地把一位女士从火光冲天的旅游车上向外拉，当时火着得非常大，情况紧急，女客人已经全身是火，李志广立刻上前在帮忙救人，只一会儿工夫，李志广的身上也着起了火，等他们协力把女客人拽到了车外的安全地带时，李志广的后背与手臂已严重烧伤。当救护车赶来时，李志广又协助医护人员把客人安排到救护车上，直到自己昏迷倒下。

在医院醒来后，李志广第一句话问的还是团里游客的情况。在ICU的病房里，由于受伤客人都是德国人，和医院的医护人员无法沟通，李志广在下颌骨骨折难以正常说话的情况下，忍着剧痛为德国客人做起了翻译工作，协助医护人员了解客人病情，及时对客人做出准确的处理。他的表现令在场的医护人员及使馆的工作人员都深受感动。德国外长在访华期间得知此事后，也写来了慰问信，向李志广表示慰问并祝其早日康复！德国驻华大使多次去医院探望，并送来鲜花对李志广的家人表示慰问。

现在，李志广仍处于康复阶段，每周要做五次康复治疗。李志广受伤后，与他相识的德国前驻华大使离任前给他发来了工作邀请。"他是好意，怕我以后没法再干导游工作。但我还是想赶快养好伤，回到工作岗位，我今年11月的团都排满了。"李志广说罢，又展开标志性的笑容。

(资料来源：《中国旅游报》2015年4月13日)

[点评提示]

导游员李志广为什么会获得德国游客的高度赞誉,成为"王牌导游"?这与他能够科学对待职业人生环境分不开。首先,他性格爽朗,身心健康,有志于奉献旅游事业。其次,对于游客的要求他都能够宽容、诚信待之。因此15年来,他从未遭到投诉。再次,当游客遇到危难时,他能够挺身而出,奋不顾身去救助游客。他热爱旅游事业、热爱游客,他的身心是和谐的;他与游客相处融洽,他与游客的关系是和谐的;"王牌导游"是他给自己,更给企业、给我国旅游行业赢得了声誉,他与社会的关系也是和谐的。总结一下李志广的事迹,学习课本的"科学对待人生环境",你还会获得什么感受呢?

案例精选 2-18　　　　　**智慧人生塑造事业辉煌**

——记广东梅县雁南飞茶田有限公司总经理　叶祖根

梅州流传着这样一句话:"不到雁南飞,不算到客都。"早在2001年,雁南飞茶田景区就被评为4A级旅游景区,如今她更成为梅州旅游的一张名片。作为雁南飞茶田有限公司总经理的叶祖根也因其先进的经营管理理念,勤奋热忱的客家人性格,以及回报社会的卓著贡献而被授予多项荣誉。

精益求精,打造"雁南飞模式"

叶祖根经历过"上山下乡",曾在烧碱厂当过工人,进入宝丽华集团后又先后在电视机和服装两个截然不同的领域打拼出一番骄人的业绩。1999年,叶祖根临危受命,奉调到刚刚开业不久的雁南飞茶田。从此,他就在梅县雁洋镇长教村这个山沟里扎下了根,以"精益求精,不断追求完美"的理念,把山旮旯变成了旅游休闲地,书写了又一段传奇。

对于旅游业,叶祖根原本只是个"门外汉",但他凭着梅州人的执着和忘我精神,刻苦学习,虚心求教,不断提高自身的理论知识、业务水平和领导能力。雁南飞从11年前只有几栋别墅的小规模景区,到现在拥有围龙大酒店、围龙食府、会议中心、龙那山生态区等旅游服务设施的生态休闲度假村,年接待游客已达到80余万人次。

雁南飞的成功秘诀在于其注重每一处细节,叶祖根认为这与自己从事服装行业的经历有关。服装重修饰,从一针一线入手,每一个针脚都不放过,才有可能织就做工最精细的服装。打造景区同样如此。宝丽华集团董事局主席对雁南飞的要求是:让游客在景区内的每一个点停下来都能拍照。叶祖根戏言,正是这句话让他和公司所有员工都如履薄冰,一刻都不敢放松。

依托宝丽华集团的雄厚财力,雁南飞自然有一流的酒店、食府、建筑、茶叶等设施和产品,但对于叶祖根而言,仅仅有这些却是远远不够的。他说:"硬件是老板的,软件是我们的。"所谓软件,指的就是服务。叶祖根以高标准要求他的服务团队,而他也以身作则,严格要求自己,从来没有"休假"这个概念,全年留守在雁南飞,以致一年中能有3顿饭在家里吃都十分难得。如此敬业和拼搏精神使他无愧于全国"五一"劳动奖章。

叶祖根和他的管理层合力打造了一个"雁南飞模式",将"三高农业"与绿色环保、旅游景观与生态自然、客家文化与现代艺术相结合,融茶叶种植、名流茶艺与旅游度假于一体,为山区社会主义新农村建设找到了一条新的康庄大道。在雁南飞的示范作用下,雁洋镇后起的景区雁鸣湖、灵光寺、叶剑英纪念园均在规划模式、建筑用材风格上借鉴雁南飞,进行高起点规划与建设,开业几年后相继摘得国家4A级景区的荣誉,创造了一个山区小镇有4家4A景区的传奇。

严父慈母,营造企业"家"的氛围

作为雁南飞的"大家长",叶祖根真诚地说:"收到离开公司的员工发来的问候短信是最开心的,这表示他们还记得我。"对于拉近自己与员工的距离,营造"家"的氛围,叶祖根有自己的一套办法。他的自我定位是:"上班就像父亲,下班就做母亲。"

工作时,叶祖根对员工的要求极为严格,甚至曾把管理层干部训哭过。但是下班之后,他却与员工们形同家人,丝毫没有总经理的架子。员工家里有困难,他组织捐助;员工骑摩托车受了伤,他亲自到医院慰问;员工生病,他甚至给他们煲过药……因此,员工一遇困难,总是愿意找叶祖根帮忙。他认为,只要企业把员工当亲人,员工也会把企业当成自己的家,从而更加团结与进取,为企业发展注入活力与动力。

正是这种人性化的管理方式,巧妙地将人文关怀融入企业文化中,大大提高了企业的凝聚力和竞争力。

在雁南飞稳步发展的时候,公司并没有忘记一直在支持企业发展的父老乡亲。在景区工作的人员中80%是雁洋镇当地人,这大大减轻了当地的就业压力。除此之外,在叶祖根的建议下,宝丽华集团还斥巨资支持当地农村建设,共投入5000多万元资金建设客家文化新村,现已完成了农民公寓、长教小学、村址等项目建设,使长教村成为梅州市乡村旅游示范点。

(资料来源:《中国旅游报》2010年7月9日)

[点评提示]

广东梅县雁南飞茶田有限公司总经理叶祖根也是一位事业成功之人。他为什么会成功?叶祖根原是"上山下乡"的知识青年,当过工人。当他投身于旅游职业后,秉着"精益求精,不断追求完美"的人生观和价值观理念,在电视机和服装两个截然不同的领域打拼出一番骄人的业绩,更在梅县雁洋镇长教村书写了一段旅游创业的传奇。雁南飞从11年前只有几栋别墅的小规模景区,到现在拥有围龙大酒店、围龙食府、会议中心、龙那山生态区等旅游服务设施的生态休闲度假村,年接待游客已达到80余万人次。叶祖根的成功在于:一、刻苦学习,虚心求教;二、注重每一处细节;三、敬业和拼搏精神;四、拉近自己与员工的距离,营造"家"的氛围;五、"雁南飞模式",即将"三高农业"与绿色环保、旅游景观与生态自然、客家文化与现代艺术相结合,融茶叶种植、名流茶艺与旅游度假于一体,为山区社会主义新农村建设找到了一条新的康庄大道。叶祖根的旅游职业人生经历见证了课本"科学对待人生环境"中的"促进自我身心的和谐、促进个人和他人的和谐、促进个人与社会的和谐、促进人与自然的和谐"的要义。细细研读课本内容和上述案例,谈谈你的感想。

三、视野拓展

(一) 推荐影视

1. 视频:《复旦投毒案之痛》(《焦点访谈》2013年4月19日)

推荐理由:复旦大学投毒案主角林森浩是复旦大学附属中山医院影像医学与核医学专业的研究生,本科就读于中山大学医学院。林森浩成绩优异。根据公开信息显示,他曾在

2011—2012学年,获得复旦大学一校外企业冠名的奖学金,还曾获得2012年研究生国家奖学金,复旦大学仅有265名硕士研究生获得此项奖学金。遗憾的是他竟然蓄意投毒,造成同室学友研究生黄洋于2013年4月16日死亡,而自己也付出了惨重的代价——被处以极刑。通过观看该视频,学生们了解到一名学业优秀的学生怎样走上杀人犯的不归之路的人生轨迹,分析他的人生观、世界观和价值观,会给自己哪些警醒,哪些启示?

2. 侯晶晶演讲视频

推荐理由:侯晶晶老师现为南京师范大学教育科学学院道德教育研究所教授、硕士生导师、江苏省妇联兼职副主席。她11岁时因患病被误诊,双腿瘫痪被迫辍学。但她以顽强的毅力,在家坚持自学十年。1998年以总分第一的成绩被南京师范大学录取为英语专业硕士生,后继续攻读该校教育学专业博士,2004年以"优秀毕业生"获博士学位,被称为中国第一位"轮椅上的博士"。通过观看,同学们会深刻了解到这位"轮椅博士"的不平凡的人生履历。

3. 视频:《优秀服务员是怎样炼成的》(优秀服务员培训视频)

推荐理由:随着饭店市场竞争的加剧和顾客的日趋成熟,顾客对饭店服务质量要求也越来越高,服务质量成为饭店在新的市场竞争中脱颖而出的重要武器。服务质量是饭店的生命线,如何加强饭店服务质量管理,树立饭店良好的服务形象,为宾客提供满意的、超越期望的服务,从而以优质的服务赢得顾客的忠诚,获取竞争优势,是众多饭店经营管理者所关注的重要问题。《优秀服务员培训视频》中多个全新思维会令学习者耳目一新,本视频的重要意义在于人们能从中分享到旅游服务质量的一系列的宝贵实战经验,让人们看完后既知道更能做到。

作为一名旅游高职生要想确立正确旅游职业人生目的,实现有价值的旅游职业人生,就应当了解优秀服务员是怎样炼成的。就优秀品质的历练而言,饭店服务员是这样,导游、空乘和景区服务员也不例外。

(二) 推荐阅读

1.《沉思录》,马可·奥勒留著,梁实秋译,中国华侨出版社,2012年2月

原著导读:《沉思录》,古罗马唯一哲学家皇帝马可·奥勒留所著,这本自己与自己的十二卷对话,内容大部分是他在鞍马劳顿中所写,是斯多葛派哲学(斯多亚哲学)的一个里程碑。《沉思录》来自于作者对身羁宫廷的自身和自己所处混乱世界的感受,追求一种摆脱了激情和欲望、冷静而达观的生活。马可·奥勒留在书中阐述了灵魂与死亡的关系,解析了个人的德行、个人的解脱以及个人对社会的责任,要求常常自省以达到内心的平静,要摒弃一切无用和琐屑的思想,要正直地思考。不仅要思考善,思考光明磊落的事情,还要付诸行动。

2.《人生不过如此》,林语堂,陕西师范大学出版社,2007年

原著导读:林语堂是中国现代著名作家、学者、翻译家、语言学家,著有《京华烟云》《啼笑皆非》等长篇小说,本书是作者自己的思想和生活所得的经验,告诉我们如何在人生的苦难中成为一个自由而快乐的人。我们最重要的不是去计较真与伪、得与失、名与利、贵与贱、富与贫,而是好好地快乐地度日,并从中发现生活的诗意。从某种程度上说,人生不完满是常态,而圆满则是非常态,就如同"月圆为少月缺为多"道理是一样的。如此理解世界和人生,

那么我们就会很快变得通达起来,也逍遥自适多了,苦恼与晦暗也会随风而去了。

3.《他是导游的一面旗帜——记与病魔搏斗的全国特级导游石春满》,《中国旅游报》,2010年6月14日

文章导读:时年49岁的石春满是国家特级导游,任大同中国国际旅行社有限责任公司董事、常务副总经理。他连续多年被评为旅游行业、大同市的先进工作者,编写了大同旅游景点导游词,参与了国家旅游局2009年名导进课堂育人计划,还多次参与大同市旅游城市、县区发展规划编写评审。正当石春满的事业蒸蒸日上的时候,癌症却无情地摧残着他的身体。虽然身患重症,石春满却愿意永远做给人们带来快乐和知识的强者。

四、能力训练

(一) 问题思考

1. 阅读有关石灿、叶祖根、吴尔愉等案例资料,并联系所学内容,想一想旅游类高职生应该确立怎样的旅游职业人生目的。

2. 观看"优秀服务员是怎样炼成的——优秀服务员培训视频",分析旅游职业人生态度与人生观是什么关系?想想如何端正旅游职业人的人生态度?

3. 结合统编教材中的第三章"领悟人生真谛,创造人生价值"内容,谈谈你对"主观为自己,客观为他人"及"人性自私"的看法。

4. 结合所选案例,怎样理解旅游从业人员自我价值与社会价值的关系?

5. 根据所选案例、材料,结合所学内容,如何理解和适应旅游职业的人生环境?

(二) 材料解析

奥斯多利亚大饭店经理乔治·波菲特和他的恩人威廉先生

一个狂风呼啸、极其寒冷的冬日夜晚,路边一间简陋的旅店来了一对上了年纪的客人。不巧的是,这间小旅店早就客满了。"这已是我们寻找的第16家旅店了,这鬼天气,到处客满,我们怎么办呢?"这对老夫妻望着店外阴冷的夜晚发愁地说。

店里的小伙计不忍心让这对老人出去受冻,便建议说:"如果你们不嫌弃的话,今晚就住在我的床铺上吧,我自己在店堂里打个地铺。"老夫妻非常感激,第二天要照店价付客房费,小伙计坚决拒绝了。临走时,老夫妻开玩笑地说:"你经营旅店的才能真够得上当一家五星级酒店的总经理。"

"那更好!起码收入多些可以养活我的老母亲。"小伙计随口应道,哈哈一笑。

没想到两年后的一天,小伙计收到一封寄自纽约的来信,信中夹有一张往返纽约的双程机票,信中邀请他去拜访当年那对睡他床铺的老夫妻。

小伙计来到繁华的大都市纽约,老夫妻把小伙计引到第5大街和34街交汇处,指着那儿的一幢摩天大楼说:"这是一座专门为你兴建的五星级宾馆,现在我们正式邀请你来当总经理。"

这个小伙计就是当今奥斯多利亚大饭店总经理乔治·波菲特,他之所以有这样的好运,美梦成真,与他对客人奉献爱心是密不可分的。

(资料来源:王铁梅,《不抱怨,敢承担——优秀员工是这样炼成的》,天津科学技术出版社,2010年版)

问题：

1. 人生的命运转折往往是发生在不经意间的一件小事中，根据上述案例，你认为主人公是因为什么原因发生了命运的转折？
2. 你应该向主人公学习哪些为人处世的优秀品质？

五、实践活动

根据教学内容，在课内实践中，运用互动游戏、情景模拟等教学方法，组织学生就"心有千千结"，体验合作互助意识；"拍卖"，感悟人生什么最重要；"'热爱生活，珍爱生命'宣誓活动"，感受生命的珍贵。在课外实践中，运用社会调查、征文比赛的形式，开展"旅游高职生人生观现状调查研究""一位旅游职业老人的传记故事"等实践活动。

（一）课内实践

实践项目一：心有千千结

[实践类型]

互动游戏，心灵体验

[实践目的]

通过活动让同学们体验人与人相处之道，增进同学们之间的相互了解，增强同学们的团队合作意识。

[实践方案]

时间：15分钟；地点：教室

流程：步骤1　所有学生手拉手围成一个圆圈，一个男生接一个女生。每个人要记住自己左手拉的是哪个人的右手，和右手拉的是哪个人的左手。

步骤2　按照主持人的口令拉着手跑动。

步骤3　等到主持人喊"停"时，所有人松开手朝圆心挤。

步骤4　待主持人喊"不要动"，大家都站在原处不可再移动一步，双手去拉原先记得的左手边的成员和右手边的成员。

步骤5　这时形成了一个结，大家可以通过各种方式解开这个结，但不能松开手。

步骤6　活动中要注意，不能记错左右手拉的人，一旦错误，结就解不开了；一旦发生错误，就要重新开始。

步骤7　活动结束后，组织讨论，形成讨论结果。

[实践结果]

讨论结果

实践项目二："拍卖"

[实践类型]

情景模拟

[实践目的]

拍卖的内容是人一生中经历的事情，你最看重什么，通过拍卖让学生们体会人生中什么最重要，感悟人生。

[实践方案]

时间:20分钟;地点:教室

流程:步骤1　有10件物品进行拍卖,每人拥有1 000个筹码,每件物品底价100个筹码,每次加价50个筹码,最高者拥有,用完1 000个筹码后不得互相借用。

步骤2　这1 000个筹码代表你的一生,物品则代表你努力的方向,出的筹码代表你一生中所要花费精力去实现的。

步骤3　活动结束后,组织讨论,形成结果。

[实践结果]

讨论结果

实践项目三:"热爱生活,珍爱生命"宣誓活动

[实践类型]

情景模拟

[实践目的]

一个人要成长成才,首先要有顽强的生命力。这样,即使平时受到一点委屈,遭遇一点挫折,也不会颓废自闭、自暴自弃。开展"热爱生活,珍爱生命"宣誓活动,旨在引导学生热爱生活,珍爱生命,珍惜青春,增强敢于面对挫折,克服困难的勇气和力量。

[实践方案]

时间:10分钟;地点:教室

流程:步骤1　征集誓词。在全班范围内征集"热爱生命,珍爱生命"誓词。

步骤2　评选优秀誓词。全班评选出优秀誓词,并由教师点评。

步骤3　全班集体宣誓。可由班长、团支书做领誓人,或由同学们推荐出一名领誓人,领誓及宣誓时要做到:神情肃穆、庄重,声音洪亮、整齐。

步骤4　签名承诺。宣誓结束后,全班同学在"领悟人生真谛,创造旅游职业人生价值"条幅上庄重地签上自己的名字。

步骤5　布置撰写心得体会。

[实践结果]

心得体会

(二) 课外实践

实践项目一:旅游高职生人生观现状调查研究

[实践类型]

社会调查

[实践目的]

通过开展关于旅游类大学生人生观现状的社会调查,使学生能够将课本上的人生观知识与实际生活相联系,了解现实生活中人生目的、人生态度和人生价值对于人生的指导意义,同时,在调查的组织协调过程中,提高学生处理个人与他人的能力和引导学生形成正确的人生态度,并且通过对调查结果的分析,查找问题并提出建议,使学生对自身人生观的反思和总结,从而形成正确的人生观和价值观。

[实践方案]

时间:一个月;地点:各旅游类高职院校

流程:步骤1　每个班级 5~8 人为一组,设一组长,组长负责组织协调。

步骤2　了解调查研究的基本过程和要求。

步骤3　对本调查主题进行相关材料收集,进行问题的剖析和研究,通过小组讨论完成调研方案的确定。

步骤4　通过讨论完成调查问卷的拟定,并开展问卷调查。

步骤5　对问卷数据进行分析整理,提出存在问题,并完成调研报告。

步骤6　教师对各小组的调研报告进行批改、点评。

[实践结果]

旅游类高职生人生观现状调研报告

实践项目二:一位旅游职业老人的传记故事

[实践类型]

征文比赛

[实践目的]

通过了解一位旅游职业老人的人生经历,感受旅游职业人的人生意义,能够对旅游职业人生过程中的困难、人生价值评价等问题进行深入思考,从而形成正确的人生目的和人生态度,并把对人生的感悟转化为学习和拼搏的动力,完成好学业,走好自己的旅游职业人生路。

[实践方案]

时间:1 个月;地点:旅游职业老人的家中或敬老院

流程:步骤1　每一位同学选择一位自己希望熟悉了解的旅游职业老人,建立老人的信息档案和联系方式。

步骤2　持续关注老人和老人沟通,形成情感交流和互动,倾听老人的经历,把老人的人生经历记录下来,完成沟通记录。

步骤3　利用节假日等时间帮助老人做些简单家务,让老人感受到关爱和温暖。

步骤4　总结心得,同学之间互相交流;总结经验,促进成长。

步骤5　完成所交流的旅游职业老人的人生传记故事。

步骤6　组织评比。每班设置一等奖 1 名,二等奖 2 名,三等奖 3 名。

[实践结果]

传记故事文章

第三单元
加强道德建设，恪尽旅游职业人操守

第四讲 注重道德传承，加强旅游职业道德实践

一、学习引领

（一）学习目标

1. 知识目标

通过教学，让学生了解道德的本质、功能及其历史发展，认识中华民族传统道德的基本内容，继承和弘扬中华民族传统美德、中国革命道德、旅游从业人员的道德，把握旅游行业核心价值观与社会主义核心价值观的关系，在实践中加强道德修养，知荣辱，讲正气，作奉献，促和谐，做一个讲道德、遵道德、守道德的旅游职业人。

2. 能力目标

通过道德案例分享、情景教学、启发式教学以及学生自主参与的旅游从业者道德实践活动，培养学生辨析道德建设中错误思潮的能力，在实践中更好地自觉践行社会主义道德和旅游从业人员道德的能力，努力做到知行统一。

3. 素质目标

通过课堂的案例教学以及道德实践活动，引导学生继承中华民族优良道德传统与中国革命道德、旅游从业人员道德精华，践行社会主义道德基本原则和旅游行业核心价值观，在实践中提高道德修养的自觉性，增强道德责任感，努力形成良好的旅游职业人道德品质。

（二）认知提示

1. 道德是对人们行为进行善恶评价的心理意识、原则规范和行为活动的总和。它是通过社会舆论、传统习惯和人们的内心信念维持的。

2. 中华民族源远流长得到的传统。

3. 我国社会主义道德建设以为人民服务为核心，以集体主义为原则。这是现阶段社会主义基本经济制度的要求，也是社会主义市场经济发展的要求。

4. 新时期旅游职业人应该自觉实践旅游行业核心价值观，模范遵守旅游从业人员的道德。

(三) 重点难点

1. 重点索引

继承和弘扬中华民族的优良道德传统、中国革命道德;社会主义道德建设的核心与基本原则,社会主义荣辱观。

旅游行业核心价值观主要内容。

2. 难点提要

正确对待中华民族传统道德,社会主义道德建设要以为人民服务为核心,以集体主义为原则。旅游行业的道德建设要以游客为本、服务至诚为核心。

二、教学与案例

(一) 导入新课的案例

猴子理论的实验

把五只猴子关在一个笼子里,头上有一串香蕉。实验人员装了一个自动装置,一旦侦测到有猴子要去拿香蕉,马上就会有水喷向笼子,而这五只猴子都会一身湿。首先有只猴子想去拿香蕉,当然,结果就是每只猴子都淋湿了。之后每只猴子在几次的尝试后,发现都是如此。于是猴子们达到一个共识:不要去拿香蕉,以避免被水喷到。

后来实验人员把其中的一只猴子释放,换进去一只新猴子A。这只猴子A看到香蕉,马上想要去拿,结果被其他四只猴子揍了一顿。因为其他四只猴子认为猴子A会害它们被水淋到,所以制止它去拿香蕉。A尝试了几次,虽被打得满头包,依然没有拿到香蕉。当然,这五只猴子没有被水喷到。

后来实验人员再把一只原来的猴子释放,换上另外一只新猴子B。这猴子B看到香蕉,也是迫不及待要去拿。当然,一如刚才所发生的情形,其他四只猴子揍了B一顿。特别的是,那只A猴子打得特别用力。B猴子试了几次总是被打得很惨,只好作罢。

后来慢慢的一只一只的,所有原来的猴子都换成新猴子了,大家都不敢去动那香蕉。但是它们都不知道为什么,只知道去动香蕉会被揍。

(资料来源:百度百科,猴子理论词条,稍有修改)

[案例分析]

道德产生的客观条件是社会关系形成的。猴子实验充分显现了人类道德产生的客观条件。之所以选择这个实验,是因为猴子具有人类的群体性生活特征。我们可以以此比拟人类的早期生活状态。由于生存的需要,人类逐渐认识到个体在劳动实践中离不开群体,个人与群体密不可分。在这个实验过程中,我们可以看到通过猴子明白了我们人的道德是随着"人们意识到自己作为社会成员与其他动物的根本区别,意识到自己与他人或集体的不同利益关系以及产生了调解利益矛盾的迫切需要时,道德得以产生"。这个历史过程非常漫长,但猴子实验让我们清晰明了。同时,笼子外面的水管类似于"上帝""天道"的隐喻,说明道德作为一种"必要的恶",其训诫意义不言自明。

(二) 授课中的材料与案例精选

材料精选 3-1　　习近平在会见第四届全国道德模范及提名
奖获得者时的讲话要点

中共中央总书记、国家主席、中央军委主席习近平2013年9月26日下午在北京会见第四届全国道德模范及提名奖获得者,强调道德模范是社会道德建设的重要旗帜,要深入开展学习宣传道德模范活动,弘扬真善美,传播正能量,激励人民群众崇德向善、见贤思齐,鼓励全社会积善成德、明德惟馨,为实现中华民族伟大复兴的中国梦凝聚起强大的精神力量和有力的道德支撑。

习近平指出,精神的力量是无穷的,道德的力量也是无穷的。中华文明源远流长,蕴育了中华民族的宝贵精神品格,培育了中国人民的崇高价值追求。自强不息、厚德载物的思想,支撑着中华民族生生不息、薪火相传,今天依然是我们推进改革开放和社会主义现代化建设的强大精神力量。

习近平强调,长期以来,各地区各部门按照中央要求,不断推进公民道德建设,弘扬中华传统美德,培育时代新风,中华大地涌现出一大批道德模范、最美人物。全国道德模范就是其中的优秀代表。你们或充满爱心、助人为乐,或见义勇为、舍生忘死,或诚实守信、坚守正道,或敬业奉献、虔诚勤勉,或孝老爱亲、血脉情深。你们的高尚品德,温暖了人心,感动了中国,为全社会树立了榜样。

习近平指出,伟大时代呼唤伟大精神,崇高事业需要榜样引领。当前,全国各族人民正在为实现中华民族伟大复兴的中国梦而奋斗。我们要按照党的十八大提出的培育和践行社会主义核心价值观的要求,高度重视和切实加强道德建设,推进社会公德、职业道德、家庭美德、个人品德教育,倡导爱国、敬业、诚信、友善等基本道德规范,培育知荣辱、讲正气、作奉献、促和谐的良好风尚。

见到出席会议的年逾90的龚全珍老人,习近平饱含深情地说,我向大家介绍全国道德模范龚全珍同志,她是老将军甘祖昌同志的夫人。甘祖昌同志是江西老红军、新中国的开国将军,但他坚持回农村当农民,龚全珍同志也随甘祖昌同志一起回到农村艰苦奋斗。半个多世纪过去了,龚全珍同志始终保持艰苦奋斗精神,并当选了全国道德模范,出席我们今天的会议,我感到很欣慰。我向龚全珍同志致以崇高的敬意。我们要把艰苦奋斗精神一代一代传承下去。

(资料来源:《习近平总书记系列讲话专题选编》,中共江苏省委党校,2013年11月)

[点评提示]

习近平提出了道德的力量是无穷的,通过积极的道德教育与传播,培养国人深厚的中华民族的宝贵精神。习近平的讲话是本讲所教授的指导思想。我们旅游高职生应考虑怎样在旅游从业中响应习总书记的号召践行和传承道德模范的优秀美德。

材料精选 3-2　　关于中国传统道德的解释

1. 道德的词源

道德一词,在汉语中可追溯到先秦思想家老子所著的《道德经》一书。老子说:"道生之、德蓄之,物形之,势成之。是以万物莫不尊道而贵德。道之尊,德之贵,夫莫之命而常自然。"其中,"道"指自然运行于人世共通的真理;而"德"是指人世的德性、品行、王道。当时,道与德是两个概念,并无道德一词。"道德"两字连用始于荀子《劝学》篇:"故学至乎礼而止矣,夫是之谓道德之极。"在西方古代文化中,"道德"(Morality)一词起源于拉丁语的"mo—res",意为风俗和习惯。

2. 中国传统道德基本概念

(1) 四维:礼、义、廉、耻

四维的说法,最早载于《管子》。《管子》牧民篇:"仓廪实,则知礼节。衣食足,则知荣辱……国有四维,一维绝则倾,二维绝则危,三维绝则覆,四维绝则灭。倾可正也,危可安也,覆可起也,灭不可复错也。何谓四维?一曰礼,二曰义,三曰廉,四曰耻。礼不逾节,义不自进,廉不蔽恶,耻不从枉,故不逾节,则上位安。不自进,则民无巧诈。不蔽恶,则行自全。不从枉,则邪事不生。"

(2) 五常:仁、义、礼、智、信

汉章帝建初四年以后,"仁、义、礼、智、信"被确定为整体德目"五常"。五常不仅是五种基础性的"母德""基德",而且形成并高度概括了中华传统道德的核心价值观念和基本精神。

仁和义是儒家文化中两大根本性的道德元素,可谓总体价值观中的核心价值观。离开了仁和义,则忠、孝、礼、乐等都失去了意义。孔子说:"人而不仁,如礼何?人而不仁,如乐何?"荀子说:"从道不从君,从义不从父,人之大行也。"《白虎通》:"君臣以义合,不可则去。"

《周易》:"不事诸侯,高尚其事。"仁和义与其他价值观要素相比具有超然性。例如,孔子在《论语·子路》中说:"言必信,行必果。"孟子则说:"大人者,言不必信,行不必果,惟义所在。"仁和义的重要性,以孔孟之言为证。孔子说:"志士仁人无求生以害仁,有杀身以成仁。"孟子说:"生,亦我所欲也,义,亦我所欲也;二者不可得兼,舍身而取义者也。"

仁——孔子:"仁者,义之本也;义者,人之节也……仁者,人也;道者,义也。"孟子:"仁,人心也;义,人路也。"子言:"仁有数,义有长短小大。"朱熹:"仁者,心之德,爱之理。义者,心之制,事之宜也。"《韩诗外传》:"爱由情出,谓之仁,节爱理宜,谓之义。"韩愈《原道》:"博爱之谓仁,行而宜之之谓义"……仁之广,涵盖甚多,例如,"孝悌也者,其为人之本与""能行五者,于天下为仁矣",五者,"恭、宽、信、敏、惠""刚、毅、木、讷、近仁""仁者,其言也讱""博学而笃志,切问而近思;仁在其中矣。"……然而,仁并非远不可及。"仁远乎哉?我欲仁,斯仁至矣。"仁也不是无理性、无原则或者软弱,"唯仁者,能好人,能恶人。""仁者,必有勇。"

义——孔子说:"义者,宜也。"朱熹说:"义者,天理之所宜。"义者、理者、道义、正义、公义。孔子说:"君子之所谓义者,贵贱皆有事于天下。""君子义以为上。""见利思之。""不义而富且贵,于我如浮云。"

(3) 四字:忠、孝、节、义

忠、孝在中国社会是基础性的道德价值观。《孝经》中,孔子说:"夫孝者,天之经也,地之义也,人之本也。""夫孝,德之本也。""孝慈,则忠。"曾子:"夫子之道,忠恕而已。"忠、孝兴于夏,"夏道尚忠,复上孝。"

忠——《说文解字》:"忠,敬也,尽心曰忠。"孔子说:"夏道尊命,事鬼敬神而远之,近人而忠焉……周人尊礼尚施,事鬼敬神而远之,近人而忠焉。"《礼记·表记》中载孔子言:"君天下,生无私,死不厚其子,子民如父母,有憯怛之爱,有忠利之教……耻费轻实,忠而不犯。"《左传·桓公六年》:"上思利民,忠也。"其中"忠"指"君主及官吏之忠于民"。孔子讲君臣关系的侧重点,说:"君使臣以礼,臣事君以忠。"此处的"忠"指臣忠于君,而在后世帝王时代,这种含义几乎演变为"忠"的唯一含义。孙中山曾说:"古时所讲的'忠',是忠于皇帝……我们在民国之内,照道理上说,还是要尽忠,不忠于君,要忠于国,忠于民,要为四万万人去效忠。为四万万人效忠,比较为一人效忠要高尚得多。"《左传·昭西元年》:"临患不忘国,忠也。"忠,本指人与人忠,孔子言"近人而忠""忠利之教"。孟子言:"教人以善谓之忠",故忠"非专指臣民尽心事上,更非专指见危授命,第谓居职任事者,当尽心竭力求利于人而已"。

孝——《说文解字》:"孝,善事父母者。"孝是人可以从身边之最近做起的人际关系德目,被称为"百德之首,百善之先。"《孝经》中,孔子说:"教民亲爱,莫大于孝。""孝之谓义,初不限于经营家族。"孙中山在《三民主义之民主主义》一文中指出:"《孝经》所言的孝字,几乎无所不包、无所不至。"孝最基本的内涵是子女对父母的孝。《礼记》:"孝有三:大尊尊亲,其次弗辱,其下能养。"孝最首要的含义是尊亲。孟子:"孝子之至,莫大乎尊亲。"孔子说:"今之孝者,是谓能养。至于犬马,皆能有养。不敬,何以别乎?"现在说孝,往往指子女赡养父母、晚辈赡养长辈,其实,尊敬先于赡养。至于祭祀祖先,祭享之礼,"其事似近于迷信,然尊祖敬宗实为报本追远之正务。"祖先崇拜、祭祀等,都是家庭宗族孝文化的延伸。

(4) 三达德:智、仁、勇

三达德出自《中庸》。《中庸》"知(智)、仁、勇三者,是天下之达德,所以行之者一也。"

纵欲、禁欲和天理欲求。

到了宋代,朱熹针对当时的人欲泛滥和奢华风气,提出"存天理,灭人欲"又说:"饮食,天理也;山珍海味,人欲也。夫妻,天理也;三妻四妾,人欲也。"认为追求山珍海味、三妻四妾是违背天理的人欲,而通常饮食、一夫一妻则是天理。在先儒中也有类似的思想。子曰:"饮食、男女,人之大欲存焉。"《孟子》载告子言:"食、色、性也。"《礼记·曲礼》:"傲不可长、欲不可纵、志不可满、乐不可极。"饮食、男女的欲求,天经地义,满足符合天理的欲求而不纵欲。

(5) 八德:忠孝、仁爱、信义、和平

到了现代,孙中山提出中国固有的八种道德,他在《三民主义之民族主义》中说:"讲到中国固有的道德,中国人至今不能忘记的,首是忠孝,次是仁爱,再次是信义,再次是和平。这些旧道德,中国人至今还是常讲的。但是,现在受外来民族的压迫,侵入了新文化,那些新文化的势力此刻横行中国。一般醉心新文化的人,便排斥旧道德,以为有了新文化,便可以不要旧道德。不知道我们固有的东西,如果是好的,当然要保存,不好的才可以放弃。"

八德和四维,合称"四维八德"。

(资料来源:凤凰网,民主与法制,2009年3月25日)

[点评提示]

中华民族的礼仪道德博大精深,支撑着中华文明源远流长五千年,并在今日仍在国人中传承着其精华内核,指导人们处事和生活。学习课本中的"弘扬中华传统美德"时阅读上述材料,你认为在生活和旅游从业中应着重传承哪些道德元素。

案例精选 3-1　　　　　　　　中国传统道德故事系列

故事一：舜孝感动天

上古时期五帝之一的舜,从小就很孝顺父母。家里贫穷却不怨天尤人,相传他的父亲瞽叟及继母、异母弟象,多次想害死他:让舜修补谷仓仓顶时,从谷仓下纵火,舜手持两个斗笠跳下逃脱;让舜掘井时,瞽叟与象却下土填井,舜掘地道逃脱。事后舜毫不记恨,仍对父母恭顺,对弟弟慈爱。弟弟象傲慢不恭,舜却对弟弟倍加关心、照顾,引导其改过自新。他的孝行感动了天帝。舜在厉山耕种,大象替他耕地,鸟代他锄草。当时的帝尧听说舜的孝行,特将自己的女儿许配给舜,以表彰他的孝心。经过多年观察和考验,尧把帝位也"禅让"给舜。人们赞扬说,舜由一个平民成为帝王纯由他的孝心所致。舜登天子位后,去看望父亲,仍然恭恭敬敬,并封象为诸侯。

故事二：赵奢秉公办事

赵奢年轻的时候,曾担任赵国征收田税的小官。官职虽小,可赵奢忠于职守,秉公办事,不畏权势。

一次,赵奢带着几名手下到平原君家去征收田税。这平原君名叫赵胜,是赵国的相王,又是赵王的弟弟,位尊一时。平原君的管家见赵奢前来收税,根本就不把他放在眼里。管家态度十分骄横,蛮不讲理。他召集一伙家丁,把赵奢和几个手下人围了起来,不但拒交田税,还无理取闹。赵奢十分气愤,他大喝道:"谁敢聚众闹事,拒交国家税收,我就按国法从事,不论他是谁!"管家仗着自己是平原君家的要人,对赵奢的话不以为然。结果,赵奢依照当时的国家法律,严肃地处理了这件事,杀了平原君家包括管家在内的9个参与闹事的人。

平原君知道这件事后,大发雷霆,扬言要杀掉赵奢。有很多人都劝赵奢赶快逃到别国去躲一躲,免遭杀身之祸。

可是赵奢一点也不害怕,他说:"我以国家利益为重,依法办事,为什么要逃避?"他主动上门到平原君家去,用道理规劝平原君说:"您是赵国的王公贵族,不应该放纵家人违反国家法令。如果大家都不遵守国家法律,都拒不交纳国家田税,那国家的力量就会遭到削弱。国家削弱,就会遭到别国的侵犯,甚至还会把我们赵国灭掉。如果到了那一天,您平原君还能保住现在这样的富贵吗?像您这样身处高位的人,如果能带头遵守国家各项法令制度,带头交纳田税,那么上上下下的事情就可以得到公平合理的解决,天下人也会心悦诚服地交租纳税,那么,国家也就会强盛起来。国家强盛,这其实也是平原君您所希望的呀。您身为王族贵公子,又担当相国重任,怎么可以带头轻视国家法令呢?"

一席话,说得平原君心服口服,也对赵奢以国家利益为重、秉公办事的态度十分赞赏。他认定赵奢是个贤能的人才,就把赵奢推荐给赵王,赵王命赵奢统管全国赋税。

打这以后,赵国的税赋公正合理,适时按量收缴,谁也不徇私情,国库得到充实,老百姓也富裕起来。

赵奢不畏权势,奉公执法,人人都这样,何愁国家不强盛!

故事三：晏子互尊严不辱使命

晏子姓晏名婴,春秋时期齐国人。他博学多才,聪明过人,是齐国著名的政治家。由于他能说善辩,所以齐景公经常派他出使各国。

晏子出使到楚国去,楚国的君臣想要笑一下晏子,显显楚国的威风。他们知道晏子是个矮个子,就在大门旁边开了一个小洞,让晏子从这个小洞进城去。

晏子走到小洞前边,看了看,说:"这是狗洞,不是城门。出使狗国的人,才从狗洞进。今天,我是出使楚国,不是出使狗国。请问我是来到了狗国呀,还是来到了楚国?"楚人无话可对,只好打开城门,迎接晏子进去。

晏子见到楚王,楚王笑嘻嘻地说:"怎么,齐国就没有人了吗?"

晏子知道楚王是在讽刺他,就不动声色地回答说:"大王,您这是什么话!单是我们齐国首都临淄,就有七八千户人家。街上的行人要是都张开衣袖,就可以遮天蔽日;要是都甩一下汗水,就可以汇集成一场大雨,人挤得肩膀挨着肩膀,脚尖碰着脚跟。大王,您怎么说齐国没有人呢?"

楚王说:"既然有这么多人,为什么要派你这样的人来出使呢?"

晏子不慌不忙地回答:"噢!这您就不知道了。我们齐国派遣使臣有个规矩:要是对方是个上等国家,就派一个有本事、有德行的人去;要是对方是个下等的国家,就派一个碌碌无能的人去。因为我是最没出息的人,所以才把我派到你们楚国来。"楚王听了无话可说。

故事四:曾参杀猪示信

秋后季节,曾参的妻子怀着丰收喜悦,提着篮子、布袋,告诉曾参说:"我要去集市买菜去了!"曾参的儿子曾元扯住母亲的衣衫哭哭啼啼地要求:"母亲,我也要去集市,我也要去集市。"

曾妻劝阻说:"元儿,你在家玩耍吧,我去集市买了东西就回来,回来给你杀猪吃好吗?"

曾元听了立时不哭了,反而高高兴兴地说:"母亲,我在家好好玩耍,回来可要杀猪吃!"

曾妻满口答应:"是,好好玩吧,可别出门。"

过了一个时辰,曾参看到妻子从集市回来了,立时挽起衣袖,说:"来,帮个忙,快把猪捆上!"

曾妻急忙上前劝说:"夫子,为何杀猪,我与元儿耳戏,何必当真。"曾参非常严肃地说:"你错啦,言而无信,是最不可取的,身教重于言教,说谎话是欺人也是害自己。这样怎么能教育孩子成才呢?"

曾参说罢,随将猪杀而煮之。曾元高高兴兴地吃上了猪肉。

故事五:天下第一廉吏于成龙

于成龙生于明清时期,在顺治至雍正年间,从知县、知府、巡抚到总督,做了近30年的官,一贯俭朴、廉洁,深受百姓爱戴。

于成龙从不动用官银一分一文。他几乎天天喝粥,菜也非常简单。百姓们见他生活清苦,心中不忍,纷纷给他送钱物。于成龙坚辞不收,说:"我一个人在这个地方,用不了多少钱。你们把钱拿回去孝敬父母,比送给我还要让我高兴。"

有一次,于成龙的大儿子到罗城县来看望他,于成龙十分高兴,在吃饭的时候破天荒地买了一只鸭子。他对儿子说:"我们两个人,煮半只鸭子就足够了,剩下半只腌起来,留着过年再吃吧。"儿子知道他历来生活节俭,就同意了。

当地老百姓听说了这件事,都四处相告:"于大人的大公子来了,阿爷生活清苦,我们大家凑钱给他带点东西回去吧。"于是,各家各户凑了许多钱送来。于成龙笑吟吟地说:"谢谢大家了。这里离我家有六千里地,一个人带这么多钱,多不方便啊!"于成龙一定要让大家把钱拿回去,百姓们见他如此,十分感动,都伏在地上,泪流满面地呼喊他为"于青天!"

于成龙死后,下属们发现他的私人财产少到让人难以置信的程度,只有几件换洗衣服和日常用具。雍正皇帝在一次朝议时说:"做官的人,有几个能像于成龙一样呢?他真可以称得上是天下第一廉吏啊!"

故事六:李嘉诚诒商

李嘉诚在创业初期,资金极为有限。一次,一个外商希望大量订货,但他提出需要有富裕的厂商替李嘉诚担保。李嘉诚努力跑了好几天,仍一无着落,但他并没有捏造事实、数据或是含糊其辞,而是一切据实以告。那位外商被他的诚信所深深感动,对他十分信赖,说:"从先生言谈之中看出,您是一位诚实的君子,不必其他厂商作担保了,现在我们就签约吧。"虽然这是个好机会,但李嘉诚感动之余还是说:"先生,蒙您如此信任,我不胜荣幸。但我还是不能和您签约,因为我的资金真的有限。"外商听了,更加佩服他的为人,不但签了约,还预付了货款。这笔生意使李嘉诚赚了一笔可观的钱,为以后的发展奠定了基础。由此,李嘉诚也悟出了"坦诚第一,以诚待人"的原则,并以此获得了巨大的成功。

(资料来源:百度网)

[点评提示]

这些都是生动有趣的中华民族传统道德的经典故事,不仅曾影响过某个时代、某个社会,也为今天的人们所折服。结合课本"弘扬中华传统美德"内容,品味故事,你能品尝出哪些故事更能合乎你的实际口味?

案例精选 3-2　　　　　**胡耀邦的廉洁自律**

在日常生活和工作中,胡耀邦对家人和亲属要求非常严格,绝不允许有一点特殊化。

1974年,胡耀邦的小儿子胡德华给母亲写信,希望父母为妹妹上学托人找个门路。不久,胡德华便收到了父亲的来信,信中说:如果你相信这种没落的东西会永远存在下去,你就不但不配做一名信仰马克思主义的共产党员,甚至连一名资产阶级进化主义者都不如。胡德华看完信后,再也没有提出过要求。直到1976年,胡耀邦的小女儿才在所在的工厂的极力推荐下入了学。

1982年,胡耀邦在担任党中央总书记后不久便召开了家庭会议,郑重地对家人说:谁要是利用我的招牌在外面做错事,谁就自己负责任,我是不会出面讲情的。一天,胡耀福的儿子胡德安去看望一位在某县当领导的亲戚,言谈中透露出想让对方帮忙找个工作的想法。那位领导曾和胡耀邦相熟,便答应了。胡耀邦得知此事后,大为生气,坚持要这位领导把侄子退回农村去,他对这位领导说:"你这不是拆我的台吗?"后来,胡耀福去北京看望他,兄弟相见,胡耀邦又旧事重提:"哥哥,你搞些么子名堂?德安在农村呆得好好的,你把他搞出去做么子?"

还有一次,胡耀邦的侄子从家乡来看他,交谈了一阵子后,他便严肃地对侄子说:"你来看我,我欢迎。但是你要打着我的旗号搞东西,我不同意。共产党人是给人民办事的,不是给一家一族办事的!"不仅如此,胡耀邦对家乡人也十分"苛刻"。他曾经给中央办公厅写过一份备忘录,不许他家乡人向国家要物资、资金和特殊政策,他自己也对家乡人说:"我不能为家乡谋取特殊利益。"

(资料来源:www.360doc.com/content/10/1015/10/453628_61137714.shtml)

[点评提示]

这个案例故事体现了胡耀邦同志廉洁奉公的中国革命道德与精神。作为时任党和政府重要领导职务的胡耀邦以身作则,身体力行,严格要求和规范家人亲友以及家乡父老的行为,他的那句"共产党人是给人民办事的,不是给一家一族办事的!"至理名言振聋发聩,让人肃然起敬。在学习课本中的"继承与发扬中国革命道德"内容时联系本案例,谈谈你得到了哪些教益?为什么?

案例精选 3-3 　　*常年捐款、爱心助学的毛秉华*

2015年度的全国助人为乐模范毛秉华,男,汉族,1929年1月生,中共党员,井冈山革命博物馆原馆长。

自1968年调任井冈山革命博物馆馆长,他始终重视继承和发扬井冈山精神,收集井冈山斗争史料。离休后,他更是一门心思扑在收集史料上,只身一人跑遍了湘赣两省边界各县的农村,还到赣南、闽西、广州、北京、长沙等地拜访了32位老红军和红军后代,收集革命文物21件,掌握了大量珍贵的第一手资料。

毛秉华的心脏做过搭桥手术,但为将井冈山精神发扬光大,不顾家人的担心和反对,走上了47年如一日的义务宣讲之路。他义务作井冈山精神宣讲报告1.5万余场,每年讲课300多场,听众累计达220万人次,从不收取讲课费用和任何礼品。

毛秉华的离休工资大部分用于义务宣传所需的开支,并先后向汶川、玉树等地震灾区捐款8 000余元,上交特殊党费和设立公益事业基金共5.1万元,累计捐款11万余元;先后为井冈山市畔田、龙市等15所中、小学筹资1 100多万元,解决学校的危房改造、校舍扩建、道路不通和安全饮水等问题;个人捐款和筹款帮助180多位家庭贫困的大、中、小学生上学读书。

毛秉华荣获全国优秀共产党员、全国"五一"劳动奖章、中宣部理论宣讲先进个人、全民国防教育先进个人等260多项荣誉。

(资料来源:新华网,2015年)

[点评提示]

一般而言,老人退休了都会注意休闲,安度晚年。可毛秉华却闲不住,不顾年迈有病,义务讲解井冈山精神,常年捐款、爱心助学,积极关心公益事业,尽一点微薄之力。毛秉华的故事彰显了当今中国人可贵的中国革命道德与精神。读完这则故事,你的感受是什么?联系课本中的"继承与发扬中国革命道德"思考之。

案例精选 3-4　　　　青年人的正气经不起减法诱导

《东方早报》5月11日刊登毕诗成的文章说,我不知道,当南开大学本科生杨超在核心学术期刊上发表了论文之后,会有怎样的感悟,自己独立完成的高质量论文,因为本科生身份而必须找个导师做第一作者,这样的"歧视性看法"会播撒怎样的种子。以后信奉职称名气还是科研成果?

我不知道,湖南省重点中学、湘潭市一中的学生们在110周年校庆之后,会有怎样的感悟,在老师口头动员每人50元捐款之下募集170万元搞校庆,被举报后教育局偏袒称"完全是自愿"。中学生的心头,种下的是我爱我校的捐款高尚,还是"被捐款"的无奈?

我不知道,刚走出校门没多久的27岁学子黄红,在经历一次公务员考试之后,会有怎样的感悟,辛辛苦苦4个月赶考,终于以面试成绩和总成绩第一的身份进入候岗席,却被挡在大门外,留下早在体检环节,就开始存在的蹊跷悬疑。自今以后,她会信仰公平公开的社会规则,还是拼钱拼爹的江湖潜规则?

上面的疑问一次次浮现心头。青年学子被视为"未来",对于他们的精神与道德,从校园到校外,从课本到课堂,这些年付出多多。但我们如若不去摆正规则,不去铲平条条大道,又怎么期待青年学子都"出淤泥而不染"。不在沟沟岔岔前迷茫地令青春正气夭折?

价值建构要做加法,更关键的是警惕过多的减法。

(资料来源:《东方早报》2012年5月11日)

[点评提示]

一方面我们在教育广大青年遵守道德,弘扬正气;可另一方面,社会上的某些人却在冷酷地践踏道德,撕毁正气。涉世不深的学子若遭遇此种种待遇和烦恼,我们的道德教育还会有说服力和生命力吗?社会做减法还是做加法关系到道德教育和价值观构建的根本。这是个令人深省的案例,请结合课本中的"道德的功能与作用"内容,希望你的心中能有个正确的分析和评判。

材料精选 3-3　　　　说谎成本低败坏社会风气

说谎现象,古今中外都有。但在我们当下社会,说谎之风大有愈演愈烈的趋势。有人指出,说谎成风已经成为当今社会最大的"毒瘤"之一。

中国青年报社会调查中心通过对1865人进行的在线调查显示,82.1%的受访者认为当前社会说谎之风日渐泛滥。

受访者中,9.4%的人承认自己经常说谎,30.9%的人承认有时会说谎,26.9%的人表示偶尔会说谎。

哪种类型的谎言最多

对于社会上说谎成风的现实,家住三明市的网吧收银员韩雨深有感触。她发现,尽管国家明确要求营业性网吧禁止未成年人入内,可她们那边的网吧基本都无视这个规定。相关部门检查时,网吧老板只需要在上网登记簿上做些手脚就行了,有关部门也经常睁一只眼闭一只眼。这样一来,网吧挣了钱,相关部门也完成了检查工作,受害的只有那些不懂事的孩子和他们的家长。

韩雨的孩子正在上幼儿园,有段时间回家后总是闷闷不乐。一再追问原因才知道,她的孩子比较诚实,对于不喜欢的东西会直接说不喜欢,却遭到了老师的批评。"不教孩子说谎吧,孩子可能会吃亏;教孩子说谎吧,自己心里又过不去,真是很难办。"

在北京市某高校研究生王刚(化名)看来,生活中的谎言可以分为两种,一种是出于利他的目的将事实隐瞒起来的善意谎言;一种是出于损人利己的目的而进行的恶意欺骗。善意谎言可能使人际关系更融洽;恶意的谎言则会损害他人利益,败坏社会风气。我们当前社会上越来越多的正是后一种类型的谎言。

"不可否认,我们有着强调做人应圆融的文化基因,但我们的文化同时也提倡慎独的君子之风。可悲的是,我们只继承了文化中圆融的部分,并将其扭曲性地夸大,对于慎独的君子之风,却是嘴上认同远多于行动上的认同。"王刚说。

哪种类型的谎言最多?调查结果发现,受访者依次认为是官员、商家、职场。

其他还有:文化精英的谎言(55.2%)、朋友间的谎言(23.2%)、家庭中的谎言(18.2%)等。24.8%的受访者认为所有类型的谎言都很多。

北京大学中国信用研究中心副主任杜丽群教授指出,当前社会说谎成风的现象,必然会对社会中的个体产生不良影响。当人们发现说谎能获得好处,说实话反而对自己不利时,大规模的说谎就会不可逆转地出现。

说谎成本低

为什么会说谎成风?调查中,受访者给出的首要原因是"社会没有原则、底线失守,大家过分追求利益"(72.8%),其次是"说谎者不用付出任何代价,特别占便宜"(68.4%),排在第三位的原因是"说真话的人经常不招人待见,好心没好报"(61.0%)。

中国人民大学政治学系教授张鸣认为,精英与大众之间存在着风与草的关系。官员、学者、商人等社会精英无节制地说谎,一定程度上会引起全社会的说谎风气。另外,社会底线的失守,个体心中自我约束的淡化,也是造成说谎成风的重要原因。

杜丽群分析,说谎需要付出两种成本:第一是为了避免谎言被拆穿而付出的预付成本;第二是谎言被拆穿后付出的风险成本。在当前社会这两种成本都非常低。首先,我们是人情社会,很多人为了维持关系和面子,不愿意拆穿谎言,说谎的风险成本得到降低;其次,人们不再担心说谎会带来什么不利后果,说谎完全可以信手拈来,不需要精心准备、付出高昂的预付成本。

"在当前社会,说谎的成本很低,只需要动动嘴皮子就可以,相反调查和拆穿谎言的成本却非常高。谁不愿意做低成本高收益的事情?但说谎成风必然会增加整个社会的运行成本。"杜丽群说。

说谎成风增加社会运行风险

说谎成风会带来哪些社会后果?调查中,76.2%的人认为会"致使人们不敢说真话,社会问题就无人指出,会增加社会的运行风险",73.8%的人担心会"使国民素质教育缺乏灵魂,缺少引人向善的力量",71.6%的人认为会让"社会失去代表正气、真理的榜样"。

杜丽群认为,遏制说谎泛滥的关键,在于增加说谎的成本,对于信用记录较好的人,应该给予更大的信赖。对说谎的治理是一项综合的系统工程,需要政府和民间、立法和执法、法治和德治多头并举。政府、企业、社会应真正推崇、鼓励坚持原则和说真话的人,让说真话者不吃亏,让说谎者无处藏身。

如何改变说谎成风的社会风气?75.6%的人表示"精英和官员要坚持说真话,引导社会风气",72.3%的人希望"国家、社会真正推崇、鼓励坚持原则和说真话的人,让说真话者不吃亏",70.8%的人建议"建立社会诚信档案,说谎者将付出沉重代价"。

(资料来源:《中国青年报》2011年8月11日)

[点评提示]

有人认为,说谎人人皆有,不但成本较低,而且获益较大;相反,说真话成本则较大,甚至巨大。人都是有趋利避害之本能,这就导致道德底线失守,说谎成风。但是,历史反复告诉我们,沉湎于谎言只能得一时之小利,而毁长远之大利,人们终会识别并抛弃谎言之始作俑者。你可能会欺骗某个时期所有的人,也可能欺骗某个人的所有时期,但你终究不能欺骗所有的人所有的时期。构建文明道德社会,就必须建立让说谎者付出沉重代价的机制。请你结合课本中的"加强社会主义道德建设"内容,谈谈对此的看法。

材料精选3-4 　　　　　　　**如何重建中国社会道德体系**

社会道德解体了,而社会必须具有道德才能生存,这表明道德必须得到重建。如何重建道德是中国社会面临的一个最为严峻的挑战。

市场经济必然导致社会分化。 市场经济是人类创造财富的最有效的机制,但也导致了收入分配差距拉大,财富分配不均,社会分化导致社会道德解体。

怎么办?历史上有两种方法。一是马克思路线,即消灭资本主义,消灭人剥削人的社会现象。从马克思主义演变到最后斯大林版本的贫穷社会主义,等到消灭了市场经济,社会就没有发展的动力。在人人贫穷的状况下,只能产生虚假的道德。

另一种方式就是用社会主义来遏制和消化资本主义和市场经济对社会道德的冲击。这是西欧发达社会的经验。通过长期的社会主义运动,欧洲社会从早期马克思和狄更斯所描述的"悲惨世界"式的原始资本主义,过渡到福利资本主义。当市场经济或者资本主义仍然在经济领域发挥其作用的同时,通过提供保护社会的机制,避免社会领域的过度市场化和货币化,从而保护了社会领域。尽管人们非常强调宗教在提供西方社会道德资源方面的作用,但如果没有近代以来的种种保护社会的机制,很难保证社会道德的生存和发展。

回到中国,要重建道德,人们也不得不在这些方面做文章。很难想象通过消灭市场经济而能重建道德,这已经被证明为失败。实际上,消灭市场经济本身需要一场深刻的社会革命,而这个过程本身就会制造出无穷的非道德。

政府应从两方面来努力

道德的重建,谁是主体呢?在西方的道德重建过程中,政治和社会的力量扮演了最为重要的角色。资本尽管是道德解体的主要根源,但道德的重建还是需要资本的力量。道德重建包含经济成本,这种成本必须由资本来承担。西方福利社会的基础还是市场经济,没有足够的财富,就不会有福利的可能性。

在中国,政治权力或者政府能够在道德重建过程中做什么呢?至少可以从两方面来看。首先政府需要构建一个有利于道德产生和发展的结构,那就是经济、社会和政治三者之间的平衡,这三者的相对平衡有助于社会道德的产生和发展;反之,道德就会面临解体。

从这个角度来看,中国的各级政府没有在资本和社会之间做好平衡的角色。中国社会对资本和政治力量的高度不信任、敌视,甚至暴力化,就是权钱结合的必然结果。在这样的情况下,道德就荡然无存。

在中国。政治力量和资本力量相结合还产生了其他两个结构的失衡,那就是国有部门和民营部门的失衡,大型企业和中小企业的失衡。在中国,国有企业是大型企业,而民营企业大都是中小企业。在任何社会,中小企业是社会的大部分人生存的经济空间;中小企业弱小,表明中国社会的大部分所拥有的经济空间极其微小。很显然,这些关系的失衡,对社会道德的产生和发展构成了结构性制约。

如果说经济领域和社会领域的分离是经济发展所必需,那么政府就要提供足够的保护社会的机制,这就要求政治领域和经济领域的相对分离。只有当这两个领域相对分离的时候,政治力量才有可能在社会和资本力量之间作为一个仲裁者,平衡两者的力量。

政府可以做也必须做的另一方面的努力,就是要为社会道德提供有效和足够的制度保障,这方面主要体现在法治和法制建设上。只要有人的地方,道德必然在某种程度上存在。问题在于,不好的制度在遏制道德,而弘扬非道德。制度必须扬善遏恶,而不是相反,这尤其需要健全的法制。那些不愿意接受艾滋病人的医院,那些因为病人的钱不够而中途中断了手术的医生,那些诬告扶起倒地老人的人……所有这些行为都必须受到法律的惩罚。如果法律不能惩罚这些,那么就无异于鼓励非道德。

道德建设需要社会作用

政府可以提供一种有助于道德产生的经济结构,也可以提供一个有助于道德产生的法律结构,但很难提供一种道德力量。传统中国社会由政府提供道德,主要表现为儒家。但是这种传统模式已经不再可行。当农业社会不再主导的时候,作为一种政治意识形态的儒家就失去了政治道德舞台。当然,儒家可以作为一个私人道德基础存在于社会。

在20世纪30年代,蒋介石曾经发起一场近似法西斯主义的"新生活运动",即一场道德重建运动。尽管有多种因素干扰了这场运动,但运动的失败是必然的。原因很简单,道德是社会成员互动的产物,很难通过自上而下的力量来施加于社会。

中国社会道德的建设还是需要社会的作用,通过自下而上的途径。从社会力量来说,要拯救道德,必须有两个前提:一是公民社会建设。社会必须具有足够的空间,才能发展起来。改革开放以来,社会空间有了很大的增加,各种非政府组织也在涌现。不过,在关键的道德领域(尤其是宗教),社会空间还是非常有限。政府实际上已经没有能力提供道德力量,但还是继续假装着能够提供,这就出现了道德真空。政府到最后必须意识到这一点,逐步正式从道德领域退出,让社会来承担提供道德资源的责任。

其次,道德重建还需要一场持久的全社会的公民社会运动。道德的重建和每一个社会个体息息相关,中国公民社会在发展,但对道德重建的意识还相当淡薄,这并不是说没有。从社会对诸多非道德事件的反应来看,道德意识还是存在的。但潜藏在社会成员中间的道德意识需要被动员起来,才能形成气候。公民社会的道德运动,有望可以建设公共空间的道德。也就是公德,这是中国最需要的。

(资料来源:《参考消息》2011年12月8日)

[点评提示]

道德重建是一个系统的复杂的工程,不仅需要政府的努力,更需要全社会的作为。你耐下心来,认真阅读这则材料,并结合课本中的"加强社会主义道德建设"内容,联系我国社会实际,思考政府应在哪些方面作出努力?社会应发挥哪些作用?

材料精选3-5

国家旅游局关于在旅游行业大力开展践行行业核心价值观工作的通知

旅发〔2013〕308号

各省、自治区、直辖市旅游局(委):

为了贯彻落实党的十八大提出的深入开展社会主义核心价值体系学习教育,积极培育和践行社会主义核心价值观的部署,国家旅游局研究决定,将"游客为本,服务至诚"作为旅游行业核心价值观在全行业推出。现就旅游行业大力践行行业核心价值观的工作通知如下:

一、充分认识重大意义

推出旅游行业核心价值观,是贯彻党的十八大精神,结合旅游行业实际,践行社会主义核心价值体系的具体实践,符合党中央、国务院提出的把旅游业建设成为国民经济的战略性支柱产业和人民群众更加满意的现代服务业的基本要求,是旅游行业推进精神文明建设的重要载体,是提升全行业综合素质,激发全体从业人员积极向上、奋发有为的精神动力。

旅游行业核心价值观体现了对服务对象的承诺,旨在对行业提出自身的价值标杆,密切联系人民群众,服务人民群众,兴办让人民满意的旅游事业,必将成为旅游行业全体成员共同的价值追求和精神导向。

二、组织宣贯践行工作

1. 抓好宣传贯彻。各级旅游部门要抓住《旅游法》正式实施的机遇,将旅游行业核心价值观的宣贯工作列入重要议事日程,采取形式多样的方式,组织各地各类媒体深入解读和广泛宣传。要运用《旅游法》、精神文明建设、文明旅游和机关文化、企业文化等活动载体进行宣传;要在各级旅游局机关、A级景区等旅游企业和各种大型旅游活动场所的醒目位置悬挂或竖立旅游行业核心价值观标语;要通过开展征文、演讲比赛、微博、微信、微电影和微电视剧等形式开展宣传;要将旅游行业核心价值观列入导游词讲解;结合树立先进典型进行宣传。

2. 组织践行活动。一是要抓好教育,融入培训内容,让广大从业人员知晓、认同、践行旅游行业核心价值观;二是要抓好养成,融入行业精神文明建设,贯穿行业实践的各个领域;三是要抓好典型示范引领,树立一批优秀典范,以点带面。

3. 构建长效机制。旅游行业核心价值观是一个管长远、管根本的行业意识形态,具有长期性和持续性,一刻也不能放松,必须建立长效宣贯践行机制。各单位要明确一位主管领导和一个主要部门负责,将宣贯践行工作列入各级旅游部门、广大旅游企业年度工作安排和中长期工作规划。要总结经验,建立制度,加强监督检查。

各地开展践行旅游行业核心价值观的情况,特别是好的经验和做法,请随时报送我局。

国家旅游局
2013年10月16日

[点评提示]

作为我国旅游业行业价值观,"游客为本、服务至诚"是社会主义核心价值观在旅游行业里的体现和延伸,它凝结了旅游从业者们历经改革开放以来几十年的实践智慧,是他们辛勤奉献、心系游客、胸怀行业的灵魂沉淀。我们不仅要大力提倡,更要力行践行,让它成为旅游发展之基,旅游兴业之魂。你认为在践行旅游行业核心价值观过程中,我们旅游高职生应该做到哪些?结合课本中的"加强社会主义道德建设"内容思考之。

材料精选 3-6　　　　　　诚信是中国旅游商品发展的根本

游客为什么不在国内购物?回答最多的是"不知道哪些可以相信,不知道哪个是真的。"上当受骗是他们经常谈到的国内购物体验。反观,中国游客在国外的购物却日渐疯狂,从化妆品到电器,从服装鞋帽到手表,还有持续热了多年的日本电饭煲、智能马桶盖、电动剃须刀等。

根据统计,连续几年春节出游人员暴增,但国内购物增长率持续下降。在国内旅游时,到哪儿买东西,买什么是可靠的,竟成了中国旅游购物的一大难题。

各地政府不能说不重视旅游和旅游购物,一座座景区如雨后春笋般建了起来,一条条旅游商业街也纷纷开业剪彩。有些地区经过大量的宣传,游客来了。但面对比肩接踵的游客却很难实现预期的购物消费,游客来了但不购物又成为一条条旅游商业街的苦恼。从全国到各省市到县一级的旅游商品大赛也开展了很多,旅游商品的文化性、纪念性、创新性都在加强,但还是没有产生预期的扩大旅游购物消费的效果,既有销量又有知名度的品牌旅游商品仍寥寥无几。

中国是制造业大国,生产加工出好的产品本应不成问题。国家重视科技创新,尤其是设计创新。各省市都有大量的扶持资金开发新产品,本应也不缺设计。在原料产地、制造业的加工地本应也不存在价格问题。究竟是什么问题使中国的旅游商品销售这么难?同样的商品,同样的厂家制造,甚至同样的价格,中国游客宁可从国外买回来,也不在国内购买,为什么?还是游客们的那句名言:"不可靠!"实际上是游客不信任中国境内销售的旅游商品。缺乏诚信是中国旅游商品的致命缺陷。

大部分商品,都是由众多零件组成,并经过很多道工艺生产出来的。某个零件、某道工艺如果出现问题,生产出来的产品就会出现问题。这里还不包括在生产中、在材料的选择中故意造假的问题,以及在销售环节产品的定价背离市场规律的问题等。游客如果买到的是与其需求背离的旅游商品,必然怨声载道,或者干脆不买。

诚信问题。不仅仅是生产企业的管理者、生产人员、采购人员的事情,还包括物流运输、销售人员、售后服务人员,更是全民的问题。在各种利益的驱使下,在法律和道德均不完善,违法成本很低或没有的情况下,不可能单单让某一个企业的人或某几个企业的人去遵守诚信。

曾经有媒体做过一个乡村旅游购物调查,发现在乡村旅游购物中,很多游客只是看中了价格的低廉,他们问得最多的话是"有没有便宜的?能不能更便宜?"砍价已经成为一种消费习惯,而游客对质量的要求却很低。这种做法更加纵容了无诚信者的获利行为,也是对诚信经营的打击。

树立旅游商品的诚信,需要社会各界的努力,尤其需要人们站出来维护诚信。1963年马丁·路德·金在《伯明翰监狱来信》中写道:"我们这一代人终将感到悔恨,不仅因为坏人可憎的言行,更因为好人可怕的沉默。"如果人们对诚信视为无物,对违反诚信的人和事漠不关心,就是开发出再多的商品也是徒劳。如果臭名远扬了,还谈什么发展!要增加违反诚信的成本。原来酒驾很多,但当酒驾入刑,违法成本提高,再加上严格的监管,酒驾行为大幅减少。必须让违反诚信者尝到正能量的力量。

不弄虚作假是最基本的诚信之道。作假不应也不该成为旅游商品的普遍现象。在打造有诚信的旅游商品品牌,有诚信的旅游商品生产企业、销售企业、商业街时,应全面加强对诚信的宣传。要加大对诚实守信的企业的宣传,增加其影响力。而对那些违反诚信的弄虚作假者应予以曝光和强有力的打击。

中国要想从一个制造业大国转变成创造、创新的大国,就要在诚信上大作而特作文章。只有诚信成为不可逾越的底线时,中国的旅游商品才有真正出头的那一天。

(作者系北京工美艺术研究院常务副院长、中国旅游商品产学研联盟秘书长)

(资料来源:《中国旅游报》2015年3月20日)

[点评提示]

游客为什么不在国内购物?回答最多的是"不知道哪些可以相信,不知道哪个是真的。"本案例的开篇给了我们一个警醒:经营旅游商品的商家们都想使自己的业务做大做强,这无可厚非,问题是怎样做大做强?靠非诚信?抑或靠诚信?这个问题很实在,你怎么看?结合课本中的"加强社会主义道德建设"内容思考之。

材料精选 3-7　　　　**让人民满意,仅有微笑是不够的**

当旅游休闲日益成为大众生活的组成部分,当人们可以利用微博、论坛等平台随时将旅途中的经历与公众分享,各级旅游管理部门的管理者们在为行业繁荣发展感到振奋的同时,也深感责任重大。规范旅游市场秩序、提高旅游服务质量,让旅游业真正成为人民群众更加满意的现代服务业,仅有微笑是不够的。

以服务民生为理念,推进和谐旅游

春节黄金周的三亚海鲜宰客事件、"3·15"前夕游客对北京"一日游"甩客的投诉等,不断让人们的目光聚焦到旅游市场秩序和旅游服务质量上来。

"当旅游成为人们生活不可或缺的一部分时,旅游业自然也就成为事关人民生计的重要产业。人们对旅游体验的关注越多,旅游消费中的各种问题越容易引起社会的广泛反响,于是规范旅游市场秩序、提高旅游服务质量显得尤为重要。为了实现成为人民群众更加满意的现代服务业的战略目标,我们应该将'和谐旅游,服务民生'作为发展理念,以和谐、民生为目标取向,推动中国旅游业的转型升级。"浙江省温州市旅游局局长张纯洁说。

张纯洁认为,和谐旅游应该是一种美好的产业状态和理想,所追求的是产业要素协调融洽和旅游者各得其所以及旅游服务者与被服务者的和谐相处；服务民生就是要努力使旅游业发展惠及民生和为旅游者提供优质的服务。规范市场秩序、提高服务质量应以"和谐旅游服务民生"作为理念。

有理念引导，还要有行动落地，多年的工作实践让张纯洁感到，行风监督、社会监督、管理体制机制的改革创新都很重要，要落到实处，关键是要强化基层执法队伍建设。"上面消肿，一线到位"是他提出的建议。

"旅游质监工作应该把更多的力量投入到一线。现在的情况是上面机构、人员比较健全、到位，而一线的力量却不足，这是一种错位和浪费。我个人认为，应该把更多人力充实到一线。"张纯洁说。

以培训为切入点，提高服务质量

"规范市场秩序、提高服务质量，最终还是要落实到人，落实到旅游从业者。旅游业作为服务业，服务产品的质量是由人呈现的，从业人员的素质决定着服务产品的质量。优秀的员工提供优质的产品。优质产品越多，伪劣产品越没有市场，市场秩序就规范了。欺客宰客是从业人员职业道德缺失的结果，职业道德是从业人员素质的重要组成部分。"山东省旅游局巡视员梁文生将规范旅游市场秩序、提高旅游服务质量的最佳切入点选在了对旅游从业人员的培训上。

"职业道德水平、职业服务技能要并行提高。只是见人就笑，并不能达到让人民群众满意，还需要提高职业服务技能。旅游是人的体验过程，只有人性化、差异化、亲情化的服务，才能让人民群众更满意。这样的服务是怎么来的？是培训培养出来的！"梁文生说。

通常，各级旅游行政管理部门在营销方面都舍得投入，但对培训却不舍得花钱。营销招徕的游客，如果体验不到好的旅游服务，对旅游目的地的口碑不佳，反倒会对营销产生负面效应。所以，从某种角度来讲，培训员工也是一种营销。"优质产品靠优秀员工提供，优秀员工靠培训成长，培训也是营销，是高层次的营销。"梁文生说，以山东为例，经过多种形式的营销，"好客山东"旅游品牌已经打响了，为了让游客切实感受到山东的好客，旅游部门制定了"好客山东"服务标准，而且已经成为全省服务行业的标准。

"整治、处罚是一方面，主要还是应该加强培训，建设一支有理念、有信仰、有专业技能的从业人员队伍。旅游业关联度高，市场主体多元，市场整治工作综合、复杂。加强从业人员培训是旅游行业一个实实在在的抓手。"梁文生说，"曾经看到甘肃省卫生系统向酒泉宾馆学习服务经验的报道，很有感触。我想，我们从行业自身做起，提供优质的服务，我们的示范作用就会带动相关行业。只有与旅游相关的各个行业都能提供优质服务，人民群众才会真正满意。"

以技术为支撑，构建旅游征信系统

"旅游已经成为一种极为重要的社会现象、经济现象和文化现象，综合性的现象需要用综合性的方法来研究和管理。旅游活动的发展要求旅游管理从传统的行政管理向现代的公共管理转型。建立并维护良好的旅游市场秩序，是旅游公共管理的主要目的之一。"陕西省咸阳市文物旅游局副局长杨军说。

杨军认为，诚信缺失是造成旅游市场混乱的根本原因，也直接影响着我国旅游业的全面提升和健康发展。"温家宝总理在政府工作报告中提出,要构建覆盖全社会的征信体系。旅游业应该以技术为支撑,构建旅游征信系统。旅游管理部门掌握了大量旅游投诉情况,可以把这些情况通过征信系统向公众公开。"他说。

张纯洁告诉记者,温州市正在开展的智慧旅游建设,就包括通过行业论坛,把过去只有质监所掌握的投诉情况、处理过程、经验成果等公开,让更多同行、旅游者知道遇到类似的情况该怎么办,从而努力打造一个规范旅游市场秩序、提高旅游服务质量的互动公共平台。

对北京"一日游"关注多年的八达岭特区原宣传营销中心副主任张民认为,搭建公共信息平台、引导游客树立理性消费理念,是旅游行政管理部门规范市场秩序、提高服务质量的基础性工作。

在最近做客本报《高端对话》栏目时,国家旅游局规划财务司巡视员、副司长张吉林透露,"为了加强对 A 级景区的常态化管理,我们正在准备建立 A 级景区监控评价机制。我们希望与百度合作,在百度平台上搭建旅游景区的监控体系。"

据介绍,监控体系分成两个评价指标,一是关注度的评价,二是满意度的评价。"我们先从 5A、4A 级景区开始试行,一个季度汇总一次,如果连续多少个季度都排在后面,就要考虑警告了。4A 级景区连续多少个季度满意度排在前面,晋升 5A 的时候就可以优先考虑。"张吉林说。

"以技术为支撑,构建旅游征信系统,不断加大有效信息的供给量,消除信息不对称,尽可能降低信息搜寻成本和诚信识别成本,使失信成本大幅提高,诚信经营受到激励,是旅游业成为人民群众更加满意的现代服务业的必由之路。"杨军说。

(资料来源:《中国旅游报》2012 年 4 月 20 日)

[点评提示]

也许有人认为,服务游客嘛,就是给游客愉悦,微笑服务能够给游客愉悦不就是优质服务了吗?请阅读本案例,思考一下,你以为如何?结合课本中的"加强社会主义道德建设"内容思考之。

案例精选 3-5 　　　　　　　　**一面锦旗的故事**

来自哈尔滨的林先生把一面写着"热情服务,温暖客人心"的锦旗送到了郑州市某星级宾馆五楼服务台。是什么事情让这位先生专程从远方赶来送一面锦旗呢?

原来,林先生曾入住该酒店 1527 房间,由于年底业务较忙,晚上经常要陪客人吃饭。入住当天晚上,他陪客户吃饭,喝多了酒,回到酒店时,衬衫上、皮夹克上、裤子上吐的全是污物。当班的服务员尹金红看到后,忙把他扶到房间,倒上一杯水,安顿林先生休息后,又拿来毛巾把他皮夹克上的污物擦拭干净,将从衣兜里掏出来的一沓人民币(大约 5 000 元)放在了他的枕头下面,并写好便条告知客人,然后把衬衫和裤子拿出去洗干净、烫平后放在了房间里。第二天早上,林先生醒来后,看见了叠得整整齐齐的衣服和一分不少的钱。他来到服务台,非要见见头天晚上上夜班的服务员不可,可是这位服务员已经下班走了。由于走得匆忙,林先生没有来得及当面谢谢这位服务如此周到、体贴的服务员。回到家后,他把这件事告诉了妻子。妻子也深受感动地说:"我都不一定会有她做得这么好,你一定要去感谢人家!"于是出现了开头的一幕。林先生用这种方式表达了他对这位服务员的谢意和敬意。

(资料来源:《酒店服务管理——案例精选》,中国旅游出版社,2006年9月版)

[点评提示]

案例中的服务员尹金红无愧是一名优秀的服务员,她不顾喝醉的游客身上满是污物,毫不犹豫地为游客擦拭、洗涤、烘干,连同游客的5 000元钱整齐地放在游客身边。这件事连游客的妻子都不容易做到,的确让人感动。如果你是当班服务员,你会怎么做?结合课本中的"加强社会主义道德建设"内容思考之。

案例精选3-6　　**刁娜:在平凡岗位传递正能量**

当很多游客在享受十一黄金周假期时,刚刚成为第四届全国道德模范的刁娜却迎来了一年当中工作最忙碌的时候。

"我是9月29日从北京回到龙口的,9月30日就上班了。"10月2日,笔者在山东烟台龙口南山国际旅行社办公室采访刁娜。紧张忙碌的她,神情略显疲惫,但嘴角依然挂着甜美的笑容。

"十一'黄金周'本来就是我们旅行社最忙碌的时候,尤其是《中华人民共和国旅游法》(简称《旅游法》)正式实施了,在这个关键期,虽然我的岗位很平凡,但也不能掉以轻心。"谈到工作,现任南山国际旅行社业务部副经理的刁娜非常认真。

业务部的工作性质,决定了部门员工需要经常外出。"我们很少留在办公室。刁娜伤势刚刚恢复那会儿,公司提出让她暂时少外出跑业务,暂时在办公室里处理一些事务性工作,但她毅然拒绝。"南山国际旅行社业务部经理邹金梅说,刁娜看到部门人手紧张,仍坚持跑出去拓展业务。

10月4日,南山景区要接待一个来自广州的老人旅游团,刁娜所在的部门负责接待。因为一位同事休婚假,从北京领奖回来后,刁娜没有提出请假休息,要求加班并承担休假同事的工作。

接团需要考虑的事情纷繁复杂,从车票预定、线路安排到导游对接,工作量非常大。"这几天她天天在单位加班,有时很晚才回家。"邹金梅说,有了刁娜的带动,大家的工作效率都高了。

"刁娜姐的事迹传开后,她还是和之前一样平和。"比刁娜小几岁的同事陈燕说,"我刚来社里的时候,工作中出现了不少小错误,刁娜姐总是不厌其烦地教我,还安慰我说,她自己刚工作也会犯错,熟练以后就会好起来。她教会我的,除了业务知识,还有做人的道理。"

2011年10月,刁娜和她爱人在下班路上见到一女士被车撞伤,倒在血泊中。二人下车营救时,刁娜被过往汽车撞断腿,用"一条腿换回他人的一条命",她也因此获得第四届全国道德模范荣誉称号。

当被问及获得全国道德模范称号时的心情,刁娜说,获得这个荣誉,心里很高兴。但全国道德模范奖章交到我手里时,除了开心,还觉得这是责任感的传递。"说实话,这几天我感觉'压力山大',我会努力在今后平凡的工作和生活中更加严格要求自己,用一言一行感化身边的人,传递正能量。"

(资料来源:中国旅游报.2013年10月4日)

[点评提示]

热诚工作、不辞辛劳,关心同事、情愿相帮,见人有难、不畏献身,刁娜无愧"全国道德模范"称号,她所做的事既平凡又不平凡。每个旅游职业人都想展示自己的精神和价值,但是在关键的时刻都能像刁娜那样吗?结合课本中的"加强社会主义道德建设"内容思考之。

案例精选 3-7　肖磊:碧水湾给了我第二次生命

第一次发现自己身患重疾,想辞职离开,被碧水湾全体职工的温情挽留了;后来结婚成家了,老家人都希望肖磊能够回去,毕竟老母亲已经 70 多岁了,他坚持留下来;再后来老家盖好新楼房,家人觉得盖了新楼不住很浪费,劝他回家发展,他依然坚持了自己的想法。他说:"碧水湾给了我第二次生命,我想在这里一直工作下去。"

"到碧水湾是为了提升自我"

肖磊目前是广州从化碧水湾温泉度假村温泉康乐部的领班。这个来自云南省沧源佤族自治县的小伙子,从小生活贫寒,6 岁开始就要帮家里干各种农活,初中毕业后没有继续上学,在老家一家餐厅做服务员,还兼职表演跳舞。童年的经历,让肖磊养成了爱干活、不怕吃苦的性格。这也为他此后在服务行业扎下根来,打下了坚实的基础。

肖磊还清楚地记得,2007 年 1 月 25 日应聘到碧水湾工作,目的很简单,就是想给自己一个提升自我的机会,还有就是这里的伙食很不错,领导非常关心下属。

在到碧水湾之前,肖磊曾在珠海的一个艺术团工作。当时生活条件也艰难,艺术团里伙食很差,连肉都没有,有时候只能喝一点青菜汤,是否学到东西也没人管,生病了也没人管。在肖磊看来,生活上的艰难都不算什么,问题是学不到东西。恰好,艺术团里有一个团队在碧水湾。肖磊看到,在碧水湾的团队员工都非常开心,领导关心下属,也在培养人才,还能够学到很多服务的知识与技能。碧水湾就像一个大学堂,深深地吸引着肖磊,从小好学又因贫寒辍学的他,决定再给自己一次自我进修的机会。

来碧水湾之后,肖磊很开心,他第一个职位是温泉露天服务员。性格活泼的他,很快就适应了工作。肖磊自信地把游客当成朋友,很多游客都记得他,后来也把他当成了朋友。在碧水湾,肖磊觉得自己每天都能够学到新东西。他从露天服务员干起,后来做过水温员、露天负责人,到现在的领班,管理着 50 多人的小团队。他说,他不仅掌握了温泉设施设备的管理及质量把控,还学到了很多用心服务以及管理的技巧。

他举例说,同事工作上遇到困难要主动帮助,生活上要把员工当成兄弟姐妹,他们心情不好时要关心问候,为他们排忧解难,管理者要学会读懂员工的心理变化,帮助他们成长。显然,碧水湾的管理智慧,已深深地印在了肖磊的心里。

现在,肖磊已更加坚定自己的职业理想,就是从事旅游行业。"以后中国旅游业会大有发展,未来的中国,以服务为主,看好服务业。"肖磊给出了自己的理由与判断。

"碧水湾的爱,我永生难忘"

然而,肖磊在碧水湾的成长过程并不是一帆风顺。2010 年左右,一场突如其来的疾病,让他产生了辞职的念头。

肖磊是一个能吃苦耐劳的人,一点小病痛对他来讲根本不是问题,他都能扛下去。直到 2010 年,他发现自己身体确实不对劲。

"最开始没在意,体重从120斤一下子降到了80多斤。经常尿不出来,而且腰酸背痛。后来实在扛不住了,去医院做了检查,医生说再晚一点你的右肾就要坏了。"肖磊回忆,当时医生说他的问题很严重,两个肾都有结石,尤其是右肾结石已经堵塞了输尿管,而且造成了感染、积水,再不手术就晚了,甚至有生命危险。

突闻噩耗,肖磊的心里非常矛盾。他想辞职,因为身上只有1 000多元钱,在碧水湾又没有亲人,他想回老家治疗;他又不想辞职,不想放弃自己喜爱的工作,再说家里本来也穷,根本没钱给他治疗。就这样,他心情很复杂,很纠结。

他没有把病情告诉任何同事,他决定辞职。于是,他找到了当时的行政人事部总监张彦浩(现为董事长助理)。"张董助问我为什么要辞职,并细心听我讲完。之后,他主动提出要帮助我,并向度假村领导汇报了这事。"肖磊又惊喜又忐忑。

忐忑,是自己的病情,已经很严重了,不知道手术之后能否恢复健康。惊喜,是度假村领导和同事听说了他的消息之后都安慰他,让他放心,并在度假村发起捐款,2万多元手术费迎刃而解,度假村还给他预支了2个月的工资,并安排了专人李安拐照顾,直到康复为止。后来,李安拐还成为了他的妻子,这也算是不幸中的万幸了。

"手术完了,我才打电话告诉家里,一是不想让家人担心,另一个原因是度假村为我解决所有的事情,没有后顾之忧。"肖磊依然满心感激,除了安排专人照顾和解决医疗费,度假村领导还每天打电话过问病情并嘱咐他要好好休养,同事们也纷纷过来探望。肖磊心想,这些同事真的比亲人还亲啊,"以前我还会担心,我的学历比较低,其他同事会不会看不起我,其实是我多想了,他们就像是我的兄弟姐妹一样,虽然在异乡,但我一点也不孤单。"

肖磊回忆:"那时温泉康乐部主管张丹荔来看我,还没说一句话,就一直掉眼泪。我知道她是心疼我,这么一个活泼小伙怎么一下子憔悴得像皮包骨一样。我看着他们,虽然说不了话,但心里有一股暖流在涌动。人生中能有几个为你掉眼泪啊,他们是真的把你放在心里,度假村有这么博爱的精神。"

在家休养期间,度假村的几个领导都过来看望,让他感动不已。"碧水湾给予我的爱,我永生难忘!"肖磊感动地说。

去年,肖磊进行了第二次手术,此时他已经结婚生子,度假村依然为他安排了佤族的同乡轮流照顾他。自从到了碧水湾之后,肖磊觉得这个企业好,就把很多老乡也介绍了过来。目前,碧水湾有21个佤族的服务员,都是肖磊来了之后相约过来的。

"我想一直在这里工作下去"

一转眼,肖磊在碧水湾已工作将近9年。他在这里结婚生子,成家立业。9年中,他越来越依恋碧水湾这个地方。他曾对老婆说:"离开了这里,我可能会得抑郁症。"

肖磊的家人都希望他能回老家发展,毕竟家里的老母亲已经70多岁了,另外家里盖起了新楼房,连岳父岳母也盼着他们能回去住。面对家人的期盼,他的回答都非常坚决:"碧水湾的生活环境和福利待遇很好,公司一直在培养我们,最重要的是,我对这里的一草一木都有感情,同事们都很好,我舍不得离开。碧水湾给了我第二次生命,我要一如既往地在这里做下去。"

肖磊说,碧水湾是一个学习的舞台,我还有很多东西要学。

(资料来源:《中国旅游报》2015年12月21日)

[点评提示]

这是个温馨的故事。要让员工为企业奉献,企业就应该给员工以温暖。肖磊身患重疾,怕给单位领导和同事们带来麻烦,几次想辞职离开,都让碧水湾度假村领导和同事的热忱和温暖感动得打消了这个念头。我们都希望能够在温暖、关心人的企业里工作,但是索取必须要有付出,我们更应该考虑如何为这样的企业奉献。这就是集体主义的真谛。你以为呢?结合课本中的"加强社会主义道德建设"内容思考之。

案例精选 3-8　　嘉华国旅:以"德"谋事之集大成者

山东嘉华文化国际旅行社:2008年度济南市唯一全国百强国际旅行社,济南市旅游局唯一推荐品牌旅行社,济南市综合排名第一,赴台游特批组团社(济南市仅两家),山东省首批5A级旅行社。

我们没有行业靠山,没有汽车、铁路、航空等交通优势,但我们有最大的优势——"德"。这是我们立身创业的根本,也是我们的核心竞争力。

——山东嘉华文化国际旅行社董事长张明

文化塑造灵魂

文化决定品质,思路决定出路,细节决定成败,高度决定气度。

文化塑造灵魂是山东嘉华文化国际旅行社以"德"谋事的立身之本。本着文化决定品质、思路决定出路、细节决定成败、高度决定气度的原则,嘉华国旅董事长张明提出企业经营宗旨:"真心交友,诚信经营,率直做人,用心做事。"

9月20日,由山东省旅游局、山东省人民政府台湾事务办公室主办,山东嘉华文化国际旅行社承办的山东省首个台湾旅游团顺利启程,这标志着山东省居民再添"赴台游"新交通方式,两岸和谐交流又再上新台阶。

这是山东嘉华国旅继今年5月推出的"百名幸福爸妈车船游台湾"后又一次全新尝试,为山东嘉华国旅联合众多旅游企业首创,总体线路设计为井冈山—香港—深圳—台湾。

乘坐专列赴台旅游在山东省尚属首次。专列旅游以其亲民的价格、舒适的游程深受好评,这是"平价赴台游"的一次全新探索,并为旅行社之后的线路开发提供了新的模式。此次专列吸引了全省数百名游客报名,在诸多外界不利因素影响下仍出现火爆局面,也表明了宝岛台湾对山东游客强大的吸引力不容小觑。

自去年台湾旅游对内地开放以来,旺盛的出游需求一直使"赴台游"价格较高,但专列等多元化的赴台方式有效地降低了价格,满足了更多山东人赴台旅游需求,促使大批民间旅游团的顺利成行。

"台湾游向内地游客开放后,给了这片土地更多的生机和活力。"台湾某地旅游机构负责人这样说。台湾珍贵的历史文物、优美的自然风光、原生态的传统聚落、生态赏鸟、战役史迹等特色观光旅游项目,吸引了无数内地游客。随着相关政策的不断完善,内地游客赴台湾旅游将享受更方便的交通,更便捷的过关手续以及更优惠的价格。

"真的非常感谢嘉华国旅,为两岸老人走到一起做了件大好事。"参加本次专列旅游的郑老先生感慨地说。郑先生今年已经年逾八十,是地道的济南人,他在台湾还有一个亲哥哥。"千佛山阿里山山山相望;大明湖日月潭水水相连。"这位老人在旅行结束前感慨万千,两眼满是深情。我们曾天各一方,饱尝分隔两岸之苦。在新中国六十华诞这个欢欣鼓舞的日子,我们走到一起,两岸团聚,亲如一家……

用心做事创新就是生命

产品永远处在食物链的最上端。人无我有,人有我廉,人廉我精,人精我先。

《道德经》记载:万物生于有,有生于无。看似一句摸不着头脑的话,在张明这里,却演变成了一个个在市场上攻无不克的经典法则。正是凭着这个法则,嘉华国旅成为山东省成长速度最快的旅行社,也是最具竞争力的旅行社。2008年,该旅行社接待游客突破10万人次,营业收入接近2亿元,均创山东旅行社行业最高纪录,在全国也是屈指可数。张明说:"有人说做事先做人,我认为做人先做事,把事做好了,人就做好了。为此,我一直不把客人当上帝看,而是当朋友对待,我认为为朋友做事,双方共赢,何乐而不为?"

树品牌:美景真情嘉华旅行

张明认为,"美景真情,嘉华旅行"是最好的品牌。品牌的"品"是3个口组成的,众口说你好,你才是好。对品牌,要宣传、宣传再宣传。

第一:品牌需要用心呵护。我们公司的每个人都是我们的品牌传播者,我们的口号是:我以嘉华为荣,嘉华以我为荣。

第二:品牌是需要投入的,包括感情投入和物质投入。品牌就是"知名度+美誉度"。品牌产生的几个阶段是:产品、认知、信任、形成交易、形成满意、形成忠诚、形成口碑。如果企业有牌子而没品牌,只能说这个企业有个名称。

今年年初,山东嘉华文化国际旅行社宣布了应对2008国际金融危机的许多务实措施。张明介绍,2008国际金融危机爆发后,许多旅行社开始裁员降薪,嘉华国旅不但不裁员,还招收了一部分志愿加盟嘉华国旅的人才。在薪酬方面,则是给每位员工涨400元工资。最初,嘉华国旅只有员工70多人,到2008年11月底,已增加到150多人。最近,嘉华国旅在烟台开设分公司,又增加大约50名员工。张明介绍,今年年底前,他们准备在济南再开4家门市店,明年继续扩张,将门市店总数扩张到20个左右。据统计,今年以来,山东嘉华文化国际旅行社每个月发送旅游团队都超过200个,其中最多的月份发送游客8000多人次,今年全年预计发送游客超过10万人次,居山东同行业第一。

开拓老年市场铸造敬老品牌

占人口结构超过1/3的老年游客无疑是一个潜在的巨大市场。嘉华国旅特聘专门人才专项负责开拓老年市场。社区里老年人云集的合唱队、诗歌班、京剧班、书画班、长跑队、冬泳队成员成了旅游团的主要组成部分。敬老尽孝是中华民族老有所养、老有所乐的传统文化美德。"老人家辛辛苦苦大半辈子,哪也没去过,如今赶上好年代,只要老人高兴、健康,能享天伦之乐,旅游想去哪就去哪。"这几乎是做儿女的共同心声。在近期组织的井冈山、香港、台湾老年旅游团中,嘉华国旅明确责任,把安全服务放在首位,充分考虑了老年人体弱多病、旅游时间长、节奏慢的特点,全程配备随团医务人员,全天候贴身服务。在香港时,旅游团中一位老人身感不适,经过随团医务人员的精心治疗,老人很快恢复了健康,随团走完全程。在台湾圆山大饭店答谢宴会上,这些大爷、大妈们和台湾同胞欢聚一堂,并与台湾著名山东籍艺人、嘉华国旅形象大使凌峰等一起向遭受水灾的台湾同胞捐赠书画作品。宴会上,京剧清唱、诗歌、合唱、山东快书等精彩表演一浪高过一浪。两岸同胞亲如一家,激动、快乐、自豪、掌声、欢呼,深深地感染着在场的每一个人。从没有过的表现和释放激发着在场的每一个满头白发、满目沧桑的老人。"下次俺还来,别忘了俺。"声声发自肺腑的乡音,包围着本次活动的总策划者张明。嘉华国旅敬老品牌已深入老年游客心中。

(资料来源:《中国旅游报》2009年10月14日)

[点评提示]

嘉华国旅没有行业靠山,没有汽车、铁路、航空等交通优势,但他们有最大的优势——"德"。这是他们立身创业的根本,也是他们的核心竞争力。相比之下,国内有些旅游企业有着很多的优势,但却缺乏德的支撑,结果游客弃、员工离,导致落后,甚至破产。遗憾的是这些企业并未意识到这一点,始终怨天尤人不怨自己。这正是这些企业的悲剧所在。请你结合课本中的"加强社会主义道德建设"内容,谈谈自己的感想吧。

案例精选3-9　　　　　"骂客导游"的委屈也该被正视

近日,有一段云南导游车上发飙的视频被上传到网上。导游站在车头怒斥游客,"你们自己摸着良心,你来西双版纳花了多少钱。一毛不拔,铁公鸡,白吃白喝,心安理得,天上掉馅饼给你们,我都替你们害臊!"西双版纳旅游发展委员会表示介入调查处理。2015年5月3日,云南省旅游发展委员会通报对该导游作出吊销导游证的处罚,并将涉事导游及旅行社记入诚信档案。

后来在接受采访时导游承认不该骂人,但表示自己也有不少"委屈"。潜台词是,这种行为在导游界不算"新闻",不知道怎么就偏偏在自己身上成了"新闻"。

导游再有委屈,也不应该对游客恶语相向。不过,如果导游满肚子委屈,恐怕就算不向游客发泄也对行程没有好处。从某种意义上讲,只有正视导游的委屈,才能保障游客的权益。

旅行团里,导游处在非常关键的位置,他们在临时掌控着游客的方方面面。而在旅游公司,导游却处在食物链的最底端,就像当事导游说的那样,他们甚至连底薪都没有,收入直接和游客的购物消费挂钩,可以说旅游公司把经营风险和压力全给了导游。

在这种情况下,导游们只能大鱼吃小鱼、小鱼吃虾米,把这些风险和压力转嫁给游客。实际上,现在旅游公司的经营机制是把导游和游客放到了一个对立的位置上。而正是现行这种不合理的机制,才使得导游和游客的矛盾层出不穷。而一旦出现矛盾,往往导游都会成为众矢之的,承担起与之身份并不相称的压力。

近年来导游资格考试报考人数锐减,一个公司"400多位专职导游,如今只剩16人",这样的事实都说明导游已经不再是一个令人羡慕的职业,他们已经在开始用脚投票,离开这个行当。而在一个旅行团里,没有一位经验丰富、热爱自己事业的导游,相信也并非游客之福。那些坐在最危险位置、重复着枯燥的景点介绍的导游,本应该有自己工作的体面。

让导游的收入不再和游客的消费数额挂钩,他们才会真正把精力放到景点介绍上,放到为游客服务上。正视他们的委屈,规范旅游公司的经营活动,不再把导游的利益和游客的利益对立起来,这才是治本之策。如果旅游公司的经营现状不变,只靠出事了处理一两个导游,恐怕只会按下葫芦浮起瓢,收不到想要的效果。

(资料来源:《扬子晚报》2015年5月5日)

[点评提示]

我们应该关心工作努力、遵纪守法的导游,但也应当关注那些做错事、违法违规的导游。他们也不都是利欲熏心、无视法规,他们也许有着自己的难处,也许社会给他们所处的环境有着某些缺陷。只处理一两个导游并不能解决导游们所面临的问题,一旦社会环境获得巨大改善,他们还会做出那些糊涂的错事呢?结合课本中的"加强社会主义道德建设"内容思考之。

三、视野拓展

(一)推荐影视

1. 视频:《感动中国人物 2015》

(1)中国氢弹之父:于敏

【简历】带领科研团队实现氢弹研究突破的科学家、"两弹一星"功勋。

【获奖名片】矢志探索

【颁奖词】离乱中寻觅一张安静的书桌,未曾向洋已经砺就了锋锷。受命之日,寝不安席,当年吴钩,申城淬火,十月出塞,大器初成。一句嘱托,许下了一生;一声巨响,惊诧了世界;一个名字,荡涤了人心。他是中国科学院学部委员(院士),国家最高科学技术奖获得者;他是 89 岁高龄的于敏。

(2)"移民第一责任人":赵久富

【简历】背井离乡、为南水北调做出巨大奉献的基层干部。

【获奖名片】一秉至公

【颁奖词】清水即将漫过家园,最后一次,把红旗在墙上摩平。你带领乡亲们启程,车轮移动的瞬间,心间隐痛。不敢回望,怕牵动一路哭声。五十年间,两度背井离乡,我们的老支书,一生放不下的,不只是白发高堂。他是湖北黄湖移民新村党支部书记赵久富,带领村民重找致富路。

(3)好心人"炎黄":张纪清

【简历】默默捐款 20 余年从不留真名的普通市民。

【获奖名片】誓言无声

【颁奖词】一个善良的背影,汇入茫茫人海。他用中国人熟悉的两个字,掩盖半生的秘密。他是红尘中的隐者,平凡的老人,朴素的心愿,清贫的生活,高贵的心灵。炎黄不是一个名字,是一脉香火,为我们点燃。他是江苏江阴市民张纪清,27 年署名"炎黄"捐款,建敬老院、希望小学。

(4)最美乡村教师:朱敏才、孙丽娜

【简历】放弃安逸生活坚持在贵州山区义务支教的退休外交官朱敏才、孙丽娜夫妇。

【获奖名片】秋兰为佩

【颁奖词】他们走过半个地球,最后在小山村驻足,他们要开一扇窗,让孩子发现新的世界。发愤忘食,乐以忘忧。夕阳最美,晚照情浓。信念比生命还重要的一代,请接受我们的敬礼。朱敏才曾是一名外交官,妻子孙丽娜曾是一名高级教师,退休后奔赴贵州偏远山区支教。

(5) 做儿子的耳朵和向导：陶艳波

【简历】为了能让失聪的儿子接受正常教育,和儿子同桌 16 年的爱心妈妈。

【获奖名片】寸草春晖

【颁奖词】他的四周寂静下来,你的心完全沉没。除了母爱你一无所有,但也要横下心和命运争夺。16 年陪读,你是他的同桌,你作他的耳朵,让他听见这世界的轻盈,也听见无声的爱。48 岁的陶艳波,辞职陪着失去听说能力的儿子一起上学,12 年苦读,儿子如愿考上了大学。

(6) 大漠"猎鹰"：木拉提·西日甫江

【简历】打击暴恐分子嚣张气焰、被誉为大漠"猎鹰"的新疆民警。

【获奖名片】钢铁雄鹰

【颁奖词】钢的意志,铁的臂膀,每天都在与死亡的狂沙较量。危险无处不在,他用胸膛作盾牌;为了同胞的安宁,他选择了翱翔。高飞的猎鹰,他绝不孤独,因为身后是人民！他是新疆和田地区公安局民警木拉提·西日甫江,数十次将暴恐犯罪活动打击在预谋之中。

(7) 麻风病医生：肖卿福

【简历】对麻风病人不离不弃,守望麻风村数十年的医生。

【获奖名片】崇仁厚德

【颁奖词】偏见如同夜幕,和大山一起把村庄围困。他来的时候,心里装着使命,衣襟上沾满晨光。像一名战士,在自己的阵地上顽强抵抗;像一位天使,用温暖驱赶绝望。医者之大,不仅治人,更在医心,他让阳光重新照进村庄。他是江西赣州于都县皮防所党支部书记、皮防科科长肖卿福。

(8) 守护父亲：朱晓晖

【简历】十几年如一日,无微不至照顾瘫痪父亲的孝女。

【获奖名片】心比金坚

【颁奖词】十三年相守,有多少日子,就有多少道沟坎。命运百般挤兑,她总咬紧牙关。寒风带着雪花,围攻最北方的一角。这小小的车库,是冬天里最温暖的宫殿。她病中的老父亲,是那幸福的王。她是朱晓晖,为给父亲治病,她辞掉报社的工作,欠下一身债务,周末还给"债主"的孩子补习。

(9) 科学先驱：师昌绪

【简历】国家最高科学技术奖获得者。

【获奖名片】梦系祖国

【颁奖词】忧国不谋生。八载隔洋同对月,一心挫霸誓归国,归来是你的梦,盈满对祖国的情,有胆识,敢担当,空心涡轮叶片,是他送给祖国的翅膀,两院元勋,三世书香,一介书生,国之栋梁。

(10) 陇海大院

【简历】接力帮助残疾邻居、创建美丽家园的居民大院。

【获奖名片】邻里和美

【颁奖词】和风春满园。一场爱的马拉松,长跑三十九年,没有终点,一座爱的大院,满是善良的人,温暖的手,真诚的心,春去春回的接力,不离不弃的深情,鸽子飞走了还会回来,人们聚在一起,就不再离开。

2. 视频:《我是导游,请先救游客》

推荐理由:这部视频是反映湖南湘潭新天地旅行社的导游时年23岁的文花枝遇难舍己为人的事迹。2005年8月28日下午2时35分许,文花枝所带团队乘坐旅游大巴在陕西延安洛川境内与一辆拉煤的货车相撞。这是一次夺走6条生命、还造成14人重伤8人轻伤的重大交通事故。当救援人员前来救助时,身受重伤的文花枝坚持人们先救游客,她将生的希望留给了游客,把死的威胁留给了自己。湖南省湘潭市年轻女导游文花枝在危急关头,用自己的高尚品德行为赢得了人们的敬意。这是一部引导学生细细品味文花枝的伟大精神和优秀品质的好视频。

(二) 推荐阅读

1.《中国传统道德》,国家教育委员会组织编写,罗国杰主编,中国人民大学出版社,2012年1月

原著导读:中国传统道德是一个源远流长、博大精深、内容丰富的价值体系。它既包含着对最崇高、最完美的圣人、贤人、至人、真人的理想追求,也包含着对君子、成人、士人的道德要求,还从多方面对从事各种工艺的人们和庶民提出了相应的道德准则。《中国传统道德》是一套大型的中国传统伦理道德思想的文献资料库。它收集了从孔夫子到孙中山关于传统美德的有代表性的经典规范、事迹和言论。全书共分五卷:第一卷为《规范卷》,第二卷为《德行卷》,第三卷为《教育修养卷》,第四卷为《理论卷》,第五卷为《名言卷》。本书对古代的道德伦理思想、职业道德、家庭伦理、文明礼仪进行了解说,为我们从古代人的生活道德观念准则中吸取人生智慧,进行今天的社会主义核心价值观和道德教育,构建社会主义和谐社会提供了有益的借鉴。

2.《道德沦丧》,[德]克维特曼著,周雨霏译,中国画报出版社,2012年1月

原著导读:无耻有很多面,金融世界中对金钱的贪婪和自私、政治生活中的权力欲、媒体中的自我表现、性与日常生活中的商业广告。羞耻的界限不断消失,因为当人没了羞耻感,干什么都行。我们失去了羞耻感作为一种社会道德提醒我们应该注意的所有价值、荣誉、尊敬、尊重、同情,以及社会责任感。为了停止这一进程,我们不仅需要直面无耻行径,我们还需要补上一堂课,关于如何处理羞耻以及一切人类感情。我们需要一场再次以人类的社会关系为核心的情感教育。

3.《雷锋精神与公民道德建设》,戴艳军、房广顺、王丽娟,中国财政经济出版社,2013年3月

原著导读:这套丛书有以下特点,一是权威性。雷锋身边的战友、培养雷锋的领导干部、看着雷锋成长的亲朋好友直接参与写雷锋,用第一手材料叙述雷锋,其中还纠正了社会上对雷锋不恰当的传闻,还原了雷锋的真实性,维护了雷锋精神的纯洁性。二是具有完整性。有人说,这是一套既用多种形式全面地介绍雷锋事迹、系统地多专题研究雷锋精神的书籍,又是注重研究雷锋精神的时代价值,对当前学雷锋活动常态化提出了建设性意见的读物。三是具有针对性。该大型丛书分别对领导干部、企业家和职工、大学生、部队官兵等不同职业

的人群如何结合本职工作学雷锋提出了参考意见,其中不乏独到之处。这些意见和看法在作者所作的多场报告中已与听众达成共识。这是一套值得收藏和系统研读的作品。对不同读者来说,也是一套可各取所需的读物。

4.《新编旅游职业道德》,谭为跃,高等教育出版社,2014年

原著导读:本书是"十二五"职业教育国家规划教材。本书主要包括旅游职业道德及其历史沿革、旅游职业道德的价值、旅行社从业人员的道德素养、酒店从业人员的道德素养、景区点从业人员的道德素养、旅游交通从业人员的道德素养和旅游购物店从业人员的道德素养等内容。本书以改革与创新为宗旨,竭力挖掘、提炼旅游行业主要部门的职业道德内涵与规范要求,加强旅游职业道德教育与职业岗位实践的联系,注重和《思想道德修养与法律基础》及其他旅游类专业课程的衔接,构建旅游职业道德独特的知识体系,为学生全面而具体地掌握旅游职业道德知识,培养良好的旅游职业人的品质素养,更好地投身于专业学习,毕业后能够尽快顺利地成为旅游事业的合格人才夯实基础。

四、能力训练

(一)问题思考

1. 阅读材料"关于中国传统道德的解释"和"中国传统道德故事系列",联系统编教材第四章第二节"弘扬中华传统美德"内容谈谈你的体会。

2. 通过阅读"旅游行业核心价值观"的有关材料,你认为在今后的旅游职场中如何践行与遵守?

3. 阅读"刁娜:在平凡岗位传递正能量""肖磊:碧水湾给了我第二次生命"等案例资料,想想你怎样向这些优秀旅游从业人员学习?

4. 阅读统编教材必读内容"加强社会主义道德建设"以及旅游从业者的有关经典案例资料,你认为眼下旅游从业者存在哪些优秀和不足之处,我们应该怎样根据"四个全面"战略布局精神加强旅游从业人员的道德建设?

(二)材料解析

服务员"好心办坏事",怎么处理?

案例一:某日,客房服务员发现一女性客人的内衣晾晒在卫生间。因卫生间不通风、不透气,服务员出于好心,帮助客人把这些内衣晾晒在户外。客人回到房间后寻找自己的内衣,当知道服务员把内衣放置在户外后,大发雷霆。原来,该客人非常忌讳自己的内衣被晾晒在户外。

案例二:一天,酒店餐厅来了一批聚会的客人,喝的都是高度酒,男宾客大多一饮而尽,身边的夫人们一再提醒不要喝多不要喝急酒。服务员看到客人喝酒的架势,又看到夫人们焦急的眼神,出于好心悄悄把大的酒杯换成了小的酒杯,被客人发现后,挨了一顿骂。

问题:

1. 怎样评价上述案例中的服务员的职业行为?

2. 如何引导服务员在服务工作中避免"好心办坏事"?

五、实践活动

根据教学内容,在课内实践中,运用课堂辩论法、讨论法、启发法等教学方法,组织学生围绕道德的基本理论和中华传统道德、革命道德、旅游职业道德等方面,就旅游企业"义"与"利"的问题以及"人是否能过一种没有道德的生活?"进行辩论和讨论;在课外实践中,运用实践汇报和评议汇报两种形式开展"述说校园道德烦恼,树立诚信意识""追寻职业榜样——旅游行业模范人物人生轨迹评议"等实践活动。

(一)课内实践

实践项目一:旅游企业应以盈利为目的

[实践类型]

辩论会

[实践目的]

通过组织正反方辩论,启发学生去思考旅游企业在自己盈利和社会公众利益方面应该进行怎样的抉择,从而理解与把握道德的基本理论和中华传统道德、革命道德、旅游职业道德等核心内容,树立正确的义利观。

[实践方案一]

时间:80～90分钟;地点:教室

流程:步骤1　分别组织两个由4人组成的辩论队,一个为正方,另一个为反方;确定主持人,评委成员。

步骤2　在主持人的组织下,两队进行辩论活动,观众学生可以参加辩论。

步骤3　评委进行评议打分,主持人根据评委意见进行评价。

步骤4　老师总结。

[实践方案二]

时间:5～10分钟;地点:教室

流程:步骤1　动员、引导学生对辩论主题进行思考。

步骤2　挑选2～4名学生做正反方辩论发言,鼓励其他学生参与发言。

步骤3　教师归纳总结。

[实践结果]

每位学生课后撰写一篇心得和体会

实践项目二:人是否能过一种没有道德的生活?

[实践类型]

课堂讨论

[实践目的]

通过讨论,学生认识到道德对于人之为人的重要意义,从而促使自己注重道德实践,加强道德修养,不断提升自己的道德品质。

[实践方案]

时间:10分钟;地点:教室

流程:步骤1　分组分工。5~6人一组,组长一名,记录员一名。
　　　步骤2　组长明确讨论主题和方向。
　　　步骤3　自由发言,小组成员人人参与。
　　　步骤4　组长总结发言。

[实践结果]

总结与发言记录

(二)课外实践

实践项目一:述说校园道德烦恼,树立诚信意识

[实践类型]

实践汇报

[实践目的]

通过收集、整理、述说校内存在的各种道德烦恼,分析问题,揭露危害,认清假象,防止蔓延,引导学生将诚信作为自身最基本的道德要求。

[实践方案]

时间:前期收集、整理阶段1~2周,述说每组不超过10分钟;地点:校园。

流程:步骤1　分组分工,每组人数5~6人之间为宜。
　　　步骤2　在校园了解、收集一些不文明的道德烦恼现象。
　　　步骤3　整理、汇集成"人与人""人与社会""人与自然""人与自我"4个方面的内容。
　　　步骤4　分析解决烦恼,揭露危害,认清假象,防止蔓延的对策。
　　　步骤5　撰写报告。
　　　步骤6　制作PPT,进行述说。

[实践成果]

实践报告及PPT

实践项目二:追寻职业榜样——旅游行业模范人物人生轨迹评议

[实践类型]

评议汇报

[实践目的]

通过开展追寻职业榜样的"学旅游先进工作者"活动,倡导尊重游客、尊重知识、诚信服务、勇于创新的良好风气;树立"游客为本,服务至诚"的价值理念,培育争第一、创一流、做优质、淡泊名利、甘于奉献的旅游行业时代新风,形成正确的旅游职业道德观和人生价值观。

[实践方案]

时间:前期调查、收集、整理、分析、撰写报告等阶段2~3周,汇报每组不超过10分钟;地点:校外

流程:步骤1　分组分工,每组人数5~6人之间为宜。
　　　步骤2　每组确定一位"旅游职业道德的榜样"。
　　　步骤3　收集、整理相关旅游行业先进工作者的生平事迹。

步骤4　回顾先进工作者的成长历程及其在职业生涯中的事迹,分析评价人物。
步骤5　撰写人物评价报告。
步骤6　制作PPT,进行汇报。

[实践成果]

人物评价报告及PPT

第五讲 遵守道德规范，恪尽旅游职业人操守

一、学习引领

（一）学习目标

1. 知识目标

引导旅游类高职生认识公共生活、职业生活和旅游职业生活、爱情婚姻家庭生活，让旅游类高职生深刻理解良好的社会三大生活领域中的道德规范的实现需要外界他律的约束，更需要依靠内心自律的信念，培育和践行社会主义核心价值观及旅游行业核心价值观，遵循旅游职业道德基本规范，锤炼作为一名旅游职业人应该具备的社会公民的高尚品格和修养素质，做到知行统一，坚持内化于心、外化为行、固化以制。

2. 能力目标

引导旅游类高职生积极关注社会三大生活热点，培养学生收集资料、分析资料的能力，逐步训练自己对社会热点问题的理性认识和正确把握，增强自身价值判断力、创新创业能力和道德责任感。

3. 素质目标

引导旅游类高职生学会用科学的方法协调人与自己、人与人、人与社会的关系，努力把核心价值观的要求变成日常的行为准则，进而形成自觉奉行的信念，成为践行社会主义核心价值观及旅游行业核心价值观的先行者、引领者、示范者、推动者。

（二）认知提示

1. 现代社会公共生活的特征主要有活动范围的广泛性、交往对象的复杂性、活动方式的多样性。公共生活需要社会秩序，社会秩序的维护应在"文明礼貌、助人为乐、爱护公物、保护环境、遵纪守法"为主要内容的社会公德建设中进行。

2. 职业道德具有时代性和历史继承性，社会主义职业道德继承了传统职业道德的优秀成分，体现了社会主义职业的新型特征。旅游职业道德是旅游从业人员长期实践的结晶，也是旅游从业人员的服务指南。

旅游职业人要树立正确的择业观、创新观和创业观。

3. 旅游职业人要有正确的婚恋观，树立为主流社会称道的家庭美德。

4. 个人品德在社会道德建设中具有基础性作用，旅游职业人要成为遵法守德的合格公民就必须努力修炼和养成自己的个人品德，坚守做人的道德底线。

（三）重点难点

1. 重点索引

明确公共生活及其特点，公共生活需要公共秩序，社会公德的主要内容。

正确认识职业和旅游职业的内涵和本质，树立正确的择业观、创新观和创业观。

认识爱情的本质并树立正确的婚恋观。

2. 难点提要

用社会公德和公共秩序来约束自己的行为,做一个自觉遵法守德的文明公民。

将职业道德和家庭美德的理论知识内化为自身的素质,并自觉践行。

二、教学与案例

(一)导入新课的案例

对不起,我还是要你做中国人

——一对台湾父女的对答令人深思

爸爸:

我昨天差点被人家打了!

五一放假,我在青岛机场候机时,看到一个老太太一人占据四张椅子,而同时很多人都没有位子,就拿起相机咔嚓一下。一个女的马上挡在我面前大骂问我为什么要拍老太太。不一会儿人群聚拢上来。一个男人用手推我,逼问同样的问题,更多的人开始骂起来。我说我并无恶意,但没有人听我解释。一旁有人说:"那你为什么不去拍快乐的小孩子,你是什么人?你干吗乱拍?你不是中国人!你怎么这么毫无羞耻!"

后来,机场工作人员劝我删去了照片,人群安静了一些,这时那个老太太起来了,走到我面前大骂。人群再次围过来,又开始骂,"你到底是什么人种,为什么要破坏中国形象,为什么不把好的事情报道出去,你是嫉妒我们奥林匹克吧!? 滚出去! 道歉!"

我说了对不起,他们说不够大声,开始围起来戳我手臂,扯我背包。我再次看着老太太愤怒的眼睛,说:"对—不—起。"之后,我从人群爬出去,活着。

我记得回答了很多次"我是中国人"!

女儿郭采君(服装设计师)

女儿:

你没错,在椅子上睡觉就不对,不对就没什么家丑不外扬的问题。报道坏事正是为了督正,没什么"反对中国""破坏中国形象"的问题。这些人错误更大,因为没人出来讲公道话,没人说:"她没错。"他们使你在做中国人的时候,也要做出很大的牺牲与自我说服,也要联想到中国曾经是如何痛苦,而不是快乐地做个中国人。

一个缺乏捍卫真理之勇气的民族,不能真正捍卫她自己。

对不起,我还是要你做个中国人。

父亲郭冠英(作家)

(资料来源:《南方周末》2008 年 5 月 8 日)

[案例分析]

《南方周末》在 2008 年我国北京奥运不足百日之际摘编了这组信件文章,曾引起了读者的广泛热议和思考,今天读来仍旧品味厚重。上述的案例发人深省:一位老太太一个人独占候机室的四张椅子,让许多人站着没有坐。面对这种分明是"羞耻"的不遵守社会公德行为,周围的人居然熟视无睹,不以为然。当台湾女孩将这种不遵守社会公德的行为拍照下来却立马被周围的人认定为是"羞耻"的、是破坏国家形象的行为而遭到围攻;围攻之人对自己不道德不文明的行为坦然视之,甚至认定为是正义的,是爱国的;就连机场工作人员也附随大流,不能站出来说句公道话,反而要求台湾女孩删去照片,以正"正义护国"视听。正是因为这种是非混淆、荣辱颠倒的状况绵延至今,导致乱扔垃圾、随地大小便、大声喧哗、排队加塞、抢占座位、打架斗殴、粗话连篇、不爱护公物、不遵守当地民族风俗和礼仪等现象层出不穷、持续发酵。一个民族若不能正视和督正自己的"羞耻",就无法弘扬自己的"荣耀"和伟大的民族精神,也就难以自立于世界之林。因此,加强多渠道地对公民的公德和文明的教育与影响,提高公民的道德文明和社会良知是我们今天亟待思考和解决的问题,只有把公民的"劣根病"从标至本地治理好,我们才能怀揣梦想、充满自信地笑傲世界。

(二) 授课中的材料与案例精选

材料精选 3-8　　　　　　**中国公民旅游文明行为规范**

中国公民出国(境)旅游文明行为指南

中国公民,出境旅游,注重礼仪,保持尊严。
讲究卫生,爱护环境;衣着得体,请勿喧哗。
尊老爱幼,助人为乐;女士优先,礼貌谦让。
出行办事,遵守时间;排队有序,不越黄线。
文明住宿,不损用品;安静用餐,请勿浪费。
健康娱乐,有益身心;赌博色情,坚决拒绝。
参观游览,遵守规定;习俗禁忌,切勿冒犯。
遇有疑难,咨询领馆;文明出行,一路平安。

中国公民国内旅游文明行为公约

营造文明、和谐的旅游环境,关系到每位游客的切身利益。做文明游客是我们大家的义务,请遵守以下公约:

1. 维护环境卫生。不随地吐痰和口香糖,不乱扔废弃物,不在禁烟场所吸烟。
2. 遵守公共秩序。不喧哗吵闹,排队遵守秩序,不并行挡道,不在公众场所高声交谈。
3. 保护生态环境。不踩踏绿地,不摘折花木和果实。不追捉、投打、乱喂动物。
4. 保护文物古迹。不在文物古迹上涂刻,不攀爬触摸文物,拍照摄像遵守规定。
5. 爱惜公共设施。不污损客房用品,不损坏公用设施,不贪占小便宜,节约用水用电,用餐不浪费。
6. 尊重别人权利。不强行和外宾合影,不对着别人打喷嚏,不长期占用公共设施,尊重服务人员的劳动,尊重各民族宗教习俗。
7. 讲究以礼待人。衣着整洁得体,不在公共场所袒胸赤膊;礼让老幼病残,礼让女士;不讲粗话。
8. 提倡健康娱乐。抵制封建迷信活动,拒绝黄、赌、毒。

(资料来源:《中国旅游报》2013 年 8 月 2 日)

[点评提示]

倡导文明,规范先行。我国旅游者长期以来由于缺乏有效规范的约束,旅游中不文明的现象屡见报端,有损国人形象,影响民族声誉,不能不引起政府和社会的高度重视。"中国公民出国(境)旅游文明行为指南"和"中国公民国内旅游文明行为公约"的出台迎合了国家和社会的诉求,是倡导游客文明旅游的"及时雨"。认真学习两则公约,并结合"社会公德的主要内容",想想自己在旅游时应该如何去做个文明游客。

材料精选 3-9　　　　　　　中国公民出境文明旅游倡议书

　　我国去年出境旅游人数超过 8 300 万人次,是全球出境旅游人口增长最快的国家之一。中国公民出境旅游,一言一行代表国家形象,体现中国文明程度和国民素质修养。增强文明出游意识,提升文明旅游素质,是每位游客和旅游从业者共同的责任。为积极响应习近平总书记的号召,我们向所有出境旅游的游客、从业人员和旅行社发出如下倡议:

　　一、旅游从业者履职尽责、率先垂范。从事出境旅游的旅行社和所有领队、导游,要率先践行中央文明办、国家旅游局颁布的《中国公民出境旅游行为指南》,以自身文明言行示范带动游客:规范经营行为,恪守职业道德,遵纪守法,信守合同;切实履行引导游客文明旅游的职责,做好行前说明培训、行中提醒引导、返程总结提高,及时劝阻游客不文明行为。引导游客做中华文明的传播者、践行者。

　　二、广大游客知礼守礼、文明游览。公民出境旅游不仅代表自己,而且关系国家形象。每位游客都应遵守法律,恪守公德,讲究礼仪,爱护环境,尊重旅游目的地文化习俗,以文明言行举止为自己加分,为中国添彩。

　　三、社会各界共同努力,共创新风。中国公民出境旅游人数众多,影响巨大,需要社会各方面一起努力,共同营造文明旅游的良好风尚。要褒扬先进典型,扶正祛邪。社会各界要对有损国格、违背公德的出境游不文明行为说"不",用公众监督的力量推动文明旅游风尚形成。

　　中国人出境看世界,世界也在看中国。让我们携起手来,从我做起,从现在做起,从点滴做起,提升出境旅游文明素质,展示文明中国、礼仪之邦风采。为实现民族复兴中国梦贡献力量。

中国国际旅行社总社有限公司
2013 年 7 月 31 日
(资料来源:《中国旅游报》2013 年 8 月 2 日)

[点评提示]

　　倡导文明旅游,仅仅依靠出规范是不够的,还需要社会各界的鼎力支持。中国国际旅行社总社有限公司所提出的《中国公民出境文明旅游倡议书》吹响了社会各界关注文明旅游、遵守社会公德的集合号。阅读倡议书,你觉得作为未来的旅游职业人,你是否也应该参与其中,积极为倡导文明旅游,维系有序公共生活做点奉献?请结合课本中的"公共生活中的道德规范"思考之。

案例精选 3-10　　　　　　　　出境游不要太随性

　　2015 年 4 月,记者乘机抵达泰国曼谷的素万那普机场,从下飞机到入境处这一路上,碰到很多中国的团体游客。路程很短,时间不长,但有两个不文明的现象值得注意。

中国游客一个团规模往往超过20人,过机场通道等,如果没有秩序意识,这么多人挤在一起,就会对其他人造成困扰。记者发现,中国游客在上厕所、听导游讲解或填写入境落地签证的时候,往往很随意地站在自己最方便的地方,或者是任性地围成一个大圈。这样,在机场通道的转弯或者狭窄的地方,以及厕所的通道和入口处等地方,原本就不算宽阔的道路几乎被堵上了,通畅的人流也被阻滞,只能蜿蜒穿梭而行。离入境口不远处有一片相对开阔的空地,记者抵达时正赶上中国游客航班密集到达,不少旅游团把这儿设为填写落地签证地点或清点人数的场所。那些填写落地签证的游客或蹲着或站立,或坐在地上或趴在墙上,满天星似地散落着。很容易观察到,这对于机场另外的乘客造成了一定的影响。

中国游客嗓门大,原因并不是记者对自己的母语敏感,而是在那个场合,听到的基本就是中国话。首先,导游的声音就很大。可能是客人多的缘故吧,举着各种印有中国字旗子的导游们,在跟客人讲解签证填写说明或者其他注意事项的时候,就跟拿了个喇叭似的。其次,中国游客的声音也超分贝。兴奋地交流旅游计划,声音越说越高;签证不会填写,不会走过去轻声地向他人请教,而是扭头来那么一嗓子;那些需要交流而又隔得远的,干脆直接飙高音了事,往往引得路人纷纷侧目。在外面交流,声音小一点,大家互不干扰,交流也许会更有效率。

在亚航客机热水泼空姐、曼谷廊曼机场插队并打人、白庙如厕不讲卫生、清迈候机大厅晾晒内衣、双龙寺脚踢铜钟……少数中国游客的不良行为,让中国游客的整体形象受损。泰国旅游局国际公共关系部负责人萨莉玛认为,总体而言,中国游客是文明的,来泰国旅游经常会事先进行研究,主动了解泰国的风俗和习惯,基本都能做到入乡随俗。个别游客发生不文明的行为不应夸大,尤其不能和一个国家联系起来。

有时,所谓"中国游客不文明行为"还可能被某些媒体利用,成为吸引眼球和炒作获利的工具,这可能导致并不真实的报道。比如,2014年有泰国当地媒体炒作中国游客在游览曼谷大皇宫期间,将一面珍贵壁画前的栏杆推倒,并蛮横与工作人员争执。但后来,大皇宫管理人员在个人社交平台提交视频证据,表明该事件纯属意外,而且当事人当时有礼貌地道歉并交了罚款。

开泰银行研究中心中文部主任黄斌认为,泰国有关部门应采取积极措施处理中国游客在泰国的旅游问题,包括编印和发放游客须知手册,让游客了解泰国的风俗习惯和行为规范;政府部门严格执法,当地民众协助配合,保护游客人身和财产安全。

(资料来源:《人民日报》2015年4月11日)

[点评提示]

相对于中国刚刚开放出国旅游的1999年,针对中国游客的歧视实际上正在逐步减少。但中国游客在出国游中公共场合大声喧哗、不守秩序不排队、不良的卫生习惯等三大陋习,正使国外一些高端酒店把中国团队列入不受欢迎的游客。这种受到外国人的"歧视"的情形让我们每一个国人感到震惊,也让我们尴尬万分。中国游客团队不受欢迎,不仅仅是游客自身在境外的待遇问题,更是一个关涉国家形象的大问题。每一个有道德良知的中国人是否应该引为重视? 从现在做起,从点滴做起。请联系课本中的"公共生活需要公共秩序"内容思考之。

第三单元 加强道德建设,恪尽旅游职业人操守

案例精选 3-11　　　　　　　中国游客在泰国餐厅疯抢大虾

近日,网上一则视频热传,视频中的地点是在泰国的一家自助餐厅,一大群中国游客在疯狂抢虾,场面极为混乱,让人看完之后不禁汗颜。然而,比毫无秩序地疯狂抢虾更糟糕的是,有网友看到了"中国游客疯狂抢虾"的后续图片,好多虾都没吃完,浪费惊人!

中国游客们在抢虾,盘子也当成铲子使。随即视频被大量转载,在网上炸开了锅……一盘又一盘抢来的大虾,装得满满的,吃得掉吗?受到惊吓的泰国网友甚至问:他们是从难民营来的吗?

据网友爆料,当时哄抢大虾的中国游客,急赤白脸地抢成一团,还有抢急了骂架动手的,场面很混乱!看得尴尬症都犯了!

一餐厅特意中文提示:请适量拿取。可是没想到,抢大虾还不是最后的结局,有网友拍到了"抢大虾"的后续图片,他们发现这些费劲千辛万苦抢来的大虾,最后很多都没吃完,被浪费在了餐桌上……

虽说这自助餐是随便人家吃多少,但拿来的食物却不吃完,而是浪费丢弃在那里。这样真的好吗?

(资料来源腾讯网 news.qq.com/a/20160319/022295.htm)

[点评提示]

这是一群从没有吃过大虾的人吗?还是一群饥饿难耐的人?都不是,是一群缺乏文明修养、不守公共秩序的中国游客。虽说不文明的中国游客已经不多,但只要出现哪怕那么一批不文明的游客,中国人的声誉就会备受煎熬。排着队取虾、适量取虾,或者就是一时吃不上大虾,又会怎样?饱了口福,失了名声,遭了人家白眼,自己的心境还会安宁?这是一种愉快的旅游吗?请联系课本中的"公共生活需要公共秩序"内容思考之。

案例精选 3-12　　　　　　　外国人眼里的中国游客

目前,有关中国游客旅游文明情况的相关报道引发广泛关注。在出境游方面,中国游客能否遵守当地的风俗、秩序和有关规定?中国游客的哪些行为容易引人反感?整体素质相较以前有何变化?记者在法国、澳大利亚、意大利、美国、日本等国进行了调查采访。

"和善""好奇心强"成普遍印象

在法国,记者专程到埃菲尔铁塔、巴黎圣母院等旅游景点,以及塞纳河游船码头、酒店、餐馆等处采访了相关从业人员,他们对中国游客的印象总的来说较好。"和善""好奇心强""有组织",是记者听到最多的评价。埃菲尔铁塔的一位保安称赞说,中国游客"很有纪律,遵守各项法规"。从事导游工作多年的苗奇说,很多大巴车司机都乐意接待中国游客,认为中国人"随和、客气、好相处";中国游客大多是在绿灯亮时才过马路,这点比法国人做得都好。

在一向挑剔的日本人眼里,中国游客的形象也在慢慢改善。一所补习学校的老师武富波路认为中国游客热情、亲切值得提倡,中国游客素质在变好。最近看到有不少中国旅客在收款台前排成一队结账。在日本北海道当地旅行社工作 4 年多,负责东亚、东南亚入境旅游的任京伟说,中国人乱涂乱画、随意破坏古迹、随地吐痰、乱扔垃圾、上完厕所不冲水等现象

现在已比较少见了,乘坐公交时争抢拥挤的情况也有较大改变。

"自我中心""争抢"遭诟病

在任京伟的工作经历中,印象最深的是2010年7月接待中国某知名大学MBA考察参观团。该团是来北海道欣赏富良的野薰衣草盛开、美瑛町百花齐放的美景的。导游之前特别强调:多数观光地都是私有地,不能随便进去踩踏。然而中午,公司就收到了当地农场主的抗议电话,投诉中国游客走到农田中间拍照,踩踏农作物。

该团组织方是中国某知名大学的两位教授。公司后来跟导游确认情况,导游说当时就是教授在带着客人往田地里走,导游上去阻止,教授说,"你就告诉农场主说我们是外国人,听不懂。"

法国一位开旅游大巴的司机也在为这类"中国式习惯"烦恼。他举例说,有的中国游客吃东西不分场合。有一次,一个中国游客竟蹲在大巴车的通道上用小刀切西瓜,瓜下只垫了张餐巾纸,瓜汁流了一车。大声喧哗和无视禁烟标志吸烟也是在中国游客中存在的普遍现象。

中国游客排队观念差也遭到了一些诟病。澳大利亚悉尼宝石旅行社导游詹姆斯·劳说,这种现象主要体现在收银台前和厕所门前,中国游客喜欢一拥而上。美国工程师罗伯特·赛勒斯丁在受访时也说,在美国的中国游客素质普遍较高,在很多场合有礼貌且热情,唯一的问题就是购物时比较爱争抢。

除去个人素质方面的问题,文化上的巨大差异也是导致一些中国游客在国外形象欠佳的一个重要原因。意大利康泰旅行社的几名导游表示,大部分中国人性格内敛含蓄,而意大利人则一直以性格外向奔放著称,经常会出现意大利人热情示好,却遭到中国游客误解或无视的情况。

维护"中国形象"任重道远

造成这些不文明行为的原因是什么?对此,受访者解析不一。

43%认为是中国人不理解所到国国情和文化传统,近23%认为是文化教育程度不够高造成的,17%说是因为语言不通、交流不畅酿成了误会,而超过8%的人将此归咎于外国人不理解中国人的风俗习惯。从调查结果看,要改善中国游客的旅游形象必须从多方面入手。例如:31%受访者建议出行旅游前要多了解目的地的风俗习惯;29%主张中国游客互相监督,导游也要对游客加强文明旅游行为的引导;22%认为应进一步提高中国游客的文明旅游程度;约18%提醒中国游客注意遵守当地政策法规和指示标志。

据报道,我国《旅游法》将于2013年10月1日起实施,这部法律将对中国的旅游市场进一步进行规范。

(资料来源:《人民日报》2013年9月7日)

[**点评提示**]

可喜的是,在外国人眼里,中国游客的文明礼貌有了显著的变化;遗憾的是有些行为仍遭外国人诟病。中国游客何时才能成为深受境外人士称赞的既富有又文明的贵族而不是被瞧不起的"暴发户"土豪?企盼的同时是不是也应该为此把把脉、查查病根,开些良方?请联系课本中的"自觉遵守社会公德"内容思考之。

第三单元　加强道德建设,恪尽旅游职业人操守

案例精选 3-13　　　　　　尊重别人就是尊重自己

"出来就是爷,旅游就是花钱买享受的,你就应该给我服务……"去年3月参加工作的郑州海外国际旅行社出境游领队任莉莉说,当一些游客抱着这样的心态去旅游,她就会觉得很委屈。"记得有一次,一位游客态度极不友好地说,'小莉,去给我买瓶水,我渴了。'说着便把钱很不屑地塞到我手里。当时真地很郁闷,帮着买瓶水其实没什么,关键是游客不尊重我们的劳动,不尊重我们的职业。"

据了解,河南各旅行社组织出境旅游团,在启程前都会开行前说明会,将到达国外之后的注意事项、禁忌等告诉游客。"但目前来看,说明会的效果并不大,大家根本就不听,有的甚至就不参加。"郑州海外国际旅行社领队王佳曼说,即使注意事项在行前说明会都说到了,但个别游客在国内颐指气使惯了,到了境外,依然还是我行我素,如果你向他提示、劝解,反而会招致一顿反驳。

"可能确实有个别游客的素质比较低,对当地的文化习俗不太注意,但大部分游客还是很注意的。"在泰国的汉语教学志愿者吴先生说,"在坐泰国轻轨时,就注意过很多游客在打电话时,会尽量地小声说话,以避免影响其他乘客。可能个别现象把事件扩大化了,国人整体素质其实并没有那么低。"

针对个别出境游的不文明行为,王佳曼说,当前不是旅行社印几张传单,发几份介绍说明就能解决的,必要的情况下还需要给游客立点"规矩",让游客们切切实实地知道什么能做,什么不能做。此外,提高自身素质和文化涵养也是中国游客亟待解决的,不能再因为个别游客的不雅行为,让别人觉得中国游客都是"暴发户"了。

任莉莉告诉记者,除了提高文化素质和修养,她希望一些游客先学会尊重,尊重他人,尊重他国的文化习俗和礼节。只有学会尊重,别人才会尊重自己,才会认同我们的文化,才能使出境游真正成为文化交流的"桥梁",才能使中国形象不至于因为某个人的不文明行为而受损。

(资料来源:《中国旅游报》2013年8月26日)

[**点评提示**]

尊游客为"上帝",是不是"上帝"就可以随心所欲、傲慢待人、颐指气使了吗?其实"上帝"也是人,人跟人都是平等的。因为掏钱购买商品和服务,服务者将你当为上帝,当你不尊重服务者的劳动和人格,服务者又凭什么一定要出售自己的商品和服务呢?换句话说,服务者又怎会至诚服务呢?市场经济从来都是讲究平等交易、相互尊重的,一方不能平等、尊重另一方,那么另一方也不会报以相应的平等和尊重的。所以,"尊重别人就是尊重自己"不仅是道德使然,更是市场经济之诉求。你是不是这样认为呢?请联系课本中的"自觉遵守社会公德"内容思考之。

材料精选 3-10　　　　　　全社会要齐抓共管

近日,中央文明委在京召开提升中国公民出境旅游文明素质电视电话会议,指出"提升公民出境旅游文明素质,是关系国家文明形象的一件大事",并提出严格执行《旅游法》等法律法规、加强舆论监督和社会监督、加强行业自律等举措,相信会对中国公民出境旅游种种不文明行为起到一定的遏制作用。

但是，如果要从根本上解决问题，必须搞清一个逻辑前提：游客出境旅游不文明，是特定的人所做的特定行为呢，还是游客作为公民本身的素质水平，导致不文明旅游呢？听上去有点绕，逻辑很简单，游客首先是作为人和公民而存在。一个文明素质高、拥有良好行为习惯的人，无论是出境还是在国内旅游，自然会成为举止文明的游客。相反，一个文明素质较低、平时就"不拘小节"的人，在旅游时作为一名游客，突然变成谦谦君子，恐怕也不容易。

随处丢垃圾、随地吐痰、上厕所不冲水、无视禁烟标志吸烟、乘坐公共交通工具时争抢拥挤、在公共场所大声喧哗……从中央文明办、国家旅游局曾经公开征集以及媒体经常报道的情况看，游客的种种不文明行为，显然不是"国外专利"，也不是"旅游专利"，这些不文明行为在国内旅游乃至国人的日常生活中，往往也是司空见惯。

解决中国公民出境旅游不文明的问题，现在旅游行业已经在做或将要去做的工作，如加大文明旅游宣传力度、完善旅游团行前教育、告知制度，强化导游领队在出境旅游过程中对游客文明行为的提示和提醒责任，把文明旅游纳入旅游合同之中等，完全是必要的，也会"倒逼"公民文明素质的提高。但是，如果要彻底改变中国游客在国际上"会移动的钱包"的形象，改变中国人的不文明习惯，就必须跳出旅游去抓文明旅游，跳出"游客"局限，从公民的角度，全社会齐抓共管，提升国人整体的文明素质，这才是治本之策。

尽管这个话题是老生常谈，但我们还是可以多动动脑筋，根据时代发展的状况和规律，从不同层面去努力。

从国家层面，要加快经济社会发展，努力改善人民的生活环境，以美好的环境去影响一个人的行为。这大概有点"破窗效应"意思。在一个垃圾遍地、污水横流的地方，人们也不会在意多扔一点垃圾。但是，如果站在一个十分干净的场所，乱扔垃圾的冲动就会有所克制。记得在有一次会议上，一位中央领导说过，一个再随意的人，如果到了人民大会堂，也不会在地毯上吐痰。笔者有一次在东京和一个在日本留学的朋友聊天，朋友说，日本街头太干净了，想吐痰都不好意思，也找不到地方。

从政府层面，可以出台必要的管理规定，加上严格的执法去约束人们的行为。有一次去台湾，在台南市，笔者和几位朋友吃了小吃，想扔包装纸，竟然找不到垃圾桶。一打听，人家垃圾是每天定点定时回收，随便扔东西是要被重罚的，就像新加坡旅游一样，重罚、鞭刑之类的传说，无疑会让人小心翼翼。还有政府的公职人员，更应该遵纪守法、恪守道德，在工作、生活中体现良好的修养，为公众做一个好的表率。

从社会层面，各行各业都应倡导文明，鞭笞不文明现象，通过媒体广泛报道和讨论，在社会上营造文明光荣的氛围，特别是教育部门，要克服"学生守则"里的空泛而谈，要把常识教给学生，不能唯成绩至上，更重要的是从塑造一个合格公民的角度去行使教育功能。

最最重要的应该是家庭了，父母是孩子的第一任老师，是孩子文明的直接启蒙者和教育者。父母有教养，就能润物细无声，从小就给孩子心中播下文明的种子。

凡此种种努力，皆非一日之功。只要我们坚持一点一滴去改变，每个人都从我做起，相信中国公民的文明素养一定会得到提高，"文明旅游"将不再是一个让国人如芒在背的话题。

(资料来源：《中国旅游报》2013年8月19日)

[点评提示]

这篇文章点中了旅游不文明的要害。不文明的现象并不是仅仅表现在旅游上,在国人的日常生活中就已经司空见惯了,一个日常生活中就不注意文明的人要他在旅游时保持文明行为能行得通吗?肯定不行。所以治标必须治本,这个本就是发动全社会共同来治理国人日常生活中的不文明现象,依靠每位公民对文明行为的承诺。请联系课本中的"自觉遵守社会公德"内容思考之。

案例精选 3-14

你文明旅游我发钱奖励
——武汉"沪春秋"的"文明经"

前几天,继游客严小平在沪春秋旅行社兑现 200 元奖励之后,武汉晚报文明旅游首发团 30 名游客全部拿到了文明奖金。

严小平所拿的奖金,源自 7 月 9 日武汉晚报与武汉沪春秋旅行社联合推出的"奖文明"活动。严小平和他的团友为何能得到这份奖金,他们的文明旅行体现在哪些方面?

279 名游客兑现文明承诺

根据武汉晚报与武汉沪春秋旅行社联合推出"对赌"奖文明活动,游客如果签署旅游合同附件中的文明出游承诺书,承诺出游时做到不在文物古迹上涂刻、不乱吐乱丢、不大声喧哗等,并且在行程中没有违反协议,旅行社就会给游客发放 200 元至 300 元作为鼓励(未成年游客奖励 100 元)。

7 月 18 日至今,武汉晚报文明旅游团已向北京、江苏、山东发送 10 个文明旅游团。负责组团的沪春秋旅行社总经理乔晶介绍,10 个团共发送了 279 名游客,令人欣慰的是,所有游客都兑现了文明承诺。现在第一个团已兑现了 5 700 元奖金,其他团的游客正陆续前来"领奖"。第一个拿到奖金的游客林孝义说,"参加这样的旅游团,周围人素质都很高,不仅玩得更开心,在外面也给武汉人长了脸。"

乔晶介绍,这 200 多名游客全部签署了文明旅游协议,"我们希望这些游客都能拿到文明奖金。"

武汉游客的文明行动

崔女士和她 14 岁的女儿是文明旅游团的首发团成员。因为担心女儿途中晕车,她特意备下 20 多个塑料袋,以免孩子呕吐弄脏了车。崔女士说,"塑料袋不仅可以在车上用,在长城、天安门广场这些地方也派上了用场。"

7 月 20 日,"奖文明"第二个旅游团出发赴连云港。67 岁的廖巧梅专门在包里装了 50 个塑料袋,用来捡景区垃圾。

旅游出门在外,孩子突然要大小便是个难题,很多家长难免帮孩子就地解决。但在赴北京的旅游团里,虽然有 4 名儿童,但细心的家长都没让这样的事发生。游客林孝强说:"小孩随地便溺错不在孩子,而在大人。"出门进景点和上车前,他都会哄着小家伙先上趟厕所,防止了孩子随地方便的情况发生。

7 月 29 日上午,第三个文明旅游团乘旅游车前往青岛。有团友提出,"我们不能满足于自己不乱扔垃圾,捡起别人扔掉的一片纸屑,也会传播一份文明正能量。"当天下午,旅游团在青岛市五四广场游览时,游客们自觉带上塑料袋,将自己产生的垃圾放进塑料袋,还将广场上别人扔下的垃圾捡起来。

文明游客收获掌声

在北京天坛公园,游客林孝义买了10来根冰棒分给大家,还准备了塑料袋,用来装冰棒外面的塑料包装和冰棒棍。导游郭健骥感慨地说,他带了10多年的旅游团,这个团的素质最高,带得最轻松。

在江苏连云港,地接导游张爱宇每天一项重要任务是检查旅游车,可是在武汉团队下车后,他在车厢地板上连一片纸都找不出来。张爱宇惊讶地说:"平时车厢随便一扫都能清出两桶垃圾,这么干净的旅游团还是头一回碰到!"。

在山东日照灯塔广场,管理办公室负责人焦广琴介绍,旅游旺季广场一天接待游客三四万人,垃圾往往扔得到处都是,广场10名保洁人员根本忙不过来。景区对乱扔垃圾的游客没有处罚权。只能要求保洁人员勤打扫。而武汉"奖文明"旅游团没有乱扔垃圾行为,甚至还主动捡垃圾。

"如果游客都能这样文明,我们的保洁压力会小得多,真希望全国多一些这样的旅游团!"焦广琴说。

[链接]

武汉晚报社与武汉沪春秋旅行社推出的《文明出游承诺书》内容摘要:

第一、维护环境卫生。第二、遵守公共秩序。第三、保护生态环境。第四、保护文物古迹。第五、爱惜公共设施。第六、尊重别人权利。第七、讲究以礼待人。第八、提倡健康娱乐。

(资料来源:《中国旅游报》2013年8月19日)

[点评提示]

用钱奖励游客文明旅游,武汉有关部门这么做经实践证明是成功的。阅读本文,你可以谈谈自己的观点,是不以为然,还是赞一个,或是另有更好的见地?请联系课本中的"公共生活中的道德规范"内容思考之。

案例精选 3-15　　酒店如何管理好"问题宾客"

在酒店里你是否遇到过这样的场景,有的宾客乘坐电梯时,手里夹着点着的香烟,让乘坐电梯的宾客感觉窒息;在餐厅里享受美味早餐时,隔壁餐桌的小朋友不停哭闹,甚至在地毯上小便;闭着眼睛泡在温泉里体会舒适时,忽然闻见一股硫黄的气味,睁开眼睛发现别的宾客正在打硫黄肥皂……其实,宾客有很多不愉快的消费体验不是来自酒店或者酒店服务人员,而是出在某位宾客或者某些宾客身上。这些宾客被业内称为问题宾客(Problematic Customers),甚至有国外的专家称之为地狱宾客(Customers from Hell)。这些宾客的消费行为直接影响了其他宾客的消费过程和消费体验,虽然这些不是酒店造成的,但有些宾客还是会因此另选他店,从而影响了酒店的经营。因此,管理好问题宾客也是酒店提升宾客满意度忠诚度的重要内容之一。

问题宾客的常见行为

主观故意骚扰其他宾客

这种现象在酒店经常发生。笔者曾经在酒店值班中遇到一些住店宾客投诉,声称有一女子电话骚扰他是否要"小姐",当其拒绝时,却遭到对方的威胁。由于酒店的桑拿、夜总会都是自主经营,不允许也不可能发生向客房打骚扰电话的现象。于是,到总机房查看投诉房间的通话记录,发现是另外一个房间打出的。随后,工作人员跟踪该房间的电话,发现其一直在往其他房间拨打电话。值班经理立即通知总机锁掉该房间的电话,并与该房间的女宾客通话,告知她因打骚扰电话被宾客投诉,如再有宾客投诉,酒店将报警处理,该女子看无机可乘,随后退房走人。这种故意骚扰宾客的行为还有很多,如果投诉到酒店,酒店不管不问,宾客会将被骚扰的不满情绪发泄到酒店身上。

某些类型客源的无意行为

有些类型的客源由于其客源的特性,在消费过程中会产生具有自身特点的消费行为,也可能会影响到其他宾客。比如,有些酒店承接婚宴时,酒店大堂里站满了迎亲的亲属,好几辆迎亲花车一股脑儿地停在酒店大堂正门,导致后面其他宾客的车辆无法正常进入酒店,大堂里其他宾客无法忍受嘈杂的氛围。有些团体宾客集中入住和退房,导致酒店的电梯非常拥挤,集中用早餐,导致餐厅里的环境非常嘈杂;有些团体宾客较早离店,在楼层内呼叫同伴、拖拉行李等,吵醒同一楼层的其他宾客……这些行为虽是无意的,但也给其他宾客带来不舒适的感觉。

个人的非主观过错

有些宾客主观上没有打扰他人的想法,但由于各种原因导致的行为会对其他宾客造成影响。比如,有一位1415房间的宾客投诉房间外有人在开启他的房门,非常害怕。接到投诉,服务人员立刻到了楼层,发现果然有一个宾客手拿钥匙在开启房门。没等服务人员开口说话,就大吼:"快点给我开房门!"我询问其房间号码,他说是1515,我告诉他这是1415。他仔细看了一下门牌号,自己也显得很不好意思。原来这位宾客醉酒走错了楼层。虽然醉酒的宾客不是故意打扰其他宾客,但其行为的确影响到了其他宾客。酒店晚到宾客也属于此类型,他们每天午夜12点后才入住酒店,进入房间后洗澡、聊天、看电视。如果客房的隔音效果不好,就可能惊醒隔壁宾客。

个人性格给其他宾客造成的影响

由于宾客的性格不同,在酒店消费时就会显现出不同的行为特征。比如,西方宾客用餐时,比较安静,国内的宾客用餐时,尤其几个人共同用餐时,说话的声音和就餐的声音相对较大;有些宾客属于急脾气,还没有等候几分钟就大喊大叫;有的宾客即使心里对服务很满意,但仍然还是在公开场合数落酒店的不是,影响其他宾客对酒店产品和服务的看法……这些宾客的消费习惯都会不同程度地影响到其他宾客。

常见的应对措施

做好客源市场的筛选

国外的服务研究专家在其研究中也认为,宾客会选择与他最相容、最舒适的消费环境,当他感觉到与其他宾客在同一环境下不相容时,他会感觉不舒服,极易转换到其他酒店消费。大多数酒店都会以一种客源为主,以一种或者几种客源为补。这样的好处是产品和服务的设计更有针对性,更符合目标市场的需求,同时也避免不同类型客源的相互影响。

如果酒店跟着市场走,"捡到篮子里都是菜",什么样的客源都接待,不从酒店的实际出发,确定好市场定位,做好客源市场的筛选,那势必哪边都不讨好。目前常见的筛选客源的做法有价格筛选法、黑名单制度以及对某类型客源采取限制等措施,当然具体的措施要认真研究酒店的实际情况,做到可行、有效。

根据日常案例做好应对预案

对于问题宾客对其他宾客影响的案例,酒店要注意收集,并不断总结提炼,对常见案例应制定出应对预案,上升为服务标准和操作程序,并对一线员工实施培训、演练,尽量减少宾客间的不良影响。

比如,每天午夜12点过后入住的宾客,在安排房间时,应尽量安排在同一楼层,同时尽量安排在隔壁没有宾客的房间,减少对其他宾客的打扰。还有醉酒宾客开错房门的案例,可以制定对特殊宾客服务的应对方案,对醉酒的宾客要在大堂等公共区域识别,在进入电梯时应主动关心,并及时通知楼层,楼层为特别顾客提供服务,避免影响到其他宾客。

在产品设计上考虑不同客源的特点

不同客源市场的消费特点在产品设计和服务场所的选择上要进行充分考虑,减少对其他宾客的影响。比如,团队宾客、会议宾客的要求和特点与商务散客游客明显不同,在登记入住、退房以及用餐等方面,最好设计单独的地点和餐厅,与商务散客分开;餐厅应设置无烟区,客房应设无烟楼层,就餐与住宿电梯要分开等,应利用区域将客源分开,减少相互间的不良影响。

树立品牌形象

品牌是酒店在消费者心目中的形象,如有的酒店以会议酒店为社会所熟知,有的酒店以最佳的婚宴举办地受到追捧……酒店可以根据自己的需要实施品牌战略,强化品牌形象,用品牌筛选不符合目标市场的宾客。

用细心的服务积极引导

大多数的宾客对其他宾客的影响不愿意表现不满,更不愿意当面制止,以免发生语言或肢体的冲突。酒店员工应该站在维护宾客利益的角度,对一些宾客的不当行为进行引导,用服务阻止或限制不良行为。

总之,问题宾客的管理是服务管理中的一个难题,其对不同宾客的不良影响具有突发性、不确定性等特点,要求酒店服务人员具备较强的应变能力和为宾客创造舒适、便捷消费环境的责任意识,在日常服务工作中不断总结,不断改进。

(资料来源:《中国旅游报》2011年4月)

[点评提示]

问题游客在旅游过程中司空见惯,问题游客的问题不解决,的确会影响其他游客的旅游消费。依靠游客们自己相互制约,有一定的可行性,但也许效果不大,就得依靠旅游从业者主动站出来制止,为其他游客排忧解难。如果旅游从业者因为是游客的内部问题采取不闻不问之态度,那么伤害的可能不仅是游客,也包括旅游企业和旅游从业者自己。对此问题,你怎么看?请联系课本中的"公共生活中的道德规范"内容思考之。

材料精选 3-11 游客不文明行为记录管理暂行办法发布实施

近日,由国家旅游局研究制定的《游客不文明行为记录管理暂行办法》(以下简称《办法》)下发至各省、自治区、直辖市旅游委、局,新疆生产建设兵团旅游局,以推进旅游诚信建设工作,建立文明旅游长效工作机制,在全行业开展游客不文明行为记录管理工作。《办法》于发布之日起实施。

《办法》规定,省级旅游主管部门建立本行政区域的"游客不文明行为记录",国务院旅游主管部门建立全国"游客不文明行为记录"。省级"游客不文明行为记录"信息由下级旅游主管部门报送,或通过媒体报道和社会举报等渠道采集。全国"游客不文明行为记录"信息由省级旅游主管部门报送,或通过媒体报道和社会举报等渠道采集。

同时,《办法》对"游客不文明行为记录"信息实行动态管理,视游客不文明行为情节,"游客不文明行为记录"信息保存期限为一至两年,期限自信息核实之日起计算。

《办法》全文如下:

第一条 为推进旅游诚信建设工作,提升公民文明出游意识,依据《中华人民共和国旅游法》、中央文明委《关于进一步加强文明旅游工作的意见》及相关法律法规和规范性文件,制定本办法。

第二条 本办法所称"游客不文明行为"是指游客在旅游活动中,因违反法律、法规及公序良俗等受到行政处罚、法院判决承担法律责任,或造成严重社会不良影响的行为。

第三条 县、地(市)、省级旅游主管部门负责本区域内的"游客不文明行为"采集报送等工作。国务院旅游主管部门负责全国"游客不文明行为"管理工作。

第四条 省级旅游主管部门建立本行政区域的"游客不文明行为记录"。国务院旅游主管部门建立全国"游客不文明行为记录"。

第五条 游客在旅游活动中因下列行为受到行政处罚、法院判决承担责任的,或造成严重社会不良影响的,应当纳入旅游部门的"游客不文明行为记录":

(一)扰乱公共汽车、电车、火车、船舶、航空器或者其他公共交通工具秩序;

(二)破坏公共环境卫生、公共设施;

(三)违反旅游目的地社会风俗、民族生活习惯;

(四)损毁、破坏旅游目的地文物古迹;

(五)参与赌博、色情活动等;

(六)严重扰乱旅游秩序的其他情形。

第六条 "游客不文明行为记录"信息实行动态管理,视游客不文明行为情节,"游客不文明行为记录"信息保存期限为一至两年,期限自信息核实之日起计算。

第七条 省级"游客不文明行为记录"信息由下级旅游主管部门报送,或通过媒体报道和社会举报等渠道采集。全国"游客不文明行为记录"信息由省级旅游主管部门报送,或通过媒体报道和社会举报等渠道采集。

第八条 "游客不文明行为记录"形成后,旅游主管部门应将"游客不文明行为记录"信息通报游客本人,提示其采取补救措施,挽回不良影响。必要时向公安、海关、边检、交通、人民银行征信机构等部门通报"游客不文明行为记录"。

第九条 被记入"游客不文明行为记录"的游客认为将其纳入记录错误的,可以向做出记录的旅游主管部门提交异议申请,一般应由当事人本人提出并提供有关证明材料。旅游主管部门自收到异议申请之日起十五个工作日内,向异议申请人做出答复。旅游主管部门经审查认为异议成立的,应当予以纠正。

异议处理期间,不影响"游客不文明行为记录"的管理。

第十条 国家工作人员故意提供错误信息的,或篡改、损毁、非法使用"游客不文明行为记录"信息,按照有关规定对相关责任人员进行行政处分;情节严重的,依法追究法律责任。

第十一条 本办法自发布之日起实施。

暂行办法修改(2015年5月14日)

新修改的《国家旅游局关于游客不文明行为记录管理暂行办法》于2015年5月14日正式公布。

第五条第五款由"参与赌博、色情活动等"修改为"参与赌博、色情、毒品内容的活动或者危险性活动";第六款"严重扰乱旅游秩序的其他情形"修改为"严重扰乱旅游秩序的活动"。

第六条修改为"游客不文明行为记录"信息实行动态管理。"游客不文明行为记录"信息保存期限视游客不文明行为情节及影响程度确定,期限自信息核实之日起计算。

修改后的暂行办法还增加了"国务院旅游主管部门认定的造成严重社会不良影响的其他行为"作为第七款。

(资料来源:国家旅游局2015年4月至5月)

[点评提示]

从制度设计上说,《办法》的确增加了游客不文明行为的"道德成本"和"信用成本",对于规范游客行为有积极意义。但是仅仅靠出台制度是远远不够的,有制度没有严格的监管,游客的不文明行为仍然是制止不住的。治理旅游不文明,监管必须硬气起来,这有赖于相关法律法规的完善,也考验着管理者的责任意识。请联系课本中的"公共生活中的道德规范"内容思考之。

案例精选 3-16　　**北京旅游的文明气度与风尚**

在国家旅游局局长李金早"旅游新政"思想的引领下,国家旅游局制定了"515战略",并通过一系列举措,让旅游行业和旅游产业的发展成为全社会更加关注、更加聚焦的事业,把我们从幕后推到了前台,不管是国家层面,还是市场层面,都认识到旅游不再是一个辅助性产业,而是一个在新时期推动经济发展、社会建设和文化创新的前沿产业。

"515战略"提出的"文明、安全、有序、便利、富国强民"五大目标,与目前国家的发展战略和理念相契合,一方面是强化旅游业本身的发展品质、内核驱动,一方面又强调如何更好地服务于国民经济的整体发展,顺势而为,是适应新时期、新常态、新使命的一个具体体现。同时又带有很强烈的年度性和阶段性任务特征,这恰恰又是旅游适应新发展,适应新角色的一种务实体现。比如,为什么提倡文明旅游?就是因为我们经济发展的速度和自身的文明程度不匹配。

作为中国的首都,北京是中国文明形象的窗口,在文明旅游监管和环境氛围营造方面,更是需要全社会的共同努力。像北京这样的城市,本身人口庞大,移民数量大于原住民数量。同时,还是中国最大的旅游目的地城市之一,是中国最重要的出入境枢纽城市。所以,不论从营造文明旅游的秩序和氛围还是传播中国文明形象而言,都比其他城市肩负着更加重要的使命和责任。

在文明旅游的倡导和管理层面,北京旅游委主要围绕来京和出境游客做工作。比如,北京旅游委短信平台每年向来京游客发送文明旅游和规范旅游的提醒短信1.8亿条;在景区、饭店和旅行社服务网点,布置文明旅游、文明住宿等方面的提示牌;要求景区工作人员对游客不文明行为及时进行提醒、劝导。针对出境游客,北京旅游委主要强化旅行社对文明旅游工作的责任感,督促旅行社严格落实行前说明会制度,在游客报名时发放文明旅游宣传资料,重点进行旅游目的地法律和风俗习惯的教育提醒;要求各旅行社把文明旅游内容纳入旅游合同中,在签订合同时着重向游客说明;督促领队全程加强文明旅游的督促引导,及时纠正和劝阻不文明行为,对发生严重问题的旅行社进行训导和处理。

文明旅游大环境的营造,重在宣传和倡导,要通过各种渠道,让文明旅游宣传成为常态,相信时间久了,会成为大家的一种行为自觉。现在一年花费上千万元在各种交通工具、户外广告、宣传媒体上宣传文明旅游,比如,发布文明旅游提示、在北京旅游的注意事项、提醒游客不要参与"非法一日游"、建立文明安全运行网等。下一步,文明旅游宣传应该结合旅游的特点来宣传,要有艺术性和人性化,通过讲述小故事的视频、卡通片等,潜移默化地去引导游客践行文明旅游。

北京旅游的海外营销也将传播北京文明作为推广传播的核心要素。因为北京旅游已经过了打口号的发展阶段,现在要在个性化的服务和旅游体验上做宣传,让世界游客感觉到北京的文明、热情和有趣。比如说,美国ABC专门给北京做了一档节目,叫《北京的外国人谈北京》,收视和传播效果特别好。北京旅游委将这档节目录制的内容翻译成几种语言版本,作为对外宣传品,很受外国游客的欢迎。所以,在对外宣传上,应该多一些这样的创意和传播方式。旅游说到底,还是游客对一座城市的感受和理解,一座城市文不文明,游客最有发言权。

另外,一说文明旅游不要只想到游客,旅游从业人员的文明素养同等重要,很多不文明行为和现象的发生,都是发生在游客与服务人员之间。北京旅游委一直在努力提升旅游从业人员服务水平和服务素质,比如,导游员、饭店管理员、乡村旅游经营者等的培训。未来重点要对小旅馆经营者进行培训,小旅馆如果管理不好,就是藏污纳垢的地方。

除了注重宣传、培训和教化,文明旅游还要积极动员、发挥社会的力量。北京旅游委去年承办了"中国旅游志愿者队伍成立暨旅游志愿服务活动启动仪式",通过成立旅游志愿者队伍,开展旅游志愿服务活动,让更多的人参与进来,使志愿服务在旅游业人人可为、事事可为、时时可为。随着旅游志愿服务活动的不断深入开展,形成游客、行政部门和旅游景区、旅行社等机构,共同努力营造文明旅游的良好氛围。

其实,北京的志愿者队伍发展起步很早,到现在大概有10万多志愿者。这个志愿者机制是北京奥运会后保留下来的,在举办大型赛事、活动的时候,吃住行等接待服务,都是由北京旅游委来牵头负责,现在合作已经很默契。这些志愿者的确是塑造北京文明形象,营造北京文明氛围的一股中坚力量。

(资料来源:《中国旅游报》2016年1月20日)

[点评提示]

北京是我国的首都,又是经济政治和文化中心,来往的旅客超过常住人口,因此开展文明旅游,展示北京市的文明与风尚非常必要,因此北京市旅游委采取了一些行之有效的措施。请你认真阅读,寻找一下北京旅游委采取了哪些倡导文明旅游的措施?请联系课本中的"公共生活中的道德规范"内容思考之。

案例精选 3-17　　中国员工为何"不敬业"

《光明日报》11月12日刊登陈方得文章说,近日,盖洛普公司公布了2011—2012年全球雇员对工作投入程度的调查结果,结果显示全球员工敬业的比例仅为13%,而中国还远低于世界水平,只有6%的中国员工是敬业的,68%的员工大部分时间仅限于"从业"状态,26%的员工属于"怠工"状态。中国人的勤勉有目共睹,为何被扣上"不敬业"的帽子?我们不妨审视一下结果背后呈现的一些现实困境。

从中国产业结构等宏观角度看,过去30多年中国已经成为世界工厂,制造业和建筑业依然在中国产业结构中占据核心地位,而第二产业中员工敬业率相对较低。再加上中国绝大多数企业以传统管理模式为主,缺乏对人的因素的重视,员工缺乏归属感,敬业率自然难以提升。

从员工个体等微观角度考量,我们大体都有这样的感受:一份职业,如果仅仅被从业者看做是谋生的饭碗,他的创造性是难以被激发出来的。没有创造,这恐怕只能保证最基本的"从业"状态。所以,探究中国员工的敬业率为何如此低下,实际上我们是在探讨中国员工为何没有了职业理想。

职业理想丢了,职业尊严没了,工作敬业率低了,这是我们面临的职场体验。突破这种职场困境,不能只靠个体转变"择业观"或者"职业观",它还需要社会全面发力。比如填平央企民企之间的福利鸿沟,缩小管理者和普通员工之间的待遇差距等。同样有调查称,敬业的员工生活幸福感更高。鉴于这样的认知,想方设法提高员工的敬业率,对一个致力于构建和谐社会的国家来说意义重大。

(资料来源:《光明日报》2013年11月12日)

[点评提示]

中国员工敬业率低?这一结论的确让人惊讶。可细细想来也不足为奇,中国绝大多数企事业单位都以传统管理模式为主,缺乏对人的因素的重视,员工缺乏归宿感,只把职业视为谋生的饭碗而不是建功立业的平台,创新创造无从提起,敬业率自然难以提升。阅读本文,你认为该如何提升中国员工的敬业率?请联系课本中的"职业生活中的道德规范"内容思考之。

案例精选 3-18　　一位找准职业坐标的导游员

全国优秀导游员周家文在1984年毅然辞掉当时人人羡慕的九江市外贸单位的公职,当了个普通导游员。

几十年来,他发愤苦读文史哲知识,努力钻研景点典故和导游内容。从小好学好动又充满灵气的他跟着当时九江市一位著名的评书老艺人学习说评书艺术,终于练就成用评书讲解景点的独特技能,迷倒了许多中外游客。

只有初中学历的周家文凭借不懈的勤奋努力,以丰富的知识,扎实的功底,热情的态度,周到的服务以及精湛高超的讲解艺术赢得了人们高度赞誉,也获得了社会良好的回报。他现在是江西省劳动模范、国家级优秀导游员,并担任九江市龙之旅旅行社副总经理。

第三单元　加强道德建设,恪尽旅游职业人操守

(资料来源:《九江日报》2007年12月20日)

[点评提示]

大学生选择职业不能仅以用人单位的大小、名气、待遇、发展以及所在的地域等为标尺,也不能只看所学的专业,而主要是根据自己的专长以及用人单位的环境是否适合自己的专长。适合自己的专长,就能充分发挥自己的价值,为用人单位做出较大贡献,从而较好地实现自己成长成才的职业人生理想。反之,一切无从谈起。在学习课本中的"树立正确的择业观"内容时,思考周家文的成功给了你什么启示?

材料精选 3-12　　　　旅游职业的社会价值

旅游业在国民经济中占有重要的地位,旅游从业人员的劳动对促进国民经济的发展,对相关产业的带动,对一个国家和地区的社会文化与环境的改善,甚至对旅游者个人身心发展和情趣体验,都起着十分重要的作用。旅游职业的社会价值具体表现在以下几个方面:

1. 旅游从业人员的劳动对社会经济建设起着巨大的作用

第一,积累建设资金

旅游从业人员的劳动还可以为其他产业的发展积累资金。从国内旅游接待人次看,2004年至2012年,旅游从业人员接待国内旅游总人次从11亿人次增长到29亿人次,年均增速高达12%;国内旅游收入从4 710亿元增长到2.27万亿元,年均增速达19%。从入境旅游接待人次看,2004年至2012年,我国入境旅游人数从1.1亿人次增长到1.32亿人次,年均增长3%,旅游外汇收入从257亿美元增长到500.28亿美元,年均增长9%。旅游部门经济效益的增长不仅为自身发展创造了良好的条件,同时也为整个国民经济及社会发展积累了资金。

第二,加快货币回笼

旅游从业人员的劳动,不仅是创汇的抓手,而且还能够满足国内广大人民群众对旅游的需求,推动货币大量回笼,促进市场的稳定和繁荣。随着人们收入增多,生活水平提高,人们的消费结构必然会有所改善,从而有更多的可支配收入用于旅游活动。因此,大力发展旅游业,激发人们的旅游动机,促进各种旅游活动的进行,就能扩大旅游消费,加速货币回笼,同时还能减少人们持币待购而造成的市场压力和风险,促进市场的稳定和繁荣。

第三,带动相关产业

旅游从业人员的劳动虽然属于非物质资料的生产,但它的关联带动功能很强,不仅能带动物质生产部门的发展,而且能带动第三产业的迅速发展,即直接或间接地带动交通运输、商业服务、建筑业、邮电、金融、地产、外贸、轻纺工业等相关产业的发展,从而促进整个国民经济的发展。

第四,促进劳动就业

几十年来,旅游从业人员的劳动推动了我国旅游业的高速发展,促进了大量劳动者就业,开辟了劳动就业的新门路。2010年2月,国家旅游局局长邵琪伟在率中国代表团前往南非参加20国旅游部长会议前夕表示:"截至目前,旅游直接就业达1 100万人,间接就业达6 500万人,总就业人数达7 600万人,相当于全国就业总数的9.6%。旅游业已经成为

中国吸纳就业量最主要的行业之一。"

世界旅游及旅行理事会在向中国国家旅游局呈送的一份关于中国旅游及旅行业的研究报告中表示,2013年,中国旅游业可直接吸纳1 610万人就业,并可间接提供6 580万个工作岗位。

第五,助推旅游扶贫

旅游从业人员劳动所造就的旅游业的兴旺会带来国内财产的移动和再分配,旅游业实现了财富从发达地区向不发达地区的转移,即资金从收入高的地区注入经济水平较低的地区,旅游地区的很多人可从旅游的直接收入中得到益处。在我国,贫困地区大多在山区、半山区、荒漠地区和少数民族聚集地区,这些地区交通不便,产业基础薄弱,但同时这些地区得以保存了比较完整的原始地形、地貌、人文景观和风土人情。我国旅游资源蕴藏丰富的地区与贫困地区有很大的重合性,发展旅游业与扶贫工作客观上存在着有机的联系。通过旅游从业人员的辛勤劳动,并依托旅游市场的有效开发,目前,我国许多有旅游资源的贫困地区已取得了大面积脱贫致富的成效。

2. 旅游从业人员的劳动对社会、文化、环境建设起着重要的影响作用

第一,旅游职业对社会的作用及影响

旅游职业对社会的影响是借助旅游经济部门的发展而实现的,主要表现有:一是大规模的旅游经济活动,会使社会信息得到充分的交流,从而传播了现代文明,促进了各种社会关系的协调及进步。即使是一些非常落后的国家,也会因旅游业发展的影响而不得不打破陈腐的观念及限制,实行对外开放的政策,接受现代文明的洗礼。二是当外国旅游者进入旅游接待国时,会引起旅游接待国价值观念和道德准则的变化,如对生活方式的看法、人生价值标准的转变等。三是会引起旅游接待国社会结构的变化,特别是由于旅游业收入较高、女性就业率较高等特点,使旅游接待国的就业结构发生相应变化。四是引起社会环境的改善,例如在交通条件、住宿设施、餐饮特色,乃至个人安全等方面,促使旅游接待国必须加以改善,才能满足国际旅游者的需求。

第二,旅游职业对文化的作用及影响

文化是人类在社会发展过程中所创造的全部物质财富和精神财富的总和。文化作为一种社会现象,是以一定的物质基础为前提的,其内容随社会物质生产的发展而发展,具有很大的内涵性,以致有人认为,人类社会的发展实质上是一种文化的变迁。因此,旅游职业推动下的旅游经济的发展必然与文化产生密切的关联。一方面,旅游经济活动中的各个过程及内容,无一不是与文化的接触,以致有旅游就必然有文化,文化是旅游业发展的基础;另一方面,旅游活动是一种流动的活动,是一种文化与另一种文化的交流过程,随着旅游者的流动,就为不同的社会群体及民族文化的接触和交流创造了良好的条件,所以旅游经济的发展过程也就是世界各个民族文化频繁交流的过程,而旅游从业人员的劳动就是其交流过程的物质承担者。

第三,旅游职业对环境的作用及影响

旅游从业人员的辛勤劳动推动着旅游业的发展,促进了国民经济的繁荣,也促使国家重视对旅游资源及生态环境的保护,以实现可持续旅游发展。例如,各地区进行的对各种世界

遗产的保护，对自然保护区、风景名胜区、历史文物的评级和保护，既保护了人类社会的生存环境和优秀文化遗产，又为旅游经济的发展提供了丰富的内容。

3. 旅游从业人员的劳动对旅游者的身心发展起引导作用

第一，旅游职业是丰富和美化旅游者生活的重要手段

旅游从业人员的劳动能够丰富和美化人们的生活，最大限度地满足人们享受和发展的需求。因此，旅游目的地国家或地区必须依托各种旅游资源，凭借各种基础设施、接待设施等物质资料，为旅游者提供舒适、方便、卫生、安全的旅游服务。特别是随着科学技术的进步，各种现代化的民用新产品，如智能化的家电在普及于人们日常生活之前，总是先在旅游业中被广泛采用，其不仅丰富了旅游活动的内容，而且普及和促进了现代化生活设施的广泛使用，对提高人们的生活质量和丰富生活内容起到了积极的促进作用。

第二，旅游职业是提高旅游者素质和能力的重要因素

旅游从业人员的文明和优质的服务劳动能够通过潜移默化的方式对旅游者进行思想品德及文化素质方面的教育引导，使其增长知识、开阔视野、提升文明、陶冶身心、增进健康，使其品质、体力和智能等方面得到良好的发展。

(资料来源：谭为跃，《新编旅游职业道德》，高等教育出版社，2014年版)

[点评提示]

学习旅游类各专业，就有必要了解旅游职业的社会价值，把握旅游职业的社会价值是将来你选择职业的重要标尺。在择业创业的授课中引入这一内容能够正确引领旅游类高职生毕业时正确看待旅游职业，平添加盟旅游行业的自信心。

材料精选 3-13　　　　　　　　**旅游职业道德规范**

旅游职业道德，是旅游服务活动范围内具有旅游职业特点的行为规范和职业要求。由于旅游从业人员长期从事旅游服务工作，有着共同的劳动方式，经受着共同职业训练，因而有着共同的职业习惯和传统的职业心理，因此产生了特定的行为规范和道德要求。旅游职业道德规范概括起来，主要有以下几点：

1. 献身旅游，爱岗敬业

献身旅游，是旅游从业人员报效社会、投身于旅游事业的高尚道德境界的具体表现。它是履行其旅游职业道德要求的思想基础和前提条件。这就是说，只有首先具备这一道德感情的信念，才能做到自觉地爱岗敬业，并切实履行其他旅游工作者道德规范，为旅游事业作出应有的贡献。

旅游从业人员，尤其是一线员工的工作是十分辛苦的。他们不计地位，不计名誉，不计报酬，不计时间，全身心扑在对客服务上，长年累月默默耕耘，为服务好旅游客人，倾注了自己全部的心血。这就是一种献身精神，更是一种爱岗敬业！

爱岗就是指旅游从业人员以正确的态度对待服务接待工作，从而在旅游职业过程中获得的热爱自己所从事工作的幸福感、荣誉感。所谓敬业，就是指用一种严肃的态度对待自己的职业，勤勤恳恳，兢兢业业，忠于职守，尽职尽责。爱岗敬业就是对自己的服务接待工作敬爱虔诚、专心致志、勤奋上进、忠于职守的思想境界。爱岗敬业体现的是巩固的旅游专业思想、强烈的事业心、勤勉的工作态度和无私的奉献精神的统一。爱岗敬业，用一句通俗的话

说就是：干一行，爱一行，钻一行，精一行。

2. 热爱客人，文明服务

何谓爱呢？所谓爱，是人间的一种伟大情感，是指主体同客体之间诚挚而亲密的感情联系。旅游工作者尊重旅游客人，需要诉诸理智和感情，这种理智和感情的联系，表现为旅游从业人员对游客的热爱。尊重是热爱的根据，热爱是尊重的表现；没有尊重便没有热爱，没有热爱也就不可能有真正的尊重。二者相辅相成。以服务之爱心换取客人之信心，换取客人对旅游企业服务质量的信任。

热爱客人、尊重客人，就需要倡导文明服务，对客一视同仁。文明服务就是本着宾客至上的原则，对游客讲究文明礼貌，优质服务。文明是人类在社会历史过程中所创造的物质财富和精神财富的总和，是人类进步和开化状态的标志。礼貌是人际交往中，相互之间表示尊重和友好的言行方式和规范的总称。

文明礼貌是社会公德的基本内容和重要道德规范，是正确处理人们之间相互关系的一种最起码也是必不可少的行为准则。对于旅游业来说，文明礼貌不但是进行一般交往的手段，而且是旅游从业人员服务态度、服务规范和服务内容的重要组成部分。

如果说文明礼貌是对旅游从业人员的基本业务要求，是重要的道德准则，那么，优质服务就是旅游职业义务的集中体现，是旅游从业人员最重要的道德义务和责任。优质服务的核心内容就是礼貌服务。

文明礼貌的服务还包含对客人不卑不亢、一视同仁的核心要义。不卑，强调旅游从业人员在对客服务中，应始终保持自己的民族尊严，不自卑、不媚俗，在原则问题上，如涉及国家民族利益、民族感情等问题上，应始终坚持原则，决不迁就、退让。不亢，就是不自夸、不骄傲。在接待客人的过程中，要尊重客人、热情友好、谦虚谨慎，尽到自己的职业责任和道义责任。一视同仁要求我们在对客服务中，使不同的客人享受一样的服务标准，所有的客人享受一样的服务待遇，决不能厚此薄彼，更要杜绝服务中的两副面孔：对外宾热情，对内宾冷淡；对衣着华贵者热情，对普通着装者冷淡；对高消费者热情，对低消费者冷淡。

3. 遵纪守法，诚实守信

遵纪守法是指每个旅游从业人员要重视并遵守企业纪律、行业法规和国家法律。遵纪，是遵守对其规定的行为规范。守法，是执行国家政策，遵守国家的法律，依法办事。

作为旅游职业道德的一项重要规范，遵纪守法要求从业者必须严格遵守执行国法、行规和企业纪律，履行自己的职责，承担自己的义务，对于违反者所造成的过失与后果，要追究其责任。然而仅仅强制性地要求是远远不够的，还需要旅游工作者本着职业良知，以真诚公道、信守诺言的姿态，公平公正地维系法律、纪律和规则的严肃性。

所谓诚实，是指忠诚老实，不讲假话。公道，即公平合理，买卖公道，价格合理，赚取利润合法、合理，在不损害企业利益的前提下，自觉维护旅游消费者的合法权益。所谓守信，是指信守诺言，说话算数，讲信誉，重信用，切实履行自己应承担的义务。

诚信、公道在旅游职业活动中，在宣传推介、质量保证、价格制定、服务提供等问题上表现得最直接、最敏感，所以，每一家旅游企业、每一个旅游工作者必须本着认真维护旅游者的实际利益的原则，为旅游者提供的产品及服务，要做到货真价实、质好量足、质价相符，严格遵守同质同价、次质次价、按质论价的信誉原则,做到以诚相待、经营公道。只有这样,法律、行规和纪律才能得到切实维护,我们才能树立起旅游企业、旅游行业良好的信誉和形象,才会稳定和扩大客源市场,从而维护旅游企业和旅游业的根本利益。

4. 互帮互助,团结协作

一般说来,旅游工作者既较多地表现为个人的分散劳动,但同时又是一种集体的活动。这就要求每个从业人员既要发挥个人的积极性、主动性和创造性,又要发挥互帮互助、团结协作的集体主义精神,处理好同事之间、部门成员之间、上下级之间的人际关系。正确处理好旅游企业内部的人际关系,对于为旅游者提供优质服务、旅游企业的建设、旅游事业的发展,具有重要意义。

旅游行业各类企业一天 24 小时,一年 365 天不间断地运营。除了有形的设施要使客人感到舒适、方便外,最重要的就是服务。旅游行业的服务工作是整体的,并非某一企业、某一部门、某一区域或某一个人做好就行了。客人出来旅行游览,他所要求的服务,并不是单独的一种,而是食、住、行、游、娱、购的综合服务。"服务无小事",这是旅游行业的一句行话。因为经营管理的目标与服务质量,主要体现在各个环节上、各项细节中,任何一点"微不足道"都会反映出旅游产品质量的缺陷,这正是"100-1=0"的管理。在对客人的接待服务过程中,哪怕一个细小环节出问题,都会影响整个服务效果;即使你的服务 99 次都好,只要 1 次服务不周,就会前功尽弃。所以,团结协作、互帮互助,协调好个人与他人的关系至关重要,它是决定服务质量好坏、影响服务效果评价的重要因素之一。

5. 精通业务,锐意创新

旅游从业人员的主要职责是把所学到的专业知识和技能运用到工作中服务游客,因而,勤奋学习,精通业务,锐意创新,勇于竞争是搞好旅游接待,促进旅游事业发展的关键。从这个意义上讲,它绝不单纯是个业务问题,而是个社会道德责任问题。所以,长期以来,一直把精通业务、锐意创新的要求看做是旅游职业道德的主要内容之一。

所谓精通业务,就是要求旅游从业人员深入钻研专业,精通自己所从事的业务工作,孜孜不倦,锲而不舍,努力做到一专多能。所谓锐意创新、勇于竞争,就是要求旅游从业人员着力培养自己的创新能力,摒弃、淘汰那些传统而不合理的、因循守旧的严重阻碍旅游事业发展的经营管理体制和接待服务方式,勇于进取,敢于承担责任,善于纠正错误,以高度的事业心迎接各类挑战和竞争。

精通业务和锐意创新相辅相成,苟合紧密。精通业务是锐意创新的根基,没有深厚的业务功底,是无法进行有效的业务创新和竞争挑战;锐意创新则是精通业务的向导,在创新和竞争的引领下,业务知识、服务技能的开拓和把握才能有的放矢,也才能成为旅游从业人员做好本职工作,为旅游事业发展贡献自己的聪明才智的重要凭借。

(资料来源:谭为跃,《新编旅游职业道德》,高等教育出版社,2014年版)

[点评提示]

成为旅游行业一员,抑或将旅游职业视为自己的终生事业,成为优秀的旅游从业人员,都需要了解旅游职业道德。旅游职业道德是旅游从业人员长期实践的结晶,也是旅游从业人员的行为指南。坚守旅游职业道德,它或许会给你带来意想不到的境遇。请联系课本中的"职业道德"

内容思考之。

案例精选 3-19　　　　　"游客快乐就是对我的酬劳"
　　　　　　　　　　——记西湖志愿者总队假日旅游分队志愿者朱鸿

　　一个初到杭州的游客会遇到找饭店难、找放心的购物店难等难题,然而,要在西湖边找一个志愿者却不难。红马甲、红帽子,加上真诚的笑脸让他们显得格外引人注目。志愿者知道西湖哪个角度最美,哪里的杭帮菜最地道,特别是说起西湖的典故来比专业导游还精彩。游客从志愿者那里还会享受到免费的雨衣、地图、急救箱等服务。志愿者如今就是西湖之滨的一道风景。

　　活跃在学雷锋前沿阵地上的西湖志愿者总队假日旅游分队,其队伍中有白发苍苍的老人,也有热情洋溢的大学生,被游客亲切地称为戴红帽的"活雷锋"。而热忱低调的朱鸿就是他们其中的一员。

从过把瘾到当上志愿者"正规军"

　　在假日旅游服务队里,朱鸿算不上年纪最大的却是做志愿者时间最长的。早在假日旅游服务队成立之前,朱鸿的身影就出现在杭州的各个志愿者活动中。

　　和志愿者首次"触电",完全是个巧合。朱鸿说,2000年,杭州西湖博览会招募志愿者且要懂财务的,身为注册会计师的朱鸿跃跃欲试,当即就报了名,15天的经历让朱鸿初尝志愿者的艰辛却又意犹未尽。2003年,非典时期,朱鸿看见电视报道说火车站急缺为旅客量体温的志愿者,顾不上急症肆虐,朱鸿加入了照顾旅客、安顿秩序的志愿者队伍中。也就是在这一年,朱鸿正式踏入了志愿者的行列。"一开始只是想过把志愿者的瘾,谁知道一当上就停不下来,也闲不下来了。"

　　2004年西湖志愿者总队假日旅游分队成立,朱鸿从"游击志愿者",变成了志愿者的"正规军",在固定时间固定地点为游客当义务导游员。同年她成为假日旅游分队的队长,也就是从那时候起,朱鸿过上了日夜颠倒,在工作、志愿者、家庭之间奔波的日子。"别人用来休息的时间我就去做志愿者。"

　　朱鸿的老搭档,西湖志愿者总队书记盛国进对朱鸿的表现有发言权:"生活里,她是一家超市的负责人,工作很繁重;在服务队里她是队长,队里的工作也离不开她,但却很少听到她抱怨。"

　　志愿者是无偿的,需要付出精力和财力。"我从来没算过这笔账,不仅是我,我们假日旅游队的每一个队员都没有去计较过。做志愿者就是凭着一颗责任心上岗,服务别人就是工作,游客的快乐就是我的报酬。"

维护游客的利益是我们的责任

　　西湖志愿者总队假日旅游服务队设立的初衷,是为了打击西湖边的黑车、野导,为游客提供一个安宁、和谐的游览氛围。在服务过程中,少不了要和四处流窜的野导正面交锋。印象最深的一次是在灵隐,那天我们正在发放宣传单和免费地图,几个野导就过来了,说我们抢了他们的生意,再不走就要喊人来打我们。面对野蛮无理的野导,朱鸿和她的队友们没有退缩,而是更卖力地为游客服务。"心里也怕,但是维护游客的利益是我们的责任。"

做一名合格的志愿者还应该有更多的耐心和信心。朱鸿回忆说,那是 2009 年 6 月的一天,下着大雨,很多游客来"微笑亭"借伞,到了下午雨越下越大,几乎没有游客来还伞,又因为志愿者总队临时开会,朱鸿和她的队友就提早收摊了。没想到在他们走后不久,游客就陆续来还伞了。朱鸿说这件事让她很愧疚,后来游客发来的短信却让她很感动,激励她要把志愿者做得更好、更精。那条短信的内容是:"谢谢您,让我觉得杭州是一个很温暖的城市。"

雷锋精神我最推崇的就是奉献

很多人都说,志愿者是当代雷锋精神的体现,是雷锋在当代的转型。这话对于经历过轰轰烈烈学雷锋的时代、又在志愿者路上走过 12 年的朱鸿来说感触更深。"雷锋精神中我最推崇的就是奉献,这样的精神放到哪个时代都不会变质过时。"在朱鸿看来,做志愿者就是奉献,也是作为一个公民要有的使命感。无偿地服务别人,会得到比付出更多的快乐。

朱鸿说,经她介绍,近几年来,假日旅游志愿者的队伍不断壮大,目前注册的志愿者已经超过了 1000 人,其中还不包括临时参加服务的学生群体。"许多志同道合的志愿者在一起,可以组织更大的活动,影响更多的人,达成更多的目标。"

朱鸿说,在她和几个骨干的带领下,近日假日旅游服务队又发起了一个新活动,叫"多背两公斤",就是队员们都在背包里放上杭州的旅游资料,在旅游或出门探亲的时候将这些资料发放出去。"我们都是杭州人,杭州那么美我们想让全国、全球的人都知道。我们要做的就是代表 870 万杭州市民服务好每一名游客。"

(资料来源:《中国旅游报》2012 年 4 月 6 日)

[点评提示]

一位普通的旅游行业的志愿者牢记"维护游客的利益是我们的责任"的服务宗旨,努力践行旅游职业道德规范,成为旅游行业的道德范儿,深受旅游媒体的广泛传播。作为将来的旅游从业人员,你又会得到何种感受呢?请联系课本中的"自觉遵守职业道德"内容思考之。

案例精选 3—20   **护送老太太登机**

一支从美国来北京的旅游团畅游故宫和长城等名胜古迹后,回到丽都假日饭店已是傍晚 5 点半了。细心的总台接待员发觉,全陪满脸的忧虑,上前询问,才知道有一位老太太在游览长城时不慎摔断了腿,此时已送医院治疗。

这位接待员把情况向大堂经理汇报了。当晚,酒店派出两名管理人员,带着一束鲜花前往医院看望客人。3 天后,旅游团结束了中国之行,要乘飞机回旧金山。可是那位绑了石膏、行动不便的老太太怎么办?

前厅部和客房部几位经理比旅游团还着急。让老太太留在北京显然行不通;要是上路的话,估计登机之后问题不大,棘手的是酒店去机场的路不平,摇摇晃晃,半个小时的颠簸不仅会使年迈的客人增加疼痛,还可能影响骨接部位的愈合。讨论许久,方案提出不少,最后达成一致意见:采取特别措施,保证把美国老太太平安送上飞机。

前厅部负责行李的几名小伙子扛上了一副担架,把老太太先送到大堂,由于几名小伙子前后左右照顾得好,老太太到达大堂时丝毫不觉痛苦。在大堂沙发上等候会客的人们,见此情景都围上来问长问短。大堂经理和保安人员还临时充当老太太的"护卫"。

去机场的汽车来了。怎样将病人送上车呢？担架太宽，平放着进车门肯定进不去。行李部的一个小伙子在车窗口比划了一下，嗨，车窗比担架宽上几厘米。于是决定从车窗里进去。前厅部动用了6名身强力壮的小伙子，把担架平平稳稳地从车窗塞了进去。

上车后，几名小伙子还是不放心，绝对不能让病人振荡。他们请示了部门经理，最后决定6名小伙子一起护送病人到机场。一路上6个年轻人轮番抬着担架，不让担架接触车身，这样可大大减少路途的颠簸。当汽车驶完半个多小时的路程时，6名小伙子个个满是汗，气喘吁吁，旅游团全体成员长时间热烈鼓掌，不少客人用照相机拍下了一路护送的情景。

(资料来源：陈吉瑞，《旅游职业道德》，重庆大学出版社，2008年版)

[点评提示]

"团结就是力量"，这就是真实的写照。北京丽都假日饭店一再强调使客人真正受到"宾至如归"的服务，而无"羁旅之感"，他们经常教育全体员工，在工作中要团结协作，顾全大局，全心全意为旅客服务，使客人进店之前的期望值成为离店时的满意值。本案例中用担架护送老太太登机的事迹感人至深。虽然客人是在游览中摔伤的，送客人登机本应是旅行社的责任。但他们把送这位特殊的客人当做自己的事，积极地支持、配合，体现了丽都饭店的一种主人翁意识，谱写了一曲团结协作、顾全大局的集体主义精神的华美乐章。请联系课本中的"自觉遵守职业道德"内容谈谈自己的感受。

案例精选 3-21　　　　　韩亚航空乘务员临危不乱获称赞

2013年7月6日失事的韩亚航空214航班上乘客尤金·安东尼·罗对《华尔街日报》记者称赞该航班空乘金智妍："她是一个英雄。这个瘦小的女孩背着受伤乘客逃生，虽然满脸泪水，但她仍然非常镇定并努力帮助别人。"

乘务长李润惠也因引导乘客疏散的突出表现而受到称赞。在飞机坠毁后的混乱时刻，李润惠镇定地引导300多名乘客和机组人员撤离飞机。

旧金山消防局局长乔安娜·海斯-怀特说，李润惠是最后一个撤离飞机的人，她当时尽管尾椎骨骨折，但仍努力灭火并引导乘客安全撤离。她是遇难人数仅为两人的关键因素。海斯-怀特说："她非常镇定，她想确保每个人都撤离了飞机……她是一个英雄。"

李润惠在新闻发布会上说："我当时没怎么思考自己，努力执行疏散所需要的步骤。我只想着一个接一个地救援乘客。"

李润惠因扑救飞机上的大火、及时疏导乘客逃生且最后一个撤离飞机而受到广泛赞扬。

(资料来源：《参考消息》2013年7月10日)

[点评提示]

旅游职业道德规范，不仅为中国旅游从业人员所遵守，也得到国外旅游业内人士所践行。韩亚航空乘务员在航班出现重大危机的时刻下，临危不乱，恪守职责，把生还留给乘客，把危险留给自己，及时疏导乘客离开飞机，成就了仅有两名乘客死亡外所有乘客安然无恙的佳话。请联系课本中的"自觉遵守职业道德"内容谈谈自己的感受。

第三单元　加强道德建设，恪尽旅游职业人操守

案例精选 3-22　　　　　　　**职场论功不论苦**

前些天碰到朋友老张，一见面他就开始抱怨被公司从高级管理者降到做后勤工作的不公："不管怎么说，我也是公司的元老，我在公司干了这么多年，没有功劳也有苦劳吧，老板这样做太不近人情了。"显然，老张在平时的工作中总是以为自己尽力就可以，不管最终结果如何，总是一次次以"没有功劳还有苦劳"为自己找借口，安慰自己，才造成今天的结果。

这显然并不正确，我们都听过农民卖瓜的故事：

一位农民种了几亩地冬瓜，长势颇好，眼看就要丰收的时候，不曾想一阵冰雹袭来，将满地的冬瓜砸得稀里哗啦。老农伤心之余，突然眼睛一亮，竟发现在没有倒塌的木架下面还有一个完整的大冬瓜。

老农高兴坏了，带着这个大冬瓜到了市场上，标价 800 元，少一元也不卖！很多人都笑话他：你这个冬瓜是金瓜呀！怎么这么贵？别人的冬瓜比你这个好，才 1 元钱 1 斤。老农说：当然了，别人的冬瓜没有挨冰雹砸，丰收了，所以卖得便宜。我的几亩地冬瓜都被冰雹砸没了，就剩这一个瓜，我是多么辛苦而不幸！只有卖这么贵，才能弥补我的损失。

试想，有谁愿意为弥补他的损失而高价买下他这个冬瓜呢？结果不言而喻。

作为一名员工，无论你曾付出多少心血、做出多大努力，也不管你学历多高、工作年限多长、人品如何高尚，如果你拿不出业绩，那么老板就会觉得他付给你薪水是浪费。现实就是如此，千万不要因此而责怪老板和企业薄情寡义。我们要懂得一个基本道理：对结果负责，就是对我们工作的价值负责；而对任务负责，则是对工作的程序负责，完成任务不等于老板想要的结果。

（资料来源：黄志坚，《你是人才还是人力》，中国民主法制出版社，2015年版）

[点评提示]

这是职业工作中的一个起码的道理，无论是企事业单位的领导或老板都希望看到员工所干出的业绩，而不仅是他们的苦劳。如果一个人只在乎苦劳，不在乎业绩，甚至满腹牢骚，那他将什么也得不到。看到这则案例，也许你会觉得这道理很简单，但实际职场中并不懂得这道理的人却比比皆是。请联系课本中的"树立正确的择业观"内容谈谈自己的感受。

案例精选 3-23　　　　　　　**小老板的创业思维瓶颈**

小老板一般爱权，抓权而不放权，最具有代表性的就是对一票赞成权情有独钟。

小老板太自信自负，多数取得一点成绩就飘飘然了，老子天下第一！小老板身边一般监督缺失，很容易产生盲点，把自己的缺点当成优点。在小老板眼中，自己是最聪明的人。别人想不到的他能想到，别人看不到的他能看到，既然自己可以看个清清楚楚明明白白，当然用不着听别人的，一个人说了算。

小老板自己说了算，多数时候还在于找不到可以商量的员工。小老板讲究安全第一，对员工必须从满腹狐疑到深信不疑，过程十分漫长。中国有点能力的人什么都好，就是脾气不好，一般而言他们多少学了点三十六计，多数时候小老板发现他的员工该走的不走，该留的不留。于是小老板只好吃自己的饭流自己的汗，大事小事自己说了算。

小老板做事业，讲究控制。在他们的理念中管理就是一场控制游戏，只有集权才能形成

大一统：一个企业只能有一个领导，一个声音，一个目标，这样个人利益就被绑架在公司利益上，就可以动员全员之力达到自己的目标，集权的最好办法就是一个人说了算。

多数小老板心态不好，他们喜欢说话，倾听则是一种痛苦。对于不同的意见和主张，多数小老板从负面看，认为这是在挑战权威。小老板要强化他们的权威，他们一言九鼎，员工不理解也必须执行，至于反对意见，站一边去。

小老板自己说了算，由于员工没参与感，员工要么走人，要么保持着局外人心态，永远不可能与你成为一路人，小老板永远找不到可用之人。小老板听不进意见，永远只雇员工的手和脚，得不到员工的头和心。员工不会思考，只被动执行不主动参与，小老板始终是一个人在战斗。

讲控制，追求一个企业一个声音，听不到不同见解和主张，不能纠错和纠偏，企业已到悬崖边，仔细一看没刹车，代价十分沉重。聪明但缺乏自省能力，小老板自己成为永远突破不了的天花板。

(资料来源：田友龙，《为什么你的公司没长大》，万卷出版公司，2012年版)

[点评提示]

这不仅是小老板的管理思维短板，也是一些单位主管的管理弊端。喜欢一个人说了算，不喜好大家民主参与，虽然可能会取得一时之成功，如果他的决策是正确的话。但一个人的决策不可能始终是正确的，一旦决策不正确又没有大家的参与，得到的局面将只能是无法收拾。管理实践反复证明了这一道理，但依旧有人不以为然。请联系课本中的"树立正确的创业观"内容谈谈自己的感受。

案例精选 3-24　　　　　　　　创新点子盘活创业

有一位刚从某烹饪专科学校毕业的女大学生尝试着创业，经营一家蛋糕店。这个行业，竞争本来就十分激烈，再加上女大学生在选择店址的时候有一个小小的失误，她选错了地方，开了一个有点偏僻的胡同里。自从蛋糕店开张后，生意一直冷冷清清，不到半年，她就感觉自己撑不下去了。面对收支严重失衡的状况，女大学生无奈地想结束生意。这时，店里一个卖糕点的女员工给她提了一个建议。

原来，这个员工在卖蛋糕的时候曾经碰到一个女客人，对方想给男朋友买一个生日蛋糕。当这个员工问她想在蛋糕上写些什么字的时候，女客人嗫嚅了半天才不好意思地说："我想写上'亲爱的，我爱你'。"

员工一下子明白了女客人的心思，原来她想写一些很亲热的话，又不好意思让旁人知道。有这种想法的客人肯定不止一个，而每个蛋糕店的祝福词都是千篇一律的"生日快乐""幸福平安"之类，为何不尝试用点特别的祝福语呢？

于是，这个员工就向女大学生建议："我们店里糕点师用来在蛋糕上写字的专用工具，可不可以多进一些呢？只要顾客来买蛋糕，就赠送一支，这样客人就可以自己在蛋糕上写一些祝福语，即使是隐私也不怕被人知道了。"

一开始，女大学生并没有将这个提议太当回事，只是抱着试试看的心态同意了，并做了一些简单的宣传。没想到，在接下来的一个星期中，顾客比平时多了两倍，大家都是冲着那支可以在蛋糕上写字的笔来的。

女大学生说:"从那以后,我的生意简直可以用奇迹来形容。我本来都做好关门的心理准备了,没想到我的店员帮了我大忙,现在,她成了我的左膀右臂,创新的好主意层出不穷,我都觉得我离不开她了。"

(资料来源:陈浩,《别找借口找方法》,中国华侨出版社,2011年版)

[点评提示]

创业的点子往往会来自员工,俗话说,三人行,必有我师。创业的人要广泛倾听,善于采纳不同人的意见,经过自己的独立思考,形成正确的思路。这就是创新方法的源泉。请联系课本中的"树立正确的创业观"内容谈谈自己的感受。

案例精选 3-25　　　　　　　　被忽视的"恋爱暴力"

合肥17岁少女周岩拒绝同学求爱,结果惨遭毁容,引起广泛关注。

在一些学者看来,类似的情感纠纷其实并不鲜见,"求爱不遂,行凶毁容"与情侣的撒泼吵闹,其实本质相同,都是"恋爱暴力"。

被胁迫的恋情

周岩事件在网上曝光后,施害者陶汝坤的父亲陶文曾在微博上公开道歉,并发帖称:"我儿子陶汝坤2010年初和周岩产生早恋,虽我们极力反对,但感情一直较好。案发前一周左右,因周岩另有男友,陶汝坤不能正确妥善对待,在2011年9月17日晚对周岩实施了伤害。"

不过,这段关系可能存在被胁迫的成分,暴力的影子随处可见。周岩自述称:"我开始和他是以比较好的同学关系在相处。在深入相处后,我发现他人品不好,不像表面上那么乖,我就开始疏远他。后来,他说要追我,我没答应。在同学们面前,他硬是搂着我,我一反抗,他就偷偷掐我,还打我。"

周岩强调,她曾尝试摆脱陶汝坤的纠缠,但却没有成功。"在学校的时候,他对我打骂是家常便饭。""他曾威胁说如果我父母不让我们在一起,我父母就死定了。""他在同学面前假装我们两个很好的样子,他搂着我的时候,我也不敢反抗,因为如果我一有反抗,他就会趁别人不注意掐我、捶我。"

恋爱暴力

类似的情感纠纷其实并不鲜见。2006年,贵州独山县尧棒乡中心学校的教师柏茂周与自己的学生秀娟坠入爱河。可在一段时间的交往后,因为性格不合。秀娟提出分手,不想柏茂周却因此用硫酸将秀娟毁容。

2009年留学美国弗吉尼亚理工大学的中国学生朱海洋,因为追求同样来自中国的留学生杨欣未果,在学校的咖啡厅里当众将其杀害,并残忍地用刀割下了她的头颅。

同一年,湖北襄阳的打工仔卢军,在与女友发生口角后,用一根晾衣绳将其勒毙。之后,一心"以命抵命"的卢军与女友尸体相伴而眠45天。

还有一些看起来并不那么严重的情感纠纷:

2006年5月,水木清华网站,一条题为《她扇了我一耳光,我回了她一耳光》的帖子赫然登上当日的十大热门话题。大致内容如下:"她是一个任性的女孩。而我也是一个性格比较倔强的人。今天因为事情吵架,她猛地给我一耳光。以前吵架时,她也经常扇我耳光,一般我都躲过去了。今天我实在受不了了,狠狠地回了她一耳光。然后她像疯了似的在我身上乱抓。我的手被抓破,流了很多的血!我推开她,她就过来咬住我的胳膊,狠狠地咬。我的胳膊被咬得血淋淋的……"

就恶劣程度而言,这种情侣间的撒泼吵闹与"恋爱不遂行凶杀人"似乎相去甚远。但在一些学者看来,它们在本质上都是相同的,都属于"恋爱暴力"。

所谓"恋爱暴力",世界卫生组织是这样定义的:在恋爱关系中,一方针对另一方的任何蓄意的言语、身体、心理以及性的攻击和伤害。

按照这样的定义,陶汝坤打骂周岩,甚至将她毁容,固然是不容置疑的暴力,可辱骂恋人"笨""蠢猪""没修养",偷看恋人的手机来电、短信留言、QQ 记录,控制恋人跟朋友的交往……所有这些看似微不足道的行为,其实都是暴力。

2008 年,天津师范大学性别与社会发展研究中心王向贤博士对当地 1035 名大学生抽样调查发现,超过半数的大学生在恋爱一年间曾发生心理暴力,近三分之一会发生肢体暴力。严重暴力的发生率超过 10%,性强迫也达到 3% 以上。

缺失的干预

2004 年情人节的下午,经过香港尖沙咀钟楼附近的行人从路边的志愿者手中拿到了一只毛毛球饰物,随着毛毛球一起派送到行人手中的,还有一张小贴士:

关心伴侣爱意浓,过分紧张变操控。

心平气和倾一倾(粤语,意味"谈一谈"),好过挥拳眼泪声。

和平分手不用哭,以死相迫无幸福。

互相尊重留空间,爱能越过万重山。

爱得愉快法则=爱自己+坦诚沟通+互相尊重。

这是一张预防恋爱暴力的小贴士。而举办这次派送活动的,是香港青年协会荃湾青年空间及和谐之家。在此之前,他们曾举办过一次有关"中学生面对恋爱暴力"的问卷调查。结果发现,大约七成的受访者在自觉或不自觉的情况下遭受过不同程度的恋爱暴力。

为此,荃湾青年空间及和谐之家特地选在情人节举办派送小贴士的推广活动,力求唤起当地人对恋爱暴力问题的关注。

然而,类似的预防与干预机制,在内地却并不多见。

在陶文发的帖子里,他表示:"我儿子陶汝坤 2010 年初和周岩产生早恋,我们极力反对。"陶文对儿子并没有采取实质性的预防和干预措施。

周岩回忆她与陶汝坤的交往时则强调:"在学校的时候,他对我打骂是家常便饭,跟老师与家长反映都没有任何效果。""学校老师也知道陶汝坤在追求我,曾出面管过这件事情,也被打了,后来我就不太敢让老师介入了。"

(资料来源:《现代家庭报》2012 年 3 月 6 日)

[点评提示]

解决"恋爱的暴力"就必须深入了解形成"恋爱暴力"的原因,"恋爱暴力"的形成原因是复杂的。我们无意去研究具体"恋爱暴力"的形成原因,也无意探讨解决问题的具体办法,只说明一个道理,那就是无论是谁都要尊重对方的感情。"爱是没有错的!"你可以不爱某个人,但没有理由去贬低、嘲弄、轻视、讨厌别人对自己的爱。要让不爱的人远离你,就应当在尊重对方的感情情况下,采取合适的方法循序渐进地淡化对方对自己的爱。尊重别人就是尊重自己,这也许也是预防"恋爱暴力"的一个方法吧。当然失恋的人也应当有个正确的认识,感情是不可强迫的,强迫的感情是不甜的。去为一个根本就不爱你的人而烦恼、纠结、痛苦,甚至铤而走险不值得。

请联系课本中的"恋爱中的道德规范"内容,谈谈你的看法。

材料精选 3-14   **处理好婆媳关系有四法**

俗话说,家家有本难念的经。而家庭生活中最难念的经就是婆媳关系。新时期,婆婆和儿媳如何正确定位自身?如何才能和睦相处?

婆婆应尊重儿子是一个独立的个体

对于一些女性来说,孩子就是自己的一切,习惯性地为孩子倾注所有,即使在孩子结婚之后,也没有意识到要改变这种习惯。这类婆婆与儿子是一体的,人际边界不清晰,也不愿意与儿媳分享自己的儿子,这就让儿媳很难融入家庭,容易引起很大的婆媳矛盾。

因此,这类婆婆首先要学习放手,尊重儿子和儿媳作为夫妻的权利。另一方面,要学习尊重儿子和儿媳的婚姻生活,包括财务、生儿育女等与婚姻相关的选择权。媳妇也要在一些细节上注意照顾婆婆的感受,比如不在背后议论婆婆、不在婆婆面前和丈夫过于亲密等。

准确定位调整期望

不管是婆婆还是媳妇儿,都要面对一个事实——两个人生活在不同的环境和时代,只是因为同一个男人才住在一起。天然是有距离的。若是一开始就热切期待对方像对待自己的亲妈或亲女儿一样对待自己,只会碰一鼻子灰。不如大大方方地接受这种距离,期望不太高,就不会有失望。

换位思考求同存异

婆婆和媳妇生活习惯和性格都有差别,这些都难免会产生矛盾。如果可以换位思考,就会有不一样的发现。

隔代教育也是容易引发家庭矛盾的一个方面。但是爷爷奶奶们最好还是将孙辈的教育学习管理权交给年轻的爸爸妈妈,因为他们生活在当下,更加懂得如何去教育孩子,爷爷奶奶们则可以起到一些照顾生活饮食起居等方面的作用。

老人要有自己的生活圈、朋友圈

退休之后,老人的心理会发生很大变化——不用上班了,时间更多了,事情更少了,很容易觉得空虚、抑郁。对于这种情况,一方面,公公婆婆要学习培养自己的兴趣爱好,建立自己的生活圈、朋友圈;另一方面,儿子儿媳也有义务用更多的爱心,帮助老人度过这一时期。

(资料来源:《深圳特区报》2015年9月3日)

[点评提示]

解决婆媳之间矛盾的方法较多,上述方法值得思考、值得实践。如果你还有别的什么方法,不妨也拿来说道说道。请联系课本中的"弘扬家庭美德"内容谈谈自己的感受。

材料精选 3-15   **家庭幸福就怕这三点**

日前,国家卫计委和中国人口福利基金会在抽样调查了东、中、西部10个省市后发布报

告称,影响家庭幸福的最突出因素有:

长辈不通情

这种情况很容易出现在婆媳关系中,通常是因为长辈控制欲非常强,尤其是对自己的儿子(女儿)的方方面面不放手,经常会使儿子(女儿)的另一半感觉自己是个局外人。时间一长,小夫妻之间经常会因为长辈的事情争吵,影响感情。

从长辈的角度来讲,也许初衷是为了让自己的孩子过得更好,但一定要注意把握度,要从全家大局来考虑。如果任凭自己的意愿而不顾及整个家庭成员的感受,那么给子女带来的不是幸福,反而是更多的烦恼。

夫妻不和睦

一些夫妻不但工作中压力重重,有时候还把工作上的压力带回家庭,让家里也有可能变成战场,然后带着不良的情绪回到工作岗位中,最后家庭、工作都受影响。有些人下班后觉得累,夫妻之间很少交流,彼此心里想什么大多数情况只靠猜想,时间一长,夫妻感情变得冷淡,而有时候夫妻吵架还会给孩子带来很大心理创伤。

因此,夫妻不和睦的原因之一就是没有很好地沟通。夫妻之间要多交流,哪怕回到家抚摸对方的手、肩膀等肢体接触,也是一种有效的沟通,这样才会彼此信任。

子女不懂事

更多的父母对子女从小到大呵护有加,但是这种呵护如果超过了一定限度,就会使得子女体会不到父母的辛苦和付出,被认为父母做的是理所当然的。还有一些子女成年后只专注于自己的事业和朋友,很少把时间留给父母,使得他们感到很孤独和无助。

所以,作为儿女来说最必要的素质是要有一颗感恩父母的心,要知天下父母养儿育女皆不易,不仅是经济上的投入,更是无私奉献的那颗心。哪怕工作再忙,也要抽时间来陪伴父母,这样他们才会更加快乐。

(资料来源:《健康时报》2014 年 6 月 12 日)

[点评提示]

长辈不通情、夫妻不和睦、子女不懂事是影响现代家庭幸福的三个方面,请你认真思考一下,是不是这样的呢?又该如何解决呢?请联系课本中的"弘扬家庭美德"内容谈谈自己的感受。

案例精选 3-26　　　　　**都市邻里关系**

年轻人不如老年人

武汉人柳女士的老公是博士,在光谷做技术研发工作。今年年初,柳女士怀孕了。家住农村的婆婆过来照顾小两口的饮食起居。

日前,一个 70 多岁的老太太上门求助:"我是你们邻居,我家灶上的火关不住了,能不能帮忙过去看看啊?儿子媳妇不在家,急死我了。"柳女士的婆婆听了准备出门帮忙,柳女士的老公因为之前并没见过这个老太太,也不认识邻居一家人,就小声提醒:"以后少管闲事,城市不比农村,什么人都有。"婆婆并没理会,跟着老太太出了门。

两三分钟后,柳女士的婆婆就回来了。原来,那家燃气灶并没问题,只是老太太没用过天然气灶,不小心将旋钮反方向转到最小火,再想关上拧不动了。老太太无奈烧了几大锅开水,实在没地方再装了,才出门求助。这老太太是第一次到儿子家,因为儿子一家人到外地旅游去了,她过来看家。

柳女士的老公很担心老妈的热心肠会让她在城市被骗,老妈却说:"我们农村都知道远亲不如近邻,你们文化高,但为啥对邻居都跟防骗子一样?"一句话让柳女士的老公哑口无言。不久,邻居儿子一家过来道谢,这件小事让两家人认识了。老公直呼"惭愧",被农村老妈给上了一课。

柳女士的老公将此事写下后发到了妻子的微博上,引起了众人的热议。现代都市的邻里关系究竟怎么样呢?

宠物跌落楼下,邻居不开门

熊文杰住在武汉香港路的一幢公寓楼里,邻里关系很一般。

有一次,一户居民养的宠物猫不慎从阳台跌落,落在楼下邻居家的雨阳篷上。主人心急火燎下来敲门。屋内人声可辨,可任凭如何敲门,怎么说明来意,对方死活不开门。最后还是找来物业和保安轮番做工作,对方才不情愿地开了门。

邻居照顾九旬老太舍不得搬走

熊文杰的舅妈今年90岁了,住在硚口武汉帆布厂宿舍,那是栋20世纪80年代的楼房,现在已破败不堪,设施也不齐全。小辈们多次劝舅妈搬走。可老人说舍不得邻居,不愿意走。

老人扳着手指细数邻居对她的各种好:"有一次我突发高血压起不了床,隔壁的亮亮妈见一贯早起的我不见踪影,叫门不应,马上喊众人撞开门,打电话喊医生,硬是把我从阎王殿拽了回来……"还有一次,半夜老鼠将电线咬断起火,又是这帮邻居赶来,拉闸将火扑灭,次日一大早又叫来社区人员接好电线。平时,几个老街坊雷打不动每天过来陪她聊天,邻居上班前必定探身问候。"有他们在,我住得踏实安心。"老人说。

家里被盗邻居守了一下午

白领杨佳一个人住在汉口竹叶山的德才里社区。4月15日晚7时许,她下班回家,发现对门非常面熟但不知道姓名的大爷坐在楼道中间择菜。她对大爷笑笑:"天又不热,您怎么坐楼道里来了?"大爷说:"我等你回来啊,你家被盗了。我下午报警了,你看看丢了什么东西,赶紧去派出所登记。"

大爷说,他送孙子上学,回来时发现她家防盗门和内门都开着,心里犯嘀咕:平时这个点对门丫头上班去了啊! 大爷在门口一看,屋里被翻得乱七八糟,门是被撬开的,他赶紧报警。担心邻居再次被盗,大爷干脆坐在楼道里守了一下午。杨佳觉得家里被盗是一件让人烦心的事,但是邻居大爷的举动却让她觉得身边充满了温暖。

打了一架才知是楼上楼下

上月底丁先生下班回家,途中拐弯时被一辆电动车刷倒。对方开口就吼:"骑个自行车跑那么快干吗?"他火气也大:"明明是你不守规则撞我。"两人一言不合动起手来。幸好被路人拉开,有人报了警。

警察来了进行调解,做笔录时一问,两人竟然都住汉口花园,还是同一栋楼上下两层。警察说:"都是邻居闹个什么事?"两人也十分尴尬,一路聊着回家。"早知道是邻居还费那么多口水? 刚才不好意思啊!"两人互相检讨。这以后,两人见面都打招呼寒暄。"这叫不打不相识。"丁先生调侃。

老年人会主动缔结邻里关系

统计发现,大部分居住在小区(非单位小区或宿舍)或高楼商品房的年轻人都表示几乎不认识上下左右的邻居,见面也很少主动交流,即使偶尔和邻居一同进电梯,也是眼睛盯着楼层或者看手机,互不理睬。造成这种情况的原因有:新小区住户来源较多,原本互不相识的人住在了一起,年龄结构、文化水平、生活经历等都不相同。特别是小区居民以年轻人居多,平时忙于工作,和邻居没有太多交集。另外,新小区多是封闭小区,门禁管理严格,小区管理由物业担任,平时主要是负责卫生、停车等问题,很少组织邻里活动。

相比之下,住在老小区的居民们邻里关系就融洽多了,很重要的一个基础就是居民多是或曾经是同一个单位的职工。而且,老社区老年人比例较高。白天,上班的上班,上学的上学,社区里就剩下"一老一小",大家闲余时间多。也有情感需求,老年人会主动缔结邻里关系,比较容易凑在一起,锻炼身体、说说孩子的事情,日久就熟悉了。

(资料来源:《武汉晚报》2013年5月8日、10日)

[点评提示]

有多少人曾感叹:现在小区的居民关系远不如老小区的大杂院的居民关系,那时院子里家挨家、户临户、窗对窗,来来往往,居民抬头不见低头见。老小区的居住环境元素凝结了居民间的感情交往。现在小区的居住环境是高楼大厦,一个单元一个楼层只有两三家,门一关,谁也瞧不见,听不见,可谓单门独户。新小区的居住环境淡薄了居民间的交往和感情交流。要想凝结已逝去的亲密的邻里关系,就得依靠每位居民热情交往的主动性,还得依靠居委会、物业多开展些居民互动的活动。请联系课本中的"婚姻家庭生活中的道德规范"内容谈谈自己的感受。

案例精选 3-27　　　　　　富而不贵是种痛

富是物质的拥有,没有精神的高贵,永远成不了贵族。浙江大学教授郑强直言不讳地说,"大家都在嘲笑俄罗斯,但我知道俄罗斯一定会发达,因为那里人两天没吃饭了饿着肚子还排队,而我们两个人还要挤公交车。将来中国即使发达了,你看看开豪车的富翁们,从车窗向外吐痰、扔垃圾,你就知道中国再富裕也没有强大。"

二战期间英国王子爱德华视察贫民窟,他对一贫如洗的老太太说:"请问我可以进来吗?"真正的贵族永远尊敬每一个人,即使对方是不名一文的穷人。

德国某地,一位盲人青年在导盲犬的帮助下来到公交车站,一名站在前面的男子迅速让开位置,站到了青年的后面,其他人悄无声息紧随其后。高峰期的车内满是乘客,大家瞬间为他腾出一处空间,一位女子拉起坐着的男孩。导盲犬指引主人坐好。这一切男青年都不知晓。

高贵与否不由经济的差距决定,而在于人的本性。储安平在《英国风采录》中说:"凡是一个真正的贵族绅士,他们都看不起金钱……英国人认为一个真正的贵族绅士是一个真正高贵的人,正直、不偏私、不畏难,甚至能为了他人而牺牲自己,他不仅仅是一个有荣誉的,而且是一个有良知的人。"于丹说贵气就是一种慈悲,是一种责任,是一种担当,是对于社会持久的关注,是他以富的能力转化出来的一种效能。

邵逸夫并非香港最有钱的人,但他是香港富豪中屈指可数的大慈善家,从1985年起,他平均每年向内地捐赠1亿多元,用于支持各项社会公益事业。

高贵不是奢侈品加身的包装,高贵是源自内心的本善担当。金钱上的富有永远弥补不了精神上的贫穷,物质上的富足不能与精神的高贵等同。富可以是一个数字,但贵的内涵更深,是金钱永远无法抗衡的丰厚底蕴。

一个心灵高贵的人举手投足间都会透露出优雅的品质,一个道德高贵的社会大街小巷都会流露出和谐的温馨,一个气节高贵的民族一定是让人尊崇膜拜的民族。别让富而不贵成为永久的痛。

(资料来源:《特区青年报》2015年9月10日)

[点评提示]

生活贫困而精神高贵不是发达,生活富裕而精神土气也不是发达。当今的国人,生活富有精神土气的土豪比比皆是,但生活和精神同样富有的贵族却不多见。中国的经济已经走在了世界的前列,我们的国人能否也走在世界的前列,成为响当当的贵族?是不是还需要仁者见仁智者见智?请联系课本中的"个人品德"内容思考之。

案例精选 3-28　　　　　　**好德性是最大的利己**

9月10日,一位老人乘车时,因为年轻人不肯让座而与之发生争执,打了年轻人4个耳光,随后突然倒地猝死,老人很可能死于心脑血管疾病,而愤怒就是诱因。看到这个新闻,我马上想到一本书的名字:《好身体从改变德性开始》。在我们责怪年轻人,为老人惋惜的同时,不得不承认,宽容、与人为善的德性,已经远在利他之上了。

这本书是上海中医药大学教授何裕民写的。他发现,他治疗的很多癌症病人最终能活下来,和他们的性格或者说德性有很大关系,越是心胸宽广者,懂得感恩者,在与癌症的对垒中越容易胜出。而他援引的一个巴西医学研究者的发现,似乎更印证着这个书名:90%的百岁长寿者都是德高望重的,因为德性良好者能与人为善,很少为利益与别人相争,因此总是处在心境宁静状态。这种心态让大脑可以有序地支配人体各种生理功能,从而获得健康。

其实,中国两千年前就成书的《黄帝内经》中,已经形成了"全德保形"思想,意思是道德良好,可保健康。《素问·上古天真论》中说得更清晰:"所以能年皆度百岁而动作不衰者,以其德全不危也。"凡此种种,都是中国哲理"仁者寿"的理论支撑。所谓"仁者",一定包含了德性上的宽宏和心境上的淡定,而这恰恰是我们现在生活中最欠缺的。

其实,无论是不肯让座的年轻人,还是执意要争执出个事理的老人,换到对方的角度想想,比如年轻人想到自己的父母出行,一定希望遇到能让座的年轻人;老人想到,这个不肯让座的年轻人,一定是因为上班很累了……这样的换位思考其实不仅仅是为了对方,更是为了让自己心情舒畅,好德性是利他的,但更是最大的利己。

(资料来源:《北京晨报》2015年9月11日)

[点评提示]

我为人人,人人为我;我想人人,人人想我。这是一条再简单不过的理念。但有些人就是不懂,就是要以自己为中心,任何人都应当为我,想着我。然而事实却恰恰相反,只想着自己的人,只想着别人应当让着自己的人,却始终得不到自己的愿景。而换种思维,多为别人多想着别人,也许利己的目的也就达到了。

是不是这样？想一想吧！请联系课本中的"个人品德"内容思考之。

材料精选 3-16　　　　　　　　慎独究竟什么意思

"慎独"一词来源于古典《礼记·中庸》。慎独，很单纯，就是一项基本的个人品德修养。无非就是要学会自己提醒自己。当你独自一人，可以独断专行，可以独揽大权，可以冷箭伤人，可以躲在阴暗或者即便堂皇也阴暗的角落琢磨鬼点子。比如收集地沟油乔装打扮假冒名牌形成产业混入超市大发其财的时候，当你忽然发现你完全可以逃避社会规则、监督与管束的时候，你要学会，一定要学会，让心灵睁开一只警醒的眼睛，让它冷静地看着你自己，告诫你务必保持慎重的态度。

当然，你完全可以不屑地想：当代社会充满金钱物质皆为利来皆为利往，凭什么我需要修养个人品德？凭什么别人都在沽名钓誉无本万利我就那么傻？古人说君子慎独，咱就做今天的小人好了！好吧，不幸的是，社会逻辑很简单，人类不是一个人，聪明不是你一个人有，贪念也不是你一个人有，你有脑子琢磨出来一个鬼点子，无数的脑子都可以琢磨出来无数的鬼点子。结果无需很长时间，1年、5年、10年或者30年，它将自然呈现：大家都在易子而食！

大家彼此口袋里头确实装进一些钞票来，可是这钞票是在恶性循环：你支付给瘦肉精，瘦肉精支付给庸医滥疗，庸医支付给白痴教育和形式豪华内容贫瘠的虚假文化，如此，没完没了，社会生物链的构成越来越虚弱、单薄和乏力。长此以往，小到一个家族，大到一个民族，还有什么生机、健康和希望？面对这样一个令人焦虑的社会现实，慎独，对于我们每一个人，都显示出了它迫切的重要性。

如今，大众比以往任何历史时刻都依赖和跟从媒体，文字言说以新闻、时尚、八卦、流行、演绎、讲解、贬低或者赞许，前所未有地操控了人类，而操控媒体的传统方式和制度日渐式微、捉襟见肘。当代媒体已经化为每一个个人了。任何时候，任何状况，个人都可以传达他自己想要传达的真相或者假相，可以编造故事，也可以直面现实，可以坦诚相告，也可以颠倒歪曲。引导众议、煽风点火或釜底抽薪，一不当心，你就做成了。当网络给我们带来言说的空前自由，一个人言说什么？又如何言说？这已经成为非常重要的个人品德。一旦个人品德与自己的家族命运和民族兴衰密切相关，那就不是一桩个人的私事了。

当今，我们的社会流行和崇尚金钱、物质、名利、车房、飞机、游艇、奢侈品，这股糜烂腐臭消化不良的奢靡之风，不能不说与许许多多个人的自我夸耀有极大关系。如果你再刻意炫耀、刻意言语传播的话，总归会有无数热血沸腾幼稚懵懂的垂涎者和跟屁虫，尽管他们是受害者。网络所特有的舆论暴风骤雨感，所提供的个人隐匿性和自我展示性，都助长了人性弱点。

但网络仅仅只是工具，工具本身无所谓对错。网络是美好的，自由言说是美好的，财富也是美好的。错在人，错在我们自己，是我们应该尽快或者慢慢明白，当我们有可能创造和享受一些美好事物的时候，我们尤其需要冷静和理智，如走极端，物极必反。到这里，我只能绝望地哀鸣：慎独，真的是每一个人都非常需要。你心底里那点"小九九"，怎么盘算都可以。原则是：不要伤害他人。慎独，原就是这么通俗。

(资料来源：《领导文萃》2012年第3期)

[点评提示]

慎独,就是无人监督情况下,个人也能坚守社会的道德规范。在当今物欲横流、奢靡风行的时代,慎独还能不能成为人们社会生活和从业的品质修养?当然,慎独的倡导还需要社会环境的科学治理,没有后者的努力,期望前者的风行只能是缘木求鱼。慎独要赢得"红利"的回报,不要变为成本的巨大付出!一旦这一诉求成为普遍,那么慎独就会成为人人喜好的时尚。请联系课本中的"个人品德"内容思考之。

三、视野拓展

(一)推荐影视

1. 相声:《社会公德》

推荐理由:以幽默轻松的方式揭露了目前社会中一些典型的不遵守社会公德的现象,引发我们对自我行为的反思和对社会公德现状的思考。

2. 电影:《那些年我们一起追的女孩》

推荐理由:影片讲述的是一段清新的校园爱情故事。它所专注的是具有共通性的青春情感,所指向的都是对青春的膜拜和赞美,那些青春朦胧的爱恋、感伤和困惑,单纯而直接地点缀其中,没有刀光相向的残酷物语,有的是小清新的积极健康的心态,就像影片里的沈佳宜那样单纯向上。

3. 《职来职往》之"新时代'小财迷'展示最省钱英国留学攻略"

推荐理由:这段视频是英国留学生专场的电视招聘。其中有一个学设计的学生在英国留学期间通过各种省钱方法和自己努力打工基本独自支撑自己在英国的生活,在让人钦佩的同时却暴露出一个很严重的职业道德问题:她在做医助的时候,为了推销产品,在翻译医生的话时候违背医生的愿意,让病人多买中药。在面对金钱和道德的时候,我们该如何选择,让我们深思。

4. 《老梁说天下》之"新婚姻法别谈感情谈法制"

推荐理由:最高人民法院公布了《关于适用〈中华人民共和国婚姻法〉若干问题的解释(三)》,对结婚离婚、结婚年龄、婚前财产、婚后财产、婚前婚后买房、离婚孩子归谁、离婚财产分割等问题都做了规定。但一石激起千层浪,很多人尤其是女性对新婚姻法的出台产生了很多疑惑。这段视频中,老梁从法制的角度解析了新婚姻法中涉及的很多现实问题,让我们对新婚姻法有了更深的了解,也逐步培养我们的法律思维。

(二)推荐阅读

1.《交往与青少年道德修养》,杨鲜兰、彭菊花,中国社会科学出版社,2013年9月

原著导读:《交往与青少年道德修养》总的研究思路是着眼于理论联系实际相统一的原则,运用马克思主义的立场、观点和方法,从交往和青少年道德修养基本概念和现状入手,分析交往与青少年道德修养之间的内在联系,力求提出合理的理论和可行的方法,为理论界和教育工作者提供思想参考。具体的研究思路:首先,根据中国社会发展的市场化、信息化和经济全球化进程对中国社会发展及人的发展的影响,党和政府在青少年素质拓展方面对理论界、教育界提出的期望和要求,以及通过调研获得第一手的青少年交往和思想道德修养方

面的材料,说明研究交往育德的必要性。并且通过分析国内外相关的研究成果,确立《交往与青少年道德修养》研究的必要性和重要性,为我们提供研究的动力和方向。其次,将马克思主义哲学、思想政治教育学、教育学、心理学结合起来确立研究的框架、分析研究的难点和几个重点解决的问题,使研究的视野和思路更开阔一些。

2.《〈弟子规〉与职业素养》,于蓉,人民邮电出版社,2014年9月

原著导读:儒家经典《弟子规》在做人、做事方面为我们提出了许多浅显易懂而又具有实际意义的原则和方法。《〈弟子规〉与职业素养》将这些原则和方法加以深入解读,用以指导和约束即将步入社会、走进职场的年轻人,使他们通过对《弟子规》和本书的研习,提升自身的品行修养,更加理解和懂得在职场中为人处世的规则,为自己事业的发展打下良好的基础。《〈弟子规〉与职业素养》适合大中专院校用于学生的职业素养培训课,也适合刚刚入职的年轻人参考阅读。

3.《学会选择学会放弃:职场人择业必读》,杨振昆,机械工业出版社,2010年

原著导读:职场残酷如战场。对于不懂得选择和准备的人来说,更是如此。只有在进入职场之前就开始认真选择,作好充分准备的人,才能够赢在起点,拥有快乐的职场人生。《学会选择学会放弃:职场人择业必读》作者兼有教授和企业家身份,以深切的体验和睿智的分析,结合实战案例,解答职场新人常见的问题,并提出忠告和指引。《学会选择学会放弃:职场人择业必读》共分六章,分别从选择企业、选择老板、选择职业的角度告诉读者如何全方位地规划自己的职业生涯,并对选错企业的人给出补救性的指导意见,同时对职场人士的从业心态提出要求和建议。

4.《旅游职业素质修炼》,彭国平、陈吉瑞、叶珍,天津大学出版社,2011年11月

原著导读:《旅游职业素质修炼》内容简介:职业素质是一个人职业生涯成败的关键因素。它包括职业道德、职业思想(意识)、职业行为习惯、职业技能等诸多方面的内容。《旅游职业素质修炼》分三篇共十章,主要探讨了旅游职业规划、职业能力、职业道德、职业角色以及职业技能和技巧、团队合作等内容。《旅游职业素质修炼》适用于高职院校旅游和酒店管理专业的学生及立志从事旅游和酒店管理职业的人员使用,也适用于各级旅游培训机构使用。

5.《酒店实习管理案例精选解析》,赵金霞,北京大学出版社,2012年1月

原著导读:《酒店实习管理案例精选解析》是一本以酒店实习管理案例为模式的创新旅游专业教材,其通过对多个典型案例进行深入剖析,涉及职业素质、服务规范、服务语言、顾客心理、应变处理及投诉应对等专题。每则案例配有专业教师进行点评,分析酒店服务案例中的得与失,指出提升服务工作的关键点,同时进一步提出酒店管理以及学校教育中需要做好的服务保障与教育工作。《酒店实习管理案例精选解析》可作为高职高专类院校酒店管理专业学生的教材,也可供酒店从业人员参考阅读。

6.《爱的艺术》,[美]艾·弗洛姆著,李健鸣译,上海译文出版社,2008年

原著导读:关于爱是什么,为何我们需要爱等问题,在《爱的艺术》这本书中,当代心理分析学家弗洛姆有着不同于一般人对爱的诠释。爱的艺术并非是一本教人学会如何爱的情爱圣典,而是关于指导人生意义的心灵哲学类书籍。

本书要告诉读者,爱情不是一种与人的成熟程度无关,只需要投入身心的感情。这本书要说服读者:如果不努力发展自己的全部人格并以此达到一种创造倾向性,那么每种爱的试图都会失败;如果没有爱他人的能力,如果不能真正谦恭地、勇敢地、真诚地和有纪律地爱他人,那么人们在自己的爱情生活中也永远得不到满足。

7.《新婚姻法适用要点与实例》,本书编写组,法律出版社,2012年

原著导读:这是法律出版社应广大实务界人士及社会大众学习、正确解决婚姻纠纷的要求最新推出的一本实用型法律读物。书中以《婚姻法》为线索但不拘泥于法条,而是以法律规定为出发点,先对如何理解法条作简要介绍,之后将主要笔墨放在法律适用要点上,对该条法律规定在实务应用中应该注意的事项、常见的处理方法、关键字句的理解、需要注意的细节或陷阱等,列项作详细而有条理的阐释。最后通过社会实践中发生的真实案例,辅证法律适用的要点。本书语言通俗、内容深入浅出,既适合实务界人士深入学习、正确适用《婚姻法》,也是社会大众了解、掌握《婚姻法》,正确解决婚姻纠纷的不二良选。

四、能力训练

(一)问题思考

1. 依次写出令你深恶痛绝的10种校园不文明现象。
2. 大多数学生强烈反对不文明行为,但是大多数学生也承认,种种不文明行为就发生在自己或同学身上。你认为症结在哪里?
3. 你理想中的校园文明是什么样的?为校园文明献上一言一策。
4. 我国是四大文明古国之一,为何今天我们的国民出国旅游反而被一些国家的高档酒店列入"不受欢迎的游客"?
5. 结合案例与材料,旅游高职生如何走创新创业之路?
6. 阅读教材和《旅游职业素质修炼》,谈谈旅游高职生如何加强旅游职业人的道德修养。
7. 结合教材与案例、材料,谈谈当代大学生如何树立正确的恋爱婚姻观。
8. 结合案例与材料,谈谈大学生应当怎样处理家庭与邻里关系。

(二)材料解析

"丁锦昊到此一游"引起人们的思考

2013年5月24日晚11点,网友"空游无依"在其微博上发了一张埃及卢克索神庙的浮雕被人用中文刻上"丁锦昊到此一游"的照片,并评论道:"在埃及最难过的一刻,无地自容。我对埃及导游'亚瑟王'说:'实在对不起!',没想到吃惊地嘴里叨叨'怎么能这样怎么能这样'的'亚瑟王'安慰我说:'这不是你们的过错,这一定是那个导游的错,导游应该阻止。'我们试图用纸巾擦掉这羞耻,但很难擦干净,又不能用水,这是3 500年前的文物呀。"

微博发出后,舆论引起轩然大波。至5月25日晚11点,评论已达11 000多条,转发达到83 000多条,网上的相关评论则达数十万条,而主题词就是中国游客的"素质"。在谴责这种不文明行为的同时,也有网友"人肉"出,丁锦昊是南京某中学在读的初一学生等个人信息。

(资料来源:百度网)

问题：

1. "空游无依"微博为何会引起这么多的关注？
2. 在这种情况下，"人肉"的行为值得提倡吗？
3. 除了丁锦昊的这种行为外，我国公民还有哪些不文明行为？

五、实践活动

根据教学内容，课堂教学中采用激疑启发法，围绕"社会公德"中的"见危不救要不要立法"典型社会问题，激疑启发学生思考并即兴发言辩论；根据教学需要，可适时采取情景模拟法和讨论法组织"爱情故事经典对白再现"的情景模拟和讨论。在课外实践教学中，运用校园考察法，进行"镜头实录：校园公德现状"实践活动；通过人物采访法，访问身边自己最敬佩的"旅游职业人（旅游企业创业人）"。

（一）课内实践

实践项目一：见危不救要不要立法？

［实践类型］

即兴辩论

［实践目的］

通过对这一热点话题的即兴辩论，帮助同学们深入理解社会公德的内涵和主要内容，并且在面对社会中的一些不良现象时，能坚持自己正确的立场。

［实践方案］

时间：15 分钟；地点：教室

流程：步骤 1　教师交代辩题的社会背景。

　　　步骤 2　同学们选择自己的立场，然后分成正反两方。

　　　步骤 3　正反方各派出一名代表陈述自己的观点，时间为 3 分钟。

　　　步骤 4　双方进行自由辩论，时间控制在 6 分钟。

　　　步骤 5　双方各派代表进行总结陈词，时间为 2 分钟。

　　　步骤 6　教师总结点评。

［实践结果］

辩论结果：每位学生课后撰写一篇《见危不救要不要立法的背后》的评议，谈谈自己的心得和体会，500 字左右，教师写评语，批改成绩。

实践项目二：爱情故事经典对白再现

［实践类型］

情景模拟及讨论

［实践目的］

通过对经典爱情故事片段的寻找再现，让同学们呈现自己心目中的爱情，从而探讨爱情的本质和内涵以及爱情与自尊、人生等的关系。

［实践方案］

时间：25 分钟；地点：教室

流程:步骤1　分组分工,每组选出组长一名(提前布置,课余分好)。
　　　步骤2　组长召集讨论并确定要再现的爱情故事(小说、电影、电视均可)。
　　　步骤3　情景再现开始,每组派代表先简要交代所要再现的故事梗概,然后对其中的经典对白进行模拟,最后说明选择这段对白的理由。每组发言时间控制在3~4分钟。
　　　步骤4　教师点评。

［实践结果］

对白评议:每位学生撰写一篇"爱情故事经典对白"的评议,谈谈自己的心得和体会,500字左右,教师写评语,批改成绩。

（二）课外实践

1. 实践项目一:镜头实录:校园公德现状

［实践类型］

校园考察

［实践目的］

通过拍摄校园内遵守社会公德和不遵守社会公德的场景,来客观反映并了解目前大学生的公德现状,并以此来反映自身的公德心。

［实践方案］

时间:一周,利用课余时间;地点:校内

流程:步骤1　将全班分成若干组,每个组设一名组长。
　　　步骤2　每位同学利用一周的时间去拍摄校园内遵守社会公德和不遵守社会公德的场景(照片或视频均可),然后以小组为单位进行汇总,制作摄影展或视频。
　　　步骤3　召开讨论会,每组派代表进行成果展示和交流,时间控制在5~8分钟。
　　　步骤4　教师点评、评定各组同学成果的成绩。

［实践结果］

摄影展或视频录像

2. 实践项目二:我最敬佩的"旅游职业人"(旅游企业创业人)

［实践类型］

人物采访

［实践目的］

通过寻访身边的优秀的"旅游职业人"和"旅游企业创业人",让同学们了解成为一个优秀的"职业人"和"创业人"需具备的优良素质,调整自己的就业和创业心态,向身边的优秀者学习,不断提升自己。

［实践方案］

时间:1个月;地点:校外旅游行业

流程:步骤1　将全班分成若干组,每组设一名组长。
　　　步骤2　每位同学利用三周时间去寻访一位你所敬佩的"旅游职业人"或"旅游企

业创业人"（最好是身边认识的学长，也可以是新闻报道的人物），然后以小组为单位进行交流，挑选出一位最具旅游职业精神或创业精神的典型个案。

步骤3　召开讨论会，每组派代表就挑选出的个案进行交流，时间控制在5～8分钟。

步骤4　教师点评。

［实践结果］

心得体会：每位学生撰写一篇《我最敬佩的"旅游职业人"（"旅游企业创业人"）》的心得和活动体会，500字左右，教师写评语，批改成绩。

第四单元

学法懂法守法，培育旅游职业人法治精神

第六讲 学习宪法法律，依法治国治旅

一、学习引领

（一）学习目标

1. 知识目标

通过对本章宪法法律和法治理论教学，进一步加深对法律和社会主义法律的概念、本质、特征、作用的理解与认识，掌握我国宪法的基本原则和国家制度，了解我国的法律部门的实体法律体系和旅游部门的法律法规，从整体上把握中国特色社会主义法治体系，依法治国治旅。

2. 能力目标

通过案例教学、学生课堂参与互动以及体验相关实践活动，激发学生学习法律的兴趣和积极性，让学生了解依法治国治旅的意义，培养学生的法律思维，使学生在日常生活以及旅游职业工作中养成从法律角度思考、分析、解决法律问题的思维习惯，促使学生了解《旅游法》及相关法律条文和程序，加深理解并贯彻在实践中，做到知行合一。

3. 素质目标

通过案例教学、实践活动，让学生体验法律事务个案的过程，意识到法律法规与我们日常生活、旅游职业生活息息相关，重视法律思维、法律精神的培养，进而培养学生解决法律问题的能力，同时借助参与身边的旅游职业活动，帮助学生认识和参与旅游职业生活，培养一个旅游职业人的责任感和使命感。

（二）认知提示

1. 法律是由国家制定或认可并以国家强制力实施的，反映由特定社会物质生活条件决定的统治阶级意志的规范体系。社会主义法律除了具有规范作用外，还具有确立和维护社会主义制度的社会作用。

2. 法律的运行是指法律从创制、实施到实现的过程。主要包括法律制定（立法）法律遵守（守法）、法律执行（执法）、法律适用（司法）等环节。

3. 宪法是我国的根本大法。我国的国家制度包括：人民民主专政制度、人民代表大会制度、政党制度（中国共产党的领导的多党合作制度和政治协商制度）、民族区域自治制度、基层群众自治制度和基本经济制度。

4. 我国已形成以宪法为统帅，以多个法律部门的法律为主干，以行政法规、行业法规、地方法规为重要组成部分的法律体系；我国旅游行业也行成了以《旅游法》为统领，《中国旅游饭店行业规范》《旅行社条例》等法规条例为组成部分的旅游行业法律体系。

5. 建设中国特色社会主义法治体系，不仅要实现科学立法，还要实现严格执法、公正司法、全民守法，以宪治国，依法治国，依法治旅。

（三）重点难点

1. 重点索引

社会主义法律的本质和特征；我国宪法的基本原则和制度；《旅游法》《中国旅游饭店行业规范》《旅行社管理条例》；建设科学立法、严格执法、公正司法和全民守法的中国特色社会主义法治体系。

2. 难点提要

宪法的基本原则；民事诉讼、民事行为制度；《旅游法》《中国旅游饭店行业规范》《旅行社条例》等旅游行业法规体系。

二、教学与案例

（一）导入新课的案例

古希腊立法

在古希腊的一个时期，古希腊人坚持这样一个做法：如果一个人在民众的集会里提出一条新的法律，他就必须站在高高的讲台上面，而讲台的半空中悬着一条绳索，这个人必须用绳索套住自己的脖子宣读他倡议的法律，然后等待人们的通过。如果通过了，人们会为他拿掉套着脖子的绳索；如果没有通过，人们就会把讲台拿开，给那个人执行绞刑。

虽然，不断有人因此而丧命，但是，古希腊每年都不断有人提出新的法律，不断有更加完善的法律诞生。那些因此而被判了绞刑的人，人们会为他举行隆重的国葬，因为人们敬重他的胆识和勇气。因为，正是他们的前赴后继，才有了古希腊灿烂的文明。

事实上，不论是哪个民族，也不论是哪个时代，只有具有大无畏的勇气和胆识的人，才会走上成功的殿堂。

（资料来源：《杂文报》2013年6月14日）

[案例分析]

立法是治国的重要基础。法律只有被认同、信仰、内化之后，才会成为人们的自觉行动，才能成为人们的生活习惯。立法是为了建立社会有效公共秩序，维护多数人的利益，制约少数人擅权乱政，谋取个人私利，因此需要有勇气的，有胆略的人。一代一代人前赴后继，就是要建立一个文明的法治的公平正义的社会。

(二) 授课中的材料与案例精选

案例精选 4-1　　　　　古代官员的"学法"热

　　古代确非"法治社会",但"制定法律"却是历代皇帝治理国家的重要手段之一。以汉朝为例,法令之多,可谓汗牛充栋。萧何作九章,韩信订军法,叔孙通制仪法。到汉武帝时,"律令凡三百五十九章,死罪就有一万多种。法律文书盈于几阁,典者不能遍睹"。隋唐以后,国家颁布的法令就更多了。

　　既然有了法,皇帝自然高度重视官员学法。秦丞相李斯曾给秦始皇打报告,提出"若欲有学法令,以吏为师",意思是说想学习法令的人,须以各级官员为老师。此话从另一角度理解,各级官员必须学法。否则你怎么当老师呢?

　　唐睿宗也是提倡官员学法的典范。他曾下令:"律令格式,为政之本,内外官人,退食之暇,各宜寻览。仍以当司格令书于厅事之壁,俯仰观瞻,使免遗忘。"此段后面几句的意思是,各级官员要将法律条文在机关大院的墙上张贴,以方便官员随时诵读,牢记在心。

　　历代帝王不仅倡导官员学习法律,而且还对官员严格考核奖惩,引导官员自觉学好法、用好法。

　　宋太宗时,首创了"领导干部法律知识任职资格考试",具体做法是:每年对任职期满后的各级官员组织统一"试判"考试;考试内容是考官提供几则司法案例等材料,考生根据材料写司法判决书,以综合考察考生是否通晓法令规章,能否融会贯通,乃至文理是否通畅,书法是否优美。这个办法,不仅迫使官员要认真学法,而且还要放弃"死记硬背",学会灵活运用法律处理公务;考完后,朝廷根据官员的考试成绩,决定官员的升降去留。

　　明朝官员学法不仅有全国统编法律教材,即朝廷编撰的《吏律公式》(相当于现在"公务员执法手则"),而且对官员学法考核和惩处措施也作了规定:"凡国家律令……百司官吏务要熟读,讲明律意,剖决事务。每遇年中须逐一考核,若有不能讲解,不晓律意者,初犯罚俸钱一月,再犯笞四十,三犯于本衙门递降叙用。"和宋朝只"罢黜官职"相比,明朝的惩处措施因涉及"打屁股",确实有些不文明。

　　和明朝相比,清朝不仅更为严格,而且还经常搞突击检查。《大清会典事例》载有雍正三年皇帝批准的奏本"嗣后年底,刑部堂官传集满汉司员,将律例内酌量摘出一条,令将此条律文,背写完全。考试分别上中下三等,开列名次奏闻。"说的是"某年底,大清司法部长突然召集干部职工,将当时的法律随便摘出一条,要求干部当场默写出来,然后将考试成绩分为上中下,报告皇帝。"不难想象,考分优秀的官员想到自己的名字能让皇帝知晓,那份荣耀和喜悦也就可想而知了。

　　提倡学法、考核学法固然重要,但对精通法律运用的官员予以大胆提拔,甚至破格提拔,或许才是古代官场为何出现"学法热"的根本原因。

　　《汉书·路温舒传》说:路温舒在放羊时,取裁蒲草为牒,认字习书。被县署录用为小吏;"因学律令"有成绩,被提拔为狱史(相当于监狱长);继续钻研,持之不懈,"县中疑事皆问焉"。从"小吏"到"狱史",这在当时确实是一个了不起的跃升。因路兄仍继续深造,不久还兼任县府的法律顾问,而完成这个高难度动作的"华丽转身",真的没啥"潜规则",就是因为路兄喜好钻研法律。

古代不仅"临时工"因学法得以提拔,即使你是"刑满释放人员",只要你精通法律,也同样可以"复出"做官。

汉宣帝时,因研究《尚书》誉满华夏的学术泰斗夏侯胜被关进监狱,和原丞相府官员黄霸成为"狱友",一起服刑过程中,夏侯胜觉得黄霸在法律领域相当有才,几年后,俩人相继刑满释放后,夏侯胜在被"平反"担任国家监察部长后,马上向皇帝举荐了黄霸,理由是他对法律十分精通。不久,黄霸被朝廷任命为扬州刺史。

重赏之下,必有勇夫。既然"精通法律"也能迅速获得提升,于是古代官场"学法"蔚然成风。

(资料来源:《羊城晚报》2012年9月2日)

[点评提示]

建立法律是为了体现统治者的意志,维护统治者的根本利益。历代统治者无一不予以重视,重视法律的制定,重视法律的遵守,不仅要求老百姓遵守,更要求各级官员恪守,懂法才能懂得治理。请你阅读此文,结合课本中的"法律的产生与发展"内容,谈谈对古代官员"学法"热的体会。

案例精选 4—2　　　　　　一部"美国式"法律的诞生

莉莉·莱德贝特是美国阿拉巴马州的一名普通女性,1979年进入固特异轮胎公司旗下一家工厂工作,担任产品检查员。在此期间,她兢兢业业,任劳任怨,工作6年后升任区域经理,也是这个岗位上的唯一女性。1997年,就在莱德贝特决定申请退休之前,她收到一封匿名信。来信者提醒她,多年来,她每个月的工资只有3 727美元,但干同样工作的男性,每月却可以拿到5 236美元。年近花甲的莱德贝特据此向平等就业机会委员会投诉,并向公司提出抗议,却被调整岗位,调去搬运轮胎。

在律师的帮助下,莱德贝特根据1964年美国《民权法》第七节,向联邦地区法院提起诉讼,这部法律禁止用人单位基于种族和性别,对员工进行任何形式的歧视。陪审团判定,轮胎公司必须赔偿莱德贝特330万美元。一审法官将赔偿金缩减为30万美元。轮胎公司随即向位于亚特兰大的联邦第十一巡回上诉法院提起上诉。

上诉过程中,双方争议的焦点集中在本案的诉讼时效上。根据《民权法》第七节的规定,劳动歧视的受害人必须在"歧视行为"发生后的180天内起诉。固特异公司的律师认为,就算存在歧视行为,这样的行为从1979年就开始了,莱德贝特当时并没有提出异议,正式投诉已是18年后,早已超过了180天,所以,法院应驳回她的起诉。莱德贝特的律师则提出,雇主每次支付工资,都体现了歧视待遇。所以,莱德贝特的起诉时间只要距离自己最后一次领到歧视性工资不到180天,就完全享有起诉权。但第十一巡回上诉法院却推翻了一审裁决,并驳回莱德贝特的起诉。

莱德贝特咽不下这口气,决定将官司打到最高法院。

2006年11月27日,最高法院开庭审理了这起案件。莱德贝特把胜诉的希望,放在女性大法官露丝·巴德·金斯伯格身上。金斯伯格曾担任美国公民自由联盟的首席法律顾问,是全美最著名的女权律师。

然而,金斯伯格再同情莱德贝特,手上也只握有一票。2007年5月29日,最高法院以5票对4票,宣布维持原判。对此结果,金斯伯格当庭宣读了自己的异议意见。

金斯伯格大法官指出,绝大多数民营公司的雇员是无法探知同事拿多少工资的。莱德贝特与其他雇员一样,工资也是定期增加,所以她在退休之前,没有合理理由怀疑自己的薪酬比男同事少了40%。"对女性的工资歧视一直是以隐蔽方式进行的,可是,最高法院根本就不理解这些,或者说对之完全漠不关心。"她在异议意见的结论中,恳请国会修改《民权法》第七节。

金斯伯格大法官的呼吁,引起了各方关注,人们不再把这件事情视为一个简单的技术性问题,而是把它看做女权斗争的关键议题。在希拉里·克林顿的组织下,国会中的民主党人迅速采取措施,打算以修正《民权法》第七节的方式,推翻最高法院这一判决。

2009年1月,国会终于通过法律,修改了《民权法》第七节显失公平的规定,并借此推翻了最高法院2007年的判决。为了对自强自立、决不妥协的莱德贝特表示敬意,这部法律最终被命名为《莉莉·莱德贝特公平薪酬恢复法》。

(资料来源:《看历史》2012年第32期)

[点评提示]

美国一位普通员工莉莉·莱德贝特以无畏、执着的精神一而再、再而三地提起诉讼,为赢得妇女的合法权益而斗争。她的努力感染了许多人,终于在人们的关注下,她打赢了官司,还推动了一部维护美国妇女权益的法律诞生。这则案例告诉人们,法律应该为大多数人服务,人人要关心法,不仅要知法、执法、守法,还要在懂法的基础上推进法律制定和法律治理的进步。请你结合课本中"法律的本质和特征"内容,分析莉莉·莱德贝特的事迹,想一想,为什么美国社会会支持一位普通员工的诉讼,并推动一部新法的诞生?

案例精选 4-3　　　　《权与法》:一出未过时的时代剧

《权与法》作为新中国成立30周年献礼剧目,上演于1979年9月,首演即引起了巨大轰动。在"文革"结束后的一批探索剧目中,它是唯一探讨社会主义民主与法制问题的话剧。

故事描述了某城市的市委书记和副书记之间的一场斗争,后者倚仗自己在革命中立下的战功和与前者的亲戚关系,贪污救灾款,威胁检举他的群众,玩弄手中权力,罗织莫须有的罪名,最终被正义制服。"到底是权大还是法大?我们国家到底还有没有王法?我们反思'文革',10年动乱最重要的表现不就是无法无天吗?这就是我们创作这出戏的初衷。"编剧邢益勋回忆道。

剧本当时一共改了5稿,标题也一变再变,最后才定为《权与法》。邢益勋说,剧名一出来,他当时所在的中国青年艺术剧院上上下下都不同意,认为"这不是一出文艺戏的名字,而是社论、政论的题目"。他却很坚持:"我就是要这个名字,要直奔主题、一针见血地作社会发言。以权代法,这就是'文革'本质层面上的问题。"

"此外,我写这个角度,也是出于我的亲身经历。那时候我是一腔理想主义,特别看不惯那些不正之风。'文革'压抑了整整10年,终于结束了,一下子觉得共和国有希望了。"邢益勋回忆。这些感受和呼号最终被他编织进了这个戏中。戏的末尾台词明确地提出:"我们不能只打苍蝇,不打老虎!""每次演到这里,观众都长时间地鼓掌,有的人还站起来大声说:'说得好!'"

为了排演这个戏,中国青年艺术剧院组织了当时最强的演员班底。当时扮演罗丹华一角的青艺演员张玄还清楚地记得,排练时整个剧组多么的群情激奋,沉浸其中。"剧本触发了我们经历过'文革'的一代人的真情实感。在最后一幕高潮的时候,导演说,这是全剧的华彩乐章,在市委书记字字铿锵、义正词严地批判那种权高于法的歪风邪气时,他安排一段《少先队之歌》的旋律响起,提醒人们革命先烈的光荣传统,顿时,场上场下的人都达到了情感的沸点,一种冲动和爆炸感凝结在空气中。每次这个戏演完,我们都要谢幕好多次。大概是因为这个戏真正触动了时代的脉搏。"张玄说。

邢益勋说,在《权与法》演出时,排队买票的人能从位于东单三条的老青艺剧场一直排到东单菜市场门口。《剧本》月刊当时立刻临时调整版面,在1979年10月号上全文刊发了剧本。此外,各省市话剧团和部队文工团也根据剧本,自己排演《权与法》。一时间,全国上下都在议论这部戏,连香港媒体也注意到了,称之为"轰动大陆的反特权作品《权与法》"。

1992年,《权与法》停演10年后,还不断有人告诉邢益勋,他们很怀念这个戏。"当时我在党校学习,集体去某个法院参观,当介绍到我是《权与法》的作者时,法院院长一下子很激动,他问我,你为什么不写个《权与法》三部曲呢?我们现在很需要这样的戏。他给我讲自己碰到的案例,有一个案子印象非常深刻——原告和被告都找来一个高级干部为自己撑腰,院长不知道该怎么判,于是就把双方都找来说:'你们各自都拿着最有权力的批条,我没办法判,你们自己商量着办吧。'"

对当今话剧的创作,邢益勋也不满意。"1979年,我写这个戏的时候,邓小平在第四届文代会上重申了新的文艺方针,把'文艺为政治服务'改成'文艺为人民服务',提出文艺创作是个人的事情,要尊重创作者的自由,不能横加干涉。然而,现在,在重重束缚之下,创作者只能逃避现实,脱离现实,捏造一些不真实、不符合人性的东西。我感到哭笑不得。"

邢益勋说:"我觉得,如果一部戏能够指出一个社会问题,并且促成这个问题的改进,那我作为编剧也算是尽到了最本分的社会责任。而现在,我希望这个戏能够尽快过时。"

(资料来源:《三联生活周刊》2012年第31期)

[点评提示]

权与法,哪个大?这是个沉重的问题,也是必须亟待解决的问题。"文革"刚刚结束,《权与法》作为新中国成立30周年献礼剧目,于1979年9月上演,即引起了社会的巨大轰动。为什么?就是因为"文革"中权大于法,给广大民众和共和国造成了极大伤害,人心思法啊!这个问题现在解决了没有呢?《权与法》作为一部时代剧过时了没有呢?还要不要依法治国呢?请联系课本中"社会主义法律的特征与作用"内容,谈谈你的看法。

案例精选 4-4　彭真与中国法制建设

新中国成立后,彭真长期担任国家民主法制建设方面的领导工作。十一届三中全会后在他担任全国人大常委会副委员长、委员长期间,力倡中国走民主法制之路,对我国民主法制建设作出了重大贡献。

不能任意抓人

1979年9月彭真复出半年后即被中央委任为"两案"(林彪和"四人帮")审判指导委员

会主任,这实在令人感叹命运之变幻莫测。当年正是因为这些人,彭真被关进秦城监狱。彭真却不愿以其人之道还治其人之身,他希望在法律的轨道之内,在惩罚犯罪的同时,任何犯罪嫌疑人的合法权利都能得到保障。

"彭真对我讲为什么会发生'文化大革命'。他说,我们没有法制思想,对国家主席、全国人大常委会委员长想抓就抓,真是'和尚打伞无法无天'。要防止'文化大革命'的再发生就要健全法制,制定法律。"全国人大法律委员会原副主任委员、法制工作委员会副主任项淳一回忆说。

彭真做的第一件事就是修订了《逮捕拘留条例》。这个条例开宗明义地宣布,根据《宪法》"保护公民的人身自由和住宅不受侵犯",接着明确的是:"中华人民共和国公民,非经人民法院决定或者人民检察院批准不受逮捕。"但这仍只解决一个不能任意抓人的问题。要系统地保障人权,彭真认为矛盾的核心是要制定《刑法》等基本法律。

其后从1979年3月至5月,短短的3个月间,在彭真的主持下全国人大制定了7部法律,其中《刑法》《刑诉法》《法院和检察院组织法》为1980年的"两案"审判工作提供了法律依据。

法律面前人人平等

20世纪50年代,彭真同志在一届全国人大一次会议上用"法律面前人人平等"这样简洁的语言表明任何人都不能凌驾于法律之上。但这个说法在后来的十年动乱中显得苍白无力。到了1980年,中央决定修改《宪法》。1981年6月底,彭真受命主持《宪法》起草工作。

当时无论党内还是各界群众都对《宪法》修改非常关注,提出了各种各样的意见。彭真希望给未来的《宪法》一种不能逾越的法律效力和地位,同时要恢复"法律面前人人平等"这一从未真正得到贯彻过的原则。"法律面前人人平等"的规定在1954年被写入《宪法》,但在1975年和1978年的《宪法》中都去掉了。1982年在彭真的努力下,《宪法》又恢复了该条规定。

民可以告官

当《宪法》最终将公民的基本权利写入的时候,人们尚不清楚它将给未来带来多大的影响。

1982年制定《民事诉讼法》的时候,彭真指示,在原本并没有行政诉讼规定的草案中加入"法律规定由人民法院审理的行政案件,适用本规定"。当后来陆续有人将行政机关告上法庭的时候,人们才发现,原来"民告官"已经有了它的合法依据。

到了1988年的时候,我国已有130多部法律、行政法规,规定了可以受理的行政案件。同时,彭真等建议中央尽快建立完善的行政诉讼制度。其实,早在两年之前成立的行政立法研究组已经在研究这个问题,起草《行政诉讼法》试拟稿,并很快形成了草案。1988年10月,在经过审议后,全国人大常委会决定公布草案征求意见。

阻力随之而来。1989年初,在国务院法制局召开的会议上有人提出:"如果公民可以告政府,政府还有什么权威?"更强烈的反对意见是:"民告官"会助长"刁民"告状。

尽管如此,由于彭真在早年的《民事诉讼法》(试行)中加入了行政诉讼的条款,早已使行政诉讼深入人心,《行政诉讼法》最终在1989年4月获得通过。

全国人大法律委员会主任委员胡康生表示:"这个制度的建立使得人民群众的权益在受到行政机关侵害时有了司法救济的途径。"

(资料来源:《东方早报》2016年1月25日)

[点评提示]

彭真同志是一位深受"文革"迫害的老干部,他对"文革"时期的无法无天深恶痛绝。"文革"后他复出,在全国人大常委会委员长任上为共和国的法制建设,为维护老百姓的合法利益立下了不朽功绩。在阅读课本"我国的社会主义法律"内容时,请你列举彭真同志在依法治国方面都做了哪些贡献?

案例精选 4-5　《物权法》——体现社会主义法律本质的典范

2007年3月16日,一个必将载入中国历史的日子。这一天,举世瞩目、涉及13亿中国人切身利益、保护13亿中国人财产权利的《物权法》,以高票获得最高立法机关通过。

物权法关于社会主义经济制度的规定如下:第一,《物权法》把坚持国家基本经济制度作为其基本原则,明确规定:"国家在社会主义初级阶段,坚持公有制为主体、多种所有制经济共同发展的基本经济制度。""国家巩固和发展公有制经济,鼓励、支持和引导非公有制经济的发展。"这一基本原则作为《物权法》的核心,贯穿并体现在整部物权法的始终。第二,所有权是所有制在法律上的表现,是物权制度的基础。《物权法》对国家所有权和集体所有权、私人所有权作了明确的规定,其中用较多条款对国家所有权作了规定,有利于坚持和完善社会主义基本经济制度,有利于各种所有制经济充分发挥各自优势,相互促进,共同发展。第三,发展社会主义市场经济是坚持和完善社会主义基本经济制度的必然要求。《物权法》在明确规定"用益物权人、担保物权人行使权利,不得损害所有权人的权益"的前提下,对用益物权人和担保物权作了规定,有利于充分发挥物的效用,有利于维护市场交易秩序,促进经济发展。

(资料来源:《安徽日报》2007年7月20日)

[点评提示]

社会主义法律的本质是什么?体现了阶级性和人民性的统一,体现了科学性和先进性的统一。2007年3月16日通过出台的《物权法》既维护国家物产、公有制企事业单位的物产,也维护和关注老百姓的私人物产,是一部反映社会主义法律本质的典范。联系课本"我国社会主义法律的本质特征"内容,想一想,《物权法》在哪些方面反映了社会主义法律的本质?

案例精选 4-6　中国社科院发布政治蓝皮书

劳教制度已到改革之时

施行半个世纪的劳教制度已不能跟上时代的脚步,对公民自由构成巨大威胁,已经到了必须要改革的时候。8月5日,中国社科院政治学研究所和社科文献出版社共同发布2013年政治蓝皮书《中国政治发展报告》得出上述观点。

蓝皮书指出,本来劳动教养制度所针对的人员是情节轻微、不构成刑事犯罪的违法人员。但劳动教养的期限一般为一到三年,有时甚至长达四年,从限制人身自由的角度说,这样的处罚强度显然超过了刑罚中的管制、拘役和一些刑期较短的有期徒期。

蓝皮书分析,劳教制度混淆了行政处罚和刑事处罚这两种性质不同的惩罚措施。劳教介于行政和刑事之间,实际上非常接近刑罚,而劳教制度却将其界定为公安部门作出的行政处罚,其行政程序又极为简略,导致公安部门在没有法院和检察院监督的情况下作出带有刑事性质的处罚决定,无疑对公民自由构成巨大威胁。

蓝皮书称,正是由于公安机关权力太大,使得劳教这一制度程序简便、随意性大,成为地方政府"维稳"的重要手段。

(资料来源:《京华时报》2013年8月6日)

[点评提示]

劳教制度曾经在维护社会稳定方面起过一定的作用,但因给予公安机关的权力太大,可以不经审判就剥夺人的自由达数年之久,已严重违宪,因此被取缔是合理合法。请你在学习课本中"我国的宪法与法律部门"内容时,谈谈劳教制度是如何违宪,侵犯公民的合法权益?

材料精选 4-1　　《旅游法》与其他旅游法律规范

中华人民共和国旅游法

(2013年4月25日第十二届全国人民代表大会常务委员会第二次会议通过)

第一章 总 则

第一条　为保障旅游者和旅游经营者的合法权益,规范旅游市场秩序,保护和合理利用旅游资源,促进旅游业持续健康发展,制定本法。

第二条　在中华人民共和国境内的和在中华人民共和国境内组织到境外的游览、度假、休闲等形式的旅游活动以及为旅游活动提供相关服务的经营活动,适用本法。

第三条　国家发展旅游事业,完善旅游公共服务,依法保护旅游者在旅游活动中的权利。

第四条　旅游业发展应当遵循社会效益、经济效益和生态效益相统一的原则。国家鼓励各类市场主体在有效保护旅游资源的前提下,依法合理利用旅游资源。利用公共资源建设的游览场所应当体现公益性质。

第五条　国家倡导健康、文明、环保的旅游方式,支持和鼓励各类社会机构开展旅游公益宣传,对促进旅游业发展做出突出贡献的单位和个人给予奖励。

第六条　国家建立健全旅游服务标准和市场规则,禁止行业垄断和地区垄断。旅游经营者应当诚信经营,公平竞争,承担社会责任,为旅游者提供安全、健康、卫生、方便的旅游服务。

第七条　国务院建立健全旅游综合协调机制,对旅游业发展进行综合协调。

县级以上地方人民政府应当加强对旅游工作的组织和领导,明确相关部门或者机构,对本行政区域的旅游业发展和监督管理进行统筹协调。

第八条　依法成立的旅游行业组织,实行自律管理。

第二章 旅 游 者

第九条　旅游者有权自主选择旅游产品和服务,有权拒绝旅游经营者的强制交易行为。

旅游者有权知悉其购买的旅游产品和服务的真实情况。

旅游者有权要求旅游经营者按照约定提供产品和服务。

第十条　旅游者的人格尊严、民族风俗习惯和宗教信仰应当得到尊重。

第十一条　残疾人、老年人、未成年人等旅游者在旅游活动中依照法律、法规和有关规定享受便利和优惠。

第十二条　旅游者在人身、财产安全遇有危险时，有请求救助和保护的权利。

旅游者人身、财产受到侵害的，有依法获得赔偿的权利。

第十三条　旅游者在旅游活动中应当遵守社会公共秩序和社会公德，尊重当地的风俗习惯、文化传统和宗教信仰，爱护旅游资源，保护生态环境，遵守旅游文明行为规范。

第十四条　旅游者在旅游活动中或者在解决纠纷时，不得损害当地居民的合法权益，不得干扰他人的旅游活动，不得损害旅游经营者和旅游从业人员的合法权益。

第十五条　旅游者购买、接受旅游服务时，应当向旅游经营者如实告知与旅游活动相关的个人健康信息，遵守旅游活动中的安全警示规定。

旅游者对国家应对重大突发事件暂时限制旅游活动的措施以及有关部门、机构或者旅游经营者采取的安全防范和应急处置措施，应当予以配合。

旅游者违反安全警示规定，或者对国家应对重大突发事件暂时限制旅游活动的措施、安全防范和应急处置措施不予配合的，依法承担相应责任。

第十六条　出境旅游者不得在境外非法滞留，随团出境的旅游者不得擅自分团、脱团。入境旅游者不得在境内非法滞留，随团入境的旅游者不得擅自分团、脱团。

第三章　旅游规划和促进

第十七条　国务院和县级以上地方人民政府应当将旅游业发展纳入国民经济和社会发展规划。

国务院和省、自治区、直辖市人民政府以及旅游资源丰富的设区的市和县级人民政府，应当按照国民经济和社会发展规划的要求，组织编制旅游发展规划。对跨行政区域且适宜进行整体利用的旅游资源进行利用时，应当由上级人民政府组织编制或者由相关地方人民政府协商编制统一的旅游发展规划。

第十八条　旅游发展规划应当包括旅游业发展的总体要求和发展目标，旅游资源保护和利用的要求和措施，以及旅游产品开发、旅游服务质量提升、旅游文化建设、旅游形象推广、旅游基础设施和公共服务设施建设的要求和促进措施等内容。

根据旅游发展规划，县级以上地方人民政府可以编制重点旅游资源开发利用的专项规划，对特定区域内的旅游项目、设施和服务功能配套提出专门要求。

第十九条　旅游发展规划应当与土地利用总体规划、城乡规划、环境保护规划以及其他自然资源和文物等人文资源的保护和利用规划相衔接。

第二十条　各级人民政府编制土地利用总体规划、城乡规划，应当充分考虑相关旅游项目、设施的空间布局和建设用地要求。规划和建设交通、通信、供水、供电、环保等基础设施和公共服务设施，应当兼顾旅游业发展的需要。

第二十一条　对自然资源和文物等人文资源进行旅游利用，必须严格遵守有关法律、法规的规定，符合资源、生态保护和文物安全的要求，尊重和维护当地传统文化和习俗，维护资源的区域整体性、文化代表性和地域特殊性,并考虑军事设施保护的需要。有关主管部门应当加强对资源保护和旅游利用状况的监督检查。

第二十二条　各级人民政府应当组织对本级政府编制的旅游发展规划的执行情况进行评估,并向社会公布。

第二十三条　国务院和县级以上地方人民政府应当制定并组织实施有利于旅游业持续健康发展的产业政策,推进旅游休闲体系建设,采取措施推动区域旅游合作,鼓励跨区域旅游线路和产品开发,促进旅游与工业、农业、商业、文化、卫生、体育、科教等领域的融合,扶持少数民族地区、革命老区、边远地区和贫困地区旅游业发展。

第二十四条　国务院和县级以上地方人民政府应当根据实际情况安排资金,加强旅游基础设施建设、旅游公共服务和旅游形象推广。

第二十五条　国家制定并实施旅游形象推广战略。国务院旅游主管部门统筹组织国家旅游形象的境外推广工作,建立旅游形象推广机构和网络,开展旅游国际合作与交流。

县级以上地方人民政府统筹组织本地的旅游形象推广工作。

第二十六条　国务院旅游主管部门和县级以上地方人民政府应当根据需要建立旅游公共信息和咨询平台,无偿向旅游者提供旅游景区、线路、交通、气象、住宿、安全、医疗急救等必要信息和咨询服务。设区的市和县级人民政府有关部门应当根据需要在交通枢纽、商业中心和旅游者集中场所设置旅游咨询中心,在景区和通往主要景区的道路设置旅游指示标识。

旅游资源丰富的设区的市和县级人民政府可以根据本地的实际情况,建立旅游客运专线或者游客中转站,为旅游者在城市及周边旅游提供服务。

第二十七条　国家鼓励和支持发展旅游职业教育和培训,提高旅游从业人员素质。

第四章　旅游经营

第二十八条　设立旅行社,招徕、组织、接待旅游者,为其提供旅游服务,应当具备下列条件,取得旅游主管部门的许可,依法办理工商登记:

(一)有固定的经营场所;

(二)有必要的营业设施;

(三)有符合规定的注册资本;

(四)有必要的经营管理人员和导游;

(五)法律、行政法规规定的其他条件。

第二十九条　旅行社可以经营下列业务:

(一)境内旅游;

(二)出境旅游;

(三)边境旅游;

(四)入境旅游;

(五)其他旅游业务。

旅行社经营前款第二项和第三项业务,应当取得相应的业务经营许可,具体条件由国务院规定。

第三十条　旅行社不得出租、出借旅行社业务经营许可证，或者以其他形式非法转让旅行社业务经营许可。

第三十一条　旅行社应当按照规定交纳旅游服务质量保证金，用于旅游者权益损害赔偿和垫付旅游者人身安全遇有危险时紧急救助的费用。

第三十二条　旅行社为招徕、组织旅游者发布信息，必须真实、准确，不得进行虚假宣传，误导旅游者。

第三十三条　旅行社及其从业人员组织、接待旅游者，不得安排参观或者参与违反我国法律、法规和社会公德的项目或者活动。

第三十四条　旅行社组织旅游活动应当向合格的供应商订购产品和服务。

第三十五条　旅行社不得以不合理的低价组织旅游活动，诱骗旅游者，并通过安排购物或者另行付费旅游项目获取回扣等不正当利益。

旅行社组织、接待旅游者，不得指定具体购物场所，不得安排另行付费旅游项目。但是，经双方协商一致或者旅游者要求，且不影响其他旅游者行程安排的除外。

发生违反前两款规定情形的，旅游者有权在旅游行程结束后三十日内，要求旅行社为其办理退货并先行垫付退货货款，或者退还另行付费旅游项目的费用。

第三十六条　旅行社组织团队出境旅游或者组织、接待团队入境旅游，应当按照规定安排领队或者导游全程陪同。

第三十七条　参加导游资格考试成绩合格，与旅行社订立劳动合同或者在相关旅游行业组织注册的人员，可以申请取得导游证。

第三十八条　旅行社应当与其聘用的导游依法订立劳动合同，支付劳动报酬，缴纳社会保险费用。

旅行社临时聘用导游为旅游者提供服务的，应当全额向导游支付本法第六十条第三款规定的导游服务费用。

旅行社安排导游为团队旅游提供服务的，不得要求导游垫付或者向导游收取任何费用。

第三十九条　取得导游证，具有相应的学历、语言能力和旅游从业经历，并与旅行社订立劳动合同的人员，可以申请取得领队证。

第四十条　导游和领队为旅游者提供服务必须接受旅行社委派，不得私自承揽导游和领队业务。

第四十一条　导游和领队从事业务活动，应当佩戴导游证、领队证，遵守职业道德，尊重旅游者的风俗习惯和宗教信仰，应当向旅游者告知和解释旅游文明行为规范，引导旅游者健康、文明旅游，劝阻旅游者违反社会公德的行为。

导游和领队应当严格执行旅游行程安排，不得擅自变更旅游行程或者中止服务活动，不得向旅游者索取小费，不得诱导、欺骗、强迫或者变相强迫旅游者购物或者参加另行付费旅游项目。

第四十二条　景区开放应当具备下列条件，并听取旅游主管部门的意见：

（一）有必要的旅游配套服务和辅助设施；

（二）有必要的安全设施及制度，经过安全风险评估，满足安全条件；

(三)有必要的环境保护设施和生态保护措施;
(四)法律、行政法规规定的其他条件。

第四十三条 利用公共资源建设的景区的门票以及景区内的游览场所、交通工具等另行收费项目,实行政府定价或者政府指导价,严格控制价格上涨。拟收费或者提高价格的,应当举行听证会,征求旅游者、经营者和有关方面的意见,论证其必要性、可行性。

利用公共资源建设的景区,不得通过增加另行收费项目等方式变相涨价;另行收费项目已收回投资成本的,应当相应降低价格或者取消收费。

公益性的城市公园、博物馆、纪念馆等,除重点文物保护单位和珍贵文物收藏单位外,应当逐步免费开放。

第四十四条 景区应当在醒目位置公示门票价格、另行收费项目的价格及团体收费价格。景区提高门票价格应当提前六个月公布。

将不同景区的门票或者同一景区内不同游览场所的门票合并出售的,合并后的价格不得高于各单项门票的价格之和,且旅游者有权选择购买其中的单项票。

景区内的核心游览项目因故暂停向旅游者开放或者停止提供服务的,应当公示并相应减少收费。

第四十五条 景区接待旅游者不得超过景区主管部门核定的最大承载量。景区应当公布景区主管部门核定的最大承载量,制定和实施旅游者流量控制方案,并可以采取门票预约等方式,对景区接待旅游者的数量进行控制。

旅游者数量可能达到最大承载量时,景区应当提前公告并同时向当地人民政府报告,景区和当地人民政府应当及时采取疏导、分流等措施。

第四十六条 城镇和乡村居民利用自有住宅或者其他条件依法从事旅游经营,其管理办法由省、自治区、直辖市制定。

第四十七条 经营高空、高速、水上、潜水、探险等高风险旅游项目,应当按照国家有关规定取得经营许可。

第四十八条 通过网络经营旅行社业务的,应当依法取得旅行社业务经营许可,并在其网站主页的显著位置标明其业务经营许可证信息。

发布旅游经营信息的网站,应当保证其信息真实、准确。

第四十九条 为旅游者提供交通、住宿、餐饮、娱乐等服务的经营者,应当符合法律、法规规定的要求,按照合同约定履行义务。

第五十条 旅游经营者应当保证其提供的商品和服务符合保障人身、财产安全的要求。

旅游经营者取得相关质量标准等级的,其设施和服务不得低于相应标准;未取得质量标准等级的,不得使用相关质量等级的称谓和标识。

第五十一条 旅游经营者销售、购买商品或者服务,不得给予或者收受贿赂。

第五十二条 旅游经营者对其在经营活动中知悉的旅游者个人信息,应当予以保密。

第五十三条 从事道路旅游客运的经营者应当遵守道路客运安全管理的各项制度,并在车辆显著位置明示道路旅游客运专用标识,在车厢内显著位置公示经营者和驾驶人信息、道路运输管理机构监督电话等事项。

第五十四条　景区、住宿经营者将其部分经营项目或者场地交由他人从事住宿、餐饮、购物、游览、娱乐、旅游交通等经营的,应当对实际经营者的经营行为给旅游者造成的损害承担连带责任。

第五十五条　旅游经营者组织、接待出入境旅游,发现旅游者从事违法活动或者有违反本法第十六条规定情形的,应当及时向公安机关、旅游主管部门或者我国驻外机构报告。

第五十六条　国家根据旅游活动的风险程度,对旅行社、住宿、旅游交通以及本法第四十七条规定的高风险旅游项目等经营者实施责任保险制度。

第五章　旅游服务合同

第五十七条　旅行社组织和安排旅游活动,应当与旅游者订立合同。

第五十八条　包价旅游合同应当采用书面形式,包括下列内容:

(一)旅行社、旅游者的基本信息;

(二)旅游行程安排;

(三)旅游团成团的最低人数;

(四)交通、住宿、餐饮等旅游服务安排和标准;

(五)游览、娱乐等项目的具体内容和时间;

(六)自由活动时间安排;

(七)旅游费用及其交纳的期限和方式;

(八)违约责任和解决纠纷的方式;

(九)法律、法规规定和双方约定的其他事项。

订立包价旅游合同时,旅行社应当向旅游者详细说明前款第二项至第八项所载内容。

第五十九条　旅行社应当在旅游行程开始前向旅游者提供旅游行程单。旅游行程单是包价旅游合同的组成部分。

第六十条　旅行社委托其他旅行社代理销售包价旅游产品并与旅游者订立包价旅游合同的,应当在包价旅游合同中载明委托社和代理社的基本信息。

旅行社依照本法规定将包价旅游合同中的接待业务委托给地接社履行的,应当在包价旅游合同中载明地接社的基本信息。

安排导游为旅游者提供服务的,应当在包价旅游合同中载明导游服务费用。

第六十一条　旅行社应当提示参加团队旅游的旅游者按照规定投保人身意外伤害保险。

第六十二条　订立包价旅游合同时,旅行社应当向旅游者告知下列事项:

(一)旅游者不适合参加旅游活动的情形;

(二)旅游活动中的安全注意事项;

(三)旅行社依法可以减免责任的信息;

(四)旅游者应当注意的旅游目的地相关法律、法规和风俗习惯、宗教禁忌,依照中国法律不宜参加的活动等;

(五)法律、法规规定的其他应当告知的事项。

在包价旅游合同履行中,遇有前款规定事项的,旅行社也应当告知旅游者。

第六十三条　旅行社招徕旅游者组团旅游,因未达到约定人数不能出团的,组团社可以解除合同。但是,境内旅游应当至少提前七日通知旅游者,出境旅游应当至少提前三十日通知旅游者。

因未达到约定人数不能出团的,组团社经征得旅游者书面同意,可以委托其他旅行社履行合同。组团社对旅游者承担责任,受委托的旅行社对组团社承担责任。旅游者不同意的,可以解除合同。

因未达到约定的成团人数解除合同的,组团社应当向旅游者退还已收取的全部费用。

第六十四条　旅游行程开始前,旅游者可以将包价旅游合同中自身的权利义务转让给第三人,旅行社没有正当理由的不得拒绝,因此增加的费用由旅游者和第三人承担。

第六十五条　旅游行程结束前,旅游者解除合同的,组团社应当在扣除必要的费用后,将余款退还旅游者。

第六十六条　旅游者有下列情形之一的,旅行社可以解除合同:

(一)患有传染病等疾病,可能危害其他旅游者健康和安全的;

(二)携带危害公共安全的物品且不同意交有关部门处理的;

(三)从事违法或者违反社会公德的活动的;

(四)从事严重影响其他旅游者权益的活动,且不听劝阻、不能制止的;

(五)法律规定的其他情形。

因前款规定情形解除合同的,组团社应当在扣除必要的费用后,将余款退还旅游者;给旅行社造成损失的,旅游者应当依法承担赔偿责任。

第六十七条　因不可抗力或者旅行社、履行辅助人已尽合理注意义务仍不能避免的事件,影响旅游行程的,按照下列情形处理:

(一)合同不能继续履行的,旅行社和旅游者均可以解除合同。合同不能完全履行的,旅行社经向旅游者作出说明,可以在合理范围内变更合同;旅游者不同意变更的,可以解除合同。

(二)合同解除的,组团社应当在扣除已向地接社或者履行辅助人支付且不可退还的费用后,将余款退还旅游者;合同变更的,因此增加的费用由旅游者承担,减少的费用退还旅游者。

(三)危及旅游者人身、财产安全的,旅行社应当采取相应的安全措施,因此支出的费用,由旅行社与旅游者分担。

(四)造成旅游者滞留的,旅行社应当采取相应的安置措施。因此增加的食宿费用,由旅游者承担;增加的返程费用,由旅行社与旅游者分担。

第六十八条　旅游行程中解除合同的,旅行社应当协助旅游者返回出发地或者旅游者指定的合理地点。由于旅行社或者履行辅助人的原因导致合同解除的,返程费用由旅行社承担。

第六十九条　旅行社应当按照包价旅游合同的约定履行义务,不得擅自变更旅游行程安排。

经旅游者同意,旅行社将包价旅游合同中的接待业务委托给其他具有相应资质的地接社履行的,应当与地接社订立书面委托合同,约定双方的权利和义务,向地接社提供与旅游者订立的包价旅游合同的副本,并向地接社支付不低于接待和服务成本的费用。地接社应当按照包价旅游合同和委托合同提供服务。

第七十条 旅行社不履行包价旅游合同义务或者履行合同义务不符合约定的,应当依法承担继续履行、采取补救措施或者赔偿损失等违约责任;造成旅游者人身损害、财产损失的,应当依法承担赔偿责任。旅行社具备履行条件,经旅游者要求仍拒绝履行合同,造成旅游者人身损害、滞留等严重后果的,旅游者还可以要求旅行社支付旅游费用一倍以上三倍以下的赔偿金。

由于旅游者自身原因导致包价旅游合同不能履行或者不能按照约定履行,或者造成旅游者人身损害、财产损失的,旅行社不承担责任。

在旅游者自行安排活动期间,旅行社未尽到安全提示、救助义务的,应当对旅游者的人身损害、财产损失承担相应责任。

第七十一条 由于地接社、履行辅助人的原因导致违约的,由组团社承担责任;组团社承担责任后可以向地接社、履行辅助人追偿。

由于地接社、履行辅助人的原因造成旅游者人身损害、财产损失的,旅游者可以要求地接社、履行辅助人承担赔偿责任,也可以要求组团社承担赔偿责任;组团社承担责任后可以向地接社、履行辅助人追偿。但是,由于公共交通经营者的原因造成旅游者人身损害、财产损失的,由公共交通经营者依法承担赔偿责任,旅行社应当协助旅游者向公共交通经营者索赔。

第七十二条 旅游者在旅游活动中或者在解决纠纷时,损害旅行社、履行辅助人、旅游从业人员或者其他旅游者的合法权益的,依法承担赔偿责任。

第七十三条 旅行社根据旅游者的具体要求安排旅游行程,与旅游者订立包价旅游合同的,旅游者请求变更旅游行程安排,因此增加的费用由旅游者承担,减少的费用退还旅游者。

第七十四条 旅行社接受旅游者的委托,为其代订交通、住宿、餐饮、游览、娱乐等旅游服务,收取代办费用的,应当亲自处理委托事务。因旅行社的过错给旅游者造成损失的,旅行社应当承担赔偿责任。

旅行社接受旅游者的委托,为其提供旅游行程设计、旅游信息咨询等服务的,应当保证设计合理、可行,信息及时、准确。

第七十五条 住宿经营者应当按照旅游服务合同的约定为团队旅游者提供住宿服务。住宿经营者未能按照旅游服务合同提供服务的,应当为旅游者提供不低于原定标准的住宿服务,因此增加的费用由住宿经营者承担;但由于不可抗力、政府因公共利益需要采取措施造成不能提供服务的,住宿经营者应当协助安排旅游者住宿。

第六章 旅游安全

第七十六条 县级以上人民政府统一负责旅游安全工作。县级以上人民政府有关部门依照法律、法规履行旅游安全监管职责。

第七十七条 国家建立旅游目的地安全风险提示制度。旅游目的地安全风险提示的级别划分和实施程序,由国务院旅游主管部门会同有关部门制定。

县级以上人民政府及其有关部门应当将旅游安全作为突发事件监测和评估的重要内容。

第七十八条　县级以上人民政府应当依法将旅游应急管理纳入政府应急管理体系，制定应急预案，建立旅游突发事件应对机制。

突发事件发生后，当地人民政府及其有关部门和机构应当采取措施开展救援，并协助旅游者返回出发地或者旅游者指定的合理地点。

第七十九条　旅游经营者应当严格执行安全生产管理和消防安全管理的法律、法规和国家标准、行业标准，具备相应的安全生产条件，制定旅游者安全保护制度和应急预案。

旅游经营者应当对直接为旅游者提供服务的从业人员开展经常性应急救助技能培训，对提供的产品和服务进行安全检验、监测和评估，采取必要措施防止危害发生。

旅游经营者组织、接待老年人、未成年人、残疾人等旅游者，应当采取相应的安全保障措施。

第八十条　旅游经营者应当就旅游活动中的下列事项，以明示的方式事先向旅游者作出说明或者警示：

（一）正确使用相关设施、设备的方法；

（二）必要的安全防范和应急措施；

（三）未向旅游者开放的经营、服务场所和设施、设备；

（四）不适宜参加相关活动的群体；

（五）可能危及旅游者人身、财产安全的其他情形。

第八十一条　突发事件或者旅游安全事故发生后，旅游经营者应当立即采取必要的救助和处置措施，依法履行报告义务，并对旅游者作出妥善安排。

第八十二条　旅游者在人身、财产安全遇有危险时，有权请求旅游经营者、当地政府和相关机构进行及时救助。

中国出境旅游者在境外陷于困境时，有权请求我国驻当地机构在其职责范围内给予协助和保护。

旅游者接受相关组织或者机构的救助后，应当支付应由个人承担的费用。

第七章　旅游监督管理

第八十三条　县级以上人民政府旅游主管部门和有关部门依照本法和有关法律、法规的规定，在各自职责范围内对旅游市场实施监督管理。

县级以上人民政府应当组织旅游主管部门、有关主管部门和工商行政管理、产品质量监督、交通等执法部门对相关旅游经营行为实施监督检查。

第八十四条　旅游主管部门履行监督管理职责，不得违反法律、行政法规的规定向监督管理对象收取费用。

旅游主管部门及其工作人员不得参与任何形式的旅游经营活动。

第八十五条　县级以上人民政府旅游主管部门有权对下列事项实施监督检查：

（一）经营旅行社业务以及从事导游、领队服务是否取得经营、执业许可；

（二）旅行社的经营行为；

(三) 导游和领队等旅游从业人员的服务行为;

(四) 法律、法规规定的其他事项。

旅游主管部门依照前款规定实施监督检查,可以对涉嫌违法的合同、票据、账簿以及其他资料进行查阅、复制。

第八十六条　旅游主管部门和有关部门依法实施监督检查,其监督检查人员不得少于二人,并应当出示合法证件。监督检查人员少于二人或者未出示合法证件的,被检查单位和个人有权拒绝。

监督检查人员对在监督检查中知悉的被检查单位的商业秘密和个人信息应当依法保密。

第八十七条　对依法实施的监督检查,有关单位和个人应当配合,如实说明情况并提供文件、资料,不得拒绝、阻碍和隐瞒。

第八十八条　县级以上人民政府旅游主管部门和有关部门,在履行监督检查职责中或者在处理举报、投诉时,发现违反本法规定行为的,应当依法及时作出处理;对不属于本部门职责范围的事项,应当及时书面通知并移交有关部门查处。

第八十九条　县级以上地方人民政府建立旅游违法行为查处信息的共享机制,对需要跨部门、跨地区联合查处的违法行为,应当进行督办。

旅游主管部门和有关部门应当按照各自职责,及时向社会公布监督检查的情况。

第九十条　依法成立的旅游行业组织依照法律、行政法规和章程的规定,制定行业经营规范和服务标准,对其会员的经营行为和服务质量进行自律管理,组织开展职业道德教育和业务培训,提高从业人员素质。

第八章　旅游纠纷处理

第九十一条　县级以上人民政府应当指定或者设立统一的旅游投诉受理机构。受理机构接到投诉,应当及时进行处理或者移交有关部门处理,并告知投诉者。

第九十二条　旅游者与旅游经营者发生纠纷,可以通过下列途径解决:

(一) 双方协商;

(二) 向消费者协会、旅游投诉受理机构或者有关调解组织申请调解;

(三) 根据与旅游经营者达成的仲裁协议提请仲裁机构仲裁;

(四) 向人民法院提起诉讼。

第九十三条　消费者协会、旅游投诉受理机构和有关调解组织在双方自愿的基础上,依法对旅游者与旅游经营者之间的纠纷进行调解。

第九十四条　旅游者与旅游经营者发生纠纷,旅游者一方人数众多并有共同请求的,可以推选代表人参加协商、调解、仲裁、诉讼活动。

第九章　法律责任

第九十五条　违反本法规定,未经许可经营旅行社业务的,由旅游主管部门或者工商行政管理部门责令改正,没收违法所得,并处一万元以上十万元以下罚款;违法所得十万元以上的,并处违法所得一倍以上五倍以下罚款;对有关责任人员,处二千元以上二万元以下罚款。

旅行社违反本法规定,未经许可经营本法第二十九条第一款第二项、第三项业务,或者出租、出借旅行社业务经营许可证,或者以其他方式非法转让旅行社业务经营许可的,除依照前款规定处罚外,并责令停业整顿;情节严重的,吊销旅行社业务经营许可证;对直接负责的主管人员,处二千元以上二万元以下罚款。

第九十六条　旅行社违反本法规定,有下列行为之一的,由旅游主管部门责令改正,没收违法所得,并处五千元以上五万元以下罚款;情节严重的,责令停业整顿或者吊销旅行社业务经营许可证;对直接负责的主管人员和其他直接责任人员,处二千元以上二万元以下罚款:

(一)未按照规定为出境或者入境团队旅游安排领队或者导游全程陪同的;

(二)安排未取得导游证或者领队证的人员提供导游或者领队服务的;

(三)未向临时聘用的导游支付导游服务费用的;

(四)要求导游垫付或者向导游收取费用的。

第九十七条　旅行社违反本法规定,有下列行为之一的,由旅游主管部门或者有关部门责令改正,没收违法所得,并处五千元以上五万元以下罚款;违法所得五万元以上的,并处违法所得一倍以上五倍以下罚款;情节严重的,责令停业整顿或者吊销旅行社业务经营许可证;对直接负责的主管人员和其他直接责任人员,处二千元以上二万元以下罚款:

(一)进行虚假宣传,误导旅游者的;

(二)向不合格的供应商订购产品和服务的;

(三)未按照规定投保旅行社责任保险的。

第九十八条　旅行社违反本法第三十五条规定的,由旅游主管部门责令改正,没收违法所得,责令停业整顿,并处三万元以上三十万元以下罚款;违法所得三十万元以上的,并处违法所得一倍以上五倍以下罚款;情节严重的,吊销旅行社业务经营许可证;对直接负责的主管人员和其他直接责任人员,没收违法所得,处二千元以上二万元以下罚款,并暂扣或者吊销导游证、领队证。

第九十九条　旅行社未履行本法第五十五条规定的报告义务的,由旅游主管部门处五千元以上五万元以下罚款;情节严重的,责令停业整顿或者吊销旅行社业务经营许可证;对直接负责的主管人员和其他直接责任人员,处二千元以上二万元以下罚款,并暂扣或者吊销导游证、领队证。

第一百条　旅行社违反本法规定,有下列行为之一的,由旅游主管部门责令改正,处三万元以上三十万元以下罚款,并责令停业整顿;造成旅游者滞留等严重后果的,吊销旅行社业务经营许可证;对直接负责的主管人员和其他直接责任人员,处二千元以上二万元以下罚款,并暂扣或者吊销导游证、领队证:

(一)在旅游行程中擅自变更旅游行程安排,严重损害旅游者权益的;

(二)拒绝履行合同的;

(三)未征得旅游者书面同意,委托其他旅行社履行包价旅游合同的。

第一百零一条　旅行社违反本法规定,安排旅游者参观或者参与违反我国法律、法规和社会公德的项目或者活动的,由旅游主管部门责令改正,没收违法所得,责令停业整顿,并处二万元以上二十万元以下罚款;情节严重的,吊销旅行社业务经营许可证;对直接负责的主管人员和其他直接责任人员,处二千元以上二万元以下罚款,并暂扣或者吊销导游证、领队证。

第一百零二条　违反本法规定,未取得导游证或者领队证从事导游、领队活动的,由旅游主管部门责令改正,没收违法所得,并处一千元以上一万元以下罚款,予以公告。

导游、领队违反本法规定,私自承揽业务的,由旅游主管部门责令改正,没收违法所得,处一千元以上一万元以下罚款,并暂扣或者吊销导游证、领队证。

导游、领队违反本法规定,向旅游者索取小费的,由旅游主管部门责令退还,处一千元以上一万元以下罚款;情节严重的,并暂扣或者吊销导游证、领队证。

第一百零三条　违反本法规定被吊销导游证、领队证的导游、领队和受到吊销旅行社业务经营许可证处罚的旅行社的有关管理人员,自处罚之日起未逾三年的,不得重新申请导游证、领队证或者从事旅行社业务。

第一百零四条　旅游经营者违反本法规定,给予或者收受贿赂的,由工商行政管理部门依照有关法律、法规的规定处罚;情节严重的,并由旅游主管部门吊销旅行社业务经营许可证。

第一百零五条　景区不符合本法规定的开放条件而接待旅游者的,由景区主管部门责令停业整顿直至符合开放条件,并处二万元以上二十万元以下罚款。

景区在旅游者数量可能达到最大承载量时,未依照本法规定公告或者未向当地人民政府报告,未及时采取疏导、分流等措施,或者超过最大承载量接待旅游者的,由景区主管部门责令改正,情节严重的,责令停业整顿一个月至六个月。

第一百零六条　景区违反本法规定,擅自提高门票或者另行收费项目的价格,或者有其他价格违法行为的,由有关主管部门依照有关法律、法规的规定处罚。

第一百零七条　旅游经营者违反有关安全生产管理和消防安全管理的法律、法规或者国家标准、行业标准的,由有关主管部门依照有关法律、法规的规定处罚。

第一百零八条　对违反本法规定的旅游经营者及其从业人员,旅游主管部门和有关部门应当记入信用档案,向社会公布。

第一百零九条　旅游主管部门和有关部门的工作人员在履行监督管理职责中,滥用职权、玩忽职守、徇私舞弊,尚不构成犯罪的,依法给予处分。

第一百一十条　违反本法规定,构成犯罪的,依法追究刑事责任。

第十章　附　　则

第一百一十一条　本法下列用语的含义:

(一)旅游经营者,是指旅行社、景区以及为旅游者提供交通、住宿、餐饮、购物、娱乐等服务的经营者。

(二)景区,是指为旅游者提供游览服务、有明确的管理界限的场所或者区域。

(三)包价旅游合同,是指旅行社预先安排行程,提供或者通过履行辅助人提供交通、住宿、餐饮、游览、导游或者领队等两项以上旅游服务,旅游者以总价支付旅游费用的合同。

(四)组团社,是指与旅游者订立包价旅游合同的旅行社。

（五）地接社,是指接受组团社委托,在目的地接待旅游者的旅行社。

（六）履行辅助人,是指与旅行社存在合同关系,协助其履行包价旅游合同义务,实际提供相关服务的法人或者自然人。

第一百一十二条　本法自 2013 年 10 月 1 日起施行。

江苏省旅游条例

《江苏省旅游条例》为保障旅游者、旅游经营者和旅游从业人员的合法权益,规范旅游市场秩序,保护和合理开发利用旅游资源,促进旅游业持续健康发展,根据《中华人民共和国旅游法》以及有关法律、行政法规,结合本省实际制定。于 2015 年 12 月 4 日江苏省第十二届人民代表大会常务委员会第十九次会议通过。自 2016 年 3 月 1 日施行。

第一章　总　则

第一条　为了保障旅游者、旅游经营者和旅游从业人员的合法权益,规范旅游市场秩序,保护和合理开发利用旅游资源,促进旅游业持续健康发展,根据《中华人民共和国旅游法》以及有关法律、行政法规,结合本省实际,制定本条例。

第二条　本省行政区域内旅游者的旅游活动和旅游的资源保护、规划编制、产业促进、公共服务、经营服务以及相关的监督管理,适用本条例。

第三条　本省旅游业发展应当遵循社会效益、经济效益和生态效益相统一的原则,突出地方特色,坚持旅游资源的有效保护和合理开发利用相结合,提升旅游品质,倡导健康、文明、环保的旅游方式。

第四条　县级以上地方人民政府应当将旅游业发展纳入国民经济和社会发展规划,加大对旅游业的政策支持和扶持力度。

县级以上地方人民政府应当加强对旅游工作的组织和领导,明确相关部门或者机构,统筹协调本行政区域的旅游业发展和监督管理。

第五条　县级以上地方人民政府旅游主管部门负责本行政区域内旅游业的指导协调、公共服务和监督管理等工作。

县级以上地方人民政府有关部门应当按照各自职责,保障和促进旅游业发展。

第六条　依法成立的旅游行业组织,实行自律管理。鼓励和引导旅游经营者和旅游从业人员自愿加入旅游行业组织。

旅游行业组织应当加强对会员的法治宣传和教育,引导会员遵纪守法、诚信经营、公平竞争,为会员提供市场信息发布、旅游市场拓展、产品宣传推广、行业培训交流、依法维权等服务。

旅游主管部门指导旅游行业组织制定行业经营规范和服务标准,加强行业监督自律。

第二章　旅游规划与促进

第七条　县级以上地方人民政府旅游主管部门应当会同有关部门组织开展本行政区域内的旅游资源普查、评估,建立旅游资源数据库,实行动态管理,协调旅游资源保护和开发利用。

第八条　县级以上地方人民政府应当按照国民经济和社会发展规划的要求组织编制旅游发展规划,并向社会公布。

跨行政区域的旅游发展规划应当由其共同的上一级人民政府组织编制或者由相关地方人民政府协商编制。本省重点旅游资源的开发利用,由省人民政府组织编制专项规划。

国土资源、规划、文化、农业、林业、水利、交通运输、经济和信息化等部门在编制与旅游业发展相关规划时,应当征求同级旅游主管部门的意见。

第九条　旅游发展规划应当符合主体功能区规划和上一级旅游发展规划。

编制旅游发展规划应当与土地利用总体规划、城乡规划、生态红线区域保护规划、环境保护规划以及风景名胜区、自然保护区、文物保护区、饮用水源地、森林公园、湿地等保护和利用规划相衔接,并公开征求社会公众和专家的意见。

编制旅游发展规划,应当突出地方特色,加强与周边地区和其他地区的旅游合作与发展,通过发挥旅游资源综合优势,推进长江三角洲地区旅游一体化进程。

第十条　县级以上地方人民政府负责组织实施本区域的旅游发展规划,并对执行情况进行评估,评估结果向社会公布。

第十一条　旅游资源开发应当符合旅游发展规划,依法进行环境影响评价,采取有效措施保护自然景观和生态原貌。

依法需要审批或者核准的旅游资源开发项目,有关部门在审批或者核准时应当征求同级旅游主管部门的意见。

第十二条　利用自然保护区、森林公园、湿地等自然资源开发旅游项目的,应当保护自然资源生物多样性和生态系统完整性,保证资源的可持续利用。

利用历史、文化、建筑等人文资源开发旅游项目的,应当保持其民族特色、传统格局和历史风貌。

利用工业、农业、体育等社会资源开发旅游项目的,应当保持其内容与环境、景观、设施的协调统一。

第十三条　国有旅游资源经营权经批准有偿出让的,应当遵循公平、公正、公开和诚实信用的原则,通过拍卖、招标等方式进行,有偿转让的收入按照国家的相关规定管理。

旅游经营者在经营期内不按照旅游发展规划和合同约定对旅游资源进行开发利用,造成旅游资源严重破坏或者长期闲置的,由当地人民政府依法收回国有旅游资源经营权。

第十四条　县级以上地方人民政府应当制定并组织实施有利于旅游业持续健康发展的产业政策和措施,促进旅游业与相关产业融合发展,加强跨区域旅游合作与经营,实现信息互通、资源共享与优势互补。

省人民政府旅游主管部门应当整合旅游资源,开发具有江苏特色的主题旅游线路和产品,促进省内区域旅游联动发展。

第十五条　县级以上地方人民政府应当根据本地实际情况和旅游业发展需要安排财政资金,用于旅游规划编制、旅游基础设施建设、旅游公共服务体系建设和旅游形象推广等。

第十六条　县级以上地方人民政府应当支持和引导社会资本参与旅游业发展。鼓励投资者参与本省旅游资源开发和基础设施建设。

鼓励金融、保险机构创新符合旅游业特点的金融、保险产品和服务;鼓励担保、再担保机构为旅游经营者提供融资担保服务;鼓励设立旅游业发展投资基金,扩大旅游业投融资渠道。

第十七条　县级以上地方人民政府及其有关部门应当结合本地实际,采取相应措施,扶持旅游商品研发,促进旅游商品和旅游装备制造业发展,弘扬本地传统品牌,培育、创新旅游商品品牌。

县级以上地方人民政府旅游主管部门和其他有关部门应当增强旅游经营者的知识产权意识,提高旅游经营者创造、运用、保护和管理知识产权的能力。

第十八条　县级以上地方人民政府应当鼓励和引导旅游经营者依托本地区的自然、人文、社会等资源,开发工业旅游、乡村旅游、文化旅游、红色旅游、体育旅游、研学旅游、养生旅游、会展旅游等旅游产品,健全旅游产品体系,推动观光、休闲、度假旅游协调发展。

第十九条　省人民政府旅游主管部门应当推进发展游(邮)轮、游船、游艇等水上旅游,促进长江、运河、湖泊、近海等水上旅游航线和产品的开发,加强水上旅游的宣传和推广。

发展改革、交通、水利、海事、旅游等部门应当协同推进游(邮)轮、游船、游艇的码头、泊位等基础设施建设,完善相关的旅游服务功能和配套设施。

第二十条　县级以上地方人民政府应当规划建设房车露营地、自驾游基地,完善自驾旅游服务保障体系,为自驾旅游者提供道路指引、医疗救助、安全救援等方面的服务。

鼓励旅游经营者开发自驾旅游产品,鼓励汽车租赁公司开展异地还车业务。

省人民政府有关部门应当加强对落地自驾旅游的政策支持,促进落地自驾旅游管理制度化和服务标准化。

第二十一条　县级以上地方人民政府可以根据旅游发展规划编制并组织实施乡村旅游发展规划,结合本地实际,制定扶持政策,推进乡村旅游扶贫、富民工程。

旅游资源丰富的乡镇人民政府应当把乡村旅游发展纳入新农村建设、新型城镇化建设等相关规划,加强乡村旅游公共服务体系以及配套设施建设。

第二十二条　县级以上地方人民政府及其有关部门应当指导、扶持城镇和乡村居民以及其他投资主体利用自有资源、乡村特色资源依法从事乡村旅游经营活动。具备相应条件的,公安及其消防机构、卫生计生、食品药品监督、环境保护等有关部门应当作出准予相关行政许可的决定。

城镇和乡村居民利用自有住宅或者其他条件依法从事旅游经营的,具体管理办法由省人民政府另行制定。

第二十三条　县级以上地方人民政府应当根据旅游发展需要,依法保障旅游项目建设用地供给。

鼓励利用荒地、荒坡、荒滩、废弃矿山矿区、废旧工业矿业厂房和边远海岛等开发旅游项目。

第二十四条　省人民政府旅游主管部门应当统筹组织全省整体旅游形象的推广工作,组织、协调旅游宣传推广活动和大型旅游节庆活动,开展与港澳台地区和国际间的旅游交流合作。

县级以上地方人民政府旅游主管部门应当结合本行政区域的旅游资源,创新旅游营销模式,组织推广旅游形象。其他有关部门应当协助旅游主管部门做好本地区旅游形象的组织推广工作。

第二十五条　县级以上地方人民政府应当采取措施扶持旅游专业人才培养,推进高等院校、职业培训机构与旅游经营者合作设立旅游人才培训、创业基地,加强旅游从业人员教育培训,提高旅游从业人员综合素质。

县级以上地方人民政府旅游主管部门应当建立健全导游人员管理和评价制度,建立完善导游人员职业等级、服务质量与薪酬相一致的激励机制。

第二十六条　鼓励旅游经营者建立旅游电子商务平台,发展旅游电子商务,提供个性化的定制和预约服务,实现信息查询、预订、支付和评价等在线服务功能。

支持有条件的旅游经营者开展互联网金融服务,建立在线旅游经营者第三方支付平台,拓宽移动支付在旅游业的普及应用。

第二十七条　县级以上地方人民政府应当制定相关政策措施,落实带薪休假制度。鼓励旅游者利用带薪休假假期,错峰出行旅游。

第二十八条　国家机关、事业单位、国有企业的公务活动和工会组织的职工疗养休养活动,可以通过政府采购、购买服务等方式委托符合条件的旅行社、乡村旅游经营者按照有关规定提供交通、食宿、会务等服务。

第二十九条　宾馆饭店的用水、用气、用电、用热收费标准,按照国家规定与工业企业同价。

第三十条　省人民政府旅游主管部门应当会同标准化行政主管部门、旅游行业组织建立健全旅游服务标准体系,推行旅游业标准化管理。

第三十一条　省人民政府统计机构应当会同旅游主管部门完善旅游统计指标体系和调查方法,建立科学的旅游发展考核评价体系,开展旅游产业监测。

省人民政府旅游主管部门应当严格执行旅游统计规范,建立统一的旅游数据采集系统。县级以上地方人民政府旅游主管部门应当及时向社会发布相关旅游统计信息。

第三章　旅游公共服务

第三十二条　县级以上地方人民政府应当建立和完善旅游公共服务体系,建设游客服务中心、停车场、厕所等旅游基础设施,完善公共服务设施的旅游服务功能,为旅游者提供信息咨询服务、安全保障服务、交通便捷服务、便民惠民服务。

第三十三条　县级以上地方人民政府应当建立旅游公共信息和咨询平台,向旅游者提供旅游景区景点、线路、交通、气象、客流量预警、食宿、购物、医疗急救等旅游信息和咨询服务。

设区的市、县(市、区)人民政府应当在公共交通枢纽、商业中心和旅游者集中场所设置旅游信息咨询中心或者自助式旅游信息多媒体设施。

县级以上地方人民政府旅游主管部门应当在春节、国庆节等法定节假日期间,向社会发布主要景区的客流量、游览舒适度指数以及旅游饭店接待状况等与旅游者相关的服务信息。

第三十四条　县级以上地方人民政府旅游主管部门应当利用现代信息技术,完善旅游基础信息数据库,并与有关部门的信息实现互联互通,推进智慧旅游发展。

第三十五条　县级以上地方人民政府及其有关部门应当合理布局旅游交通线路,规划建设游客中转站、游客集散中心、景区连接线道路等旅游公共服务设施,并与交通运输发展规划相衔接。

县级以上地方人民政府旅游、交通等有关部门应当根据需要在景区和通往景区的道路设置旅游指示标识,完善指引、旅游符号等标志设置。

第三十六条　县级以上地方人民政府旅游主管部门应当推进旅游公共服务进社区,为社区居民旅游出行、旅游投诉维权提供便利。

鼓励旅行社、宾馆饭店、景区餐饮、娱乐等旅游经营者加强与金融机构、物流企业合作,为旅游者提供安全便捷的金融、物流服务。

鼓励旅游街区各类经营场所的内部厕所免费对旅游者开放。

利用公共资源建设的景区应当明示优惠政策,对残疾人、老年人、未成年人、军人、全日制在校学生以及其他符合条件的旅游者实行门票减免。

第三十七条　县级以上地方人民政府旅游主管部门可以通过政府购买服务等方式,鼓励、引导社会资本和社会力量参与旅游公共服务。

第三十八条　鼓励社会公众参加旅游志愿者活动,从事文明引导、游览讲解、旅游咨询等公益服务。

第四章　旅游经营与服务

第三十九条　旅游经营者在旅游经营活动中享有下列权利:

(一)自主经营权受法律保护,拒绝违法的检查、收费、集资、摊派等;

(二)知识产权受法律保护,任何单位和个人不得非法获取、使用或者披露旅游经营者尚未公开的旅游路线、营销计划、销售渠道、客户信息以及其他商业秘密;

(三)拒绝旅游者提出的违法或者违反公序良俗的要求;

(四)法律、法规规定的其他权利。

第四十条　旅游经营者在旅游经营活动中应当履行下列义务:

(一)遵守法律、法规,依照国家标准和行业标准提供规范化的旅游服务;

(二)遵循自愿、平等、公平、诚实信用原则,按照合同约定履行义务;

(三)保护旅游资源和旅游环境;

(四)对旅游从业人员进行法律法规、职业道德、执业规范、业务技能和安全防范培训;

(五)建立并落实旅游安全责任制度,保障旅游者的人身、财产安全;

(六)接受有关行政管理部门的监督管理;

(七)法律、法规规定的其他义务。

第四十一条　导游、领队为旅游者提供服务,应当经旅行社委派。旅行社对其委派的导游、领队的服务行为承担相应的法律责任。

导游、领队上岗时应当佩戴导游证、领队证,携带旅行社提供的旅游行程单、旅行社与具备相应资质的承运人签订的旅游运输合同副本或者证明。

导游证、领队证仅限本人使用,不得涂改、出借或者出租。

第四十二条　旅行社应当依照法律、法规的规定,与其聘用的导游订立劳动合同,支付与其职业等级、服务质量相一致的劳动报酬,并缴纳养老、医疗等社会保险费用。

旅行社临时聘用导游、领队为旅游者提供服务的,应当与导游、领队订立临时聘用合同,约定双方的权利义务,并及时支付包价旅游服务合同中载明的服务费用。

第四十三条　旅行社组织旅游活动,应当与旅游者订立书面旅游合同。书面旅游合同的格式可以参照国务院旅游主管部门和工商行政管理部门联合推荐的示范合同文本。

旅行社使用自制格式合同的,应当在使用前将合同书面告知当地旅游主管部门和工商行政管理部门。

第四十四条　旅游景区应当按照国家和地方标准设置供水、供电、供气、停车场、厕所、通讯设施、无障碍设施等旅游配套服务和辅助设施,在明显位置及时设置规范的中外文导向、安全警示标志标识牌,并公示咨询、投诉和救助的联系方式。

旅游景区开放应当符合法律、行政法规规定的条件,并听取旅游主管部门意见。

第四十五条　推行旅游景区专职讲解员服务制度。旅游行业组织可以派遣导游、领队为旅游景区提供临时讲解服务。

旅游景区管理机构或者经营者不得阻碍随团导游的讲解服务。随团导游在旅游景区提供讲解服务时,应当遵守旅游景区相关的讲解员管理制度。

第四十六条　利用公共资源建设的旅游景区的门票以及旅游景区内的游览场所、交通工具等另行收费项目,实行政府定价或者政府指导价,严格控制价格上涨。另行收费项目已收回投资成本的,应当相应降低价格或者取消收费。

第四十七条　通过网络经营旅行社业务的,应当依法取得旅行社业务经营许可证,并在其网站首页或者从事经营活动的主页醒目位置公开其营业执照登载的信息或者其营业执照的电子链接标识,并标明其业务经营许可证信息。旅行社从事网络旅游经营的,应当书面告知其所在地县级旅游主管部门。

网络旅游经营者应当与旅游者订立纸质或者电子形式的合同,收取旅游服务费或者其他相关费用的,应当提供纸质或者电子形式的发票。

网络旅游经营者为旅游者提供的旅游服务信息应当真实、可靠,提供交通、住宿、餐饮、游览、娱乐等代订服务的,应当选择具有相应经营资质的经营者作为服务供应商。

第四十八条　旅行社租用客运车辆、船舶的,应当选择具备相应资质的承运人和已投保法定强制保险的车辆、船舶。

旅行社与承运人签订的旅游运输合同,应当明确运输计划,约定运输线路、运输价格、车辆和船舶的要求,导游或者领队的座位要求以及违约责任等事项。

承担旅游运输的客运车辆、船舶,应当符合保障人身、财产安全的要求,配备具有相应资质的驾驶员、船员和具有行驶记录功能的卫星定位装置、座位安全带、消防、救生等安全设施设备,并保持安全设施设备正常使用。

第五章　诚信经营与文明旅游

第四十九条　旅行社、旅游景区以及为旅游者提供交通、住宿、购物、餐饮、娱乐等服务

的经营者,应当依法诚信经营,保障旅游者的合法权益,遵守下列规定:

（一）发布信息真实、准确,不得虚假宣传,欺骗、误导旅游者;

（二）公平竞争,不得有给予或者收受回扣等不正当竞争行为;

（三）不得以任何形式诱骗、强迫或者变相强迫旅游者购买商品或者接受服务;

（四）尊重和保护旅游者个人隐私,不得非法使用、披露旅游者个人信息。

第五十条　旅行社不得以不合理的低价组织旅游活动,诱骗旅游者,并通过安排购物或者另行付费旅游项目获取回扣等不正当利益。

旅行社为旅游者提供包价旅游服务时,经双方协商一致或者旅游者要求安排购物、另行付费旅游项目的,可以与旅游者订立补充合同,同时应当遵守下列规定:

（一）不得影响其他旅游者行程安排;

（二）不得通过安排购物、另行付费旅游项目获取回扣等不正当利益;

（三）不得向旅游者指定或者推荐不向社会其他公众开放经营的购物场所、另行付费的旅游项目;

（四）事先向旅游者明示约定的购物场所、另行付费的旅游项目的基本信息,同时告知可能存在的风险。

旅游者在与旅行社书面合同约定的购物场所内购买商品,销售者在商品中掺杂、掺假,以假充真,以次充好,以不合格商品冒充合格商品,或者销售失效、变质的商品的,旅游者可以要求旅行社赔偿;旅行社赔偿后,有权向商品销售者追偿。

第五十一条　县级以上地方人民政府旅游主管部门应当指导旅游行业组织建立健全旅游经营者及其从业人员的诚信档案,及时、准确、完整地采集和记录其信用信息。

旅游行业组织应当依据法律、法规和章程对其会员进行诚信等级评定,并向社会公布。

第五十二条　县级以上地方人民政府旅游主管部门应当通过企业信用信息公示系统等途径向社会公示其在履行职责过程中产生的旅游经营者的下列信息:

（一）行政许可准予、变更、延续信息;

（二）行政处罚信息;

（三）其他依法应当公示的信息。

旅游经营者应当按照国务院《企业信息公示暂行条例》的有关规定,自觉履行法定的信息公示义务,及时、真实公示其有关信息。

第五十三条　县级以上地方人民政府旅游主管部门应当建立旅游经营者信誉评价制度,组织旅游行业组织进行评估,听取消费者协会或者消费者代表的意见和建议,并结合企业信用信息公示系统中记录的经营异常名录和严重违法企业名单情况,定期向社会公布信誉评价结果。

第五十四条　县级以上地方人民政府及其有关部门应当把文明旅游工作纳入精神文明创建重要内容。

县级以上地方人民政府旅游主管部门应当组织开展文明旅游宣传工作,引导旅游者、旅游经营者及其从业人员增强旅游生态环境保护的意识,倡导健康、文明、环保的旅游方式。

旅游经营者及其从业人员在旅游经营活动中应当向旅游者宣传旅游生态环境保护知识,引导旅游者健康、文明、环保旅游,及时劝阻旅游者的不文明行为。

第五十五条　旅游者在旅游活动中应当遵守社会公共秩序和社会公德,尊重当地的风俗习惯、文化传统和宗教信仰,爱护旅游资源,保护生态环境,遵守文明旅游行为规范。

旅游者在旅游活动中不得有下列行为:

(一)扰乱公共汽车、电车、火车、船舶、航空器或者其他公共交通工具上的秩序;

(二)破坏公共环境卫生、公共设施;

(三)违反旅游地社会风俗、民族生活习惯;

(四)刻划、涂污或者以其他方式损坏旅游地文物古迹;

(五)参与赌博、色情等活动;

(六)严重扰乱旅游秩序的其他行为。

第五十六条　省人民政府旅游主管部门应当建立健全旅游者不文明行为记录制度。

旅游者在旅游活动中因有本条例第五十五条第二款规定的行为受到行政处罚、法院判决其承担法律责任或者造成严重社会不良影响的,应当纳入旅游者不文明行为记录。

旅游者不文明行为记录形成后,县级以上地方人民政府旅游主管部门应当将旅游者不文明行为记录信息通报旅游者本人,提示其采取补救措施。情节严重,影响恶劣的,旅游主管部门可以向公安、海关、边检、交通、征信机构等部门通报其不文明行为记录。

第六章　旅游安全

第五十七条　县级以上地方人民政府统一负责旅游安全工作,建立健全旅游安全的工作责任制。县级以上地方人民政府旅游、安全生产监督、质监、公安、交通、工商、卫生计生、食品药品监督等有关部门依法履行旅游安全监管职责。

第五十八条　县级以上地方人民政府应当依法将旅游应急管理纳入政府应急管理体系,组织有关部门制定应急预案,建立旅游突发事件应对机制。将旅游安全作为突发事件监测和评估的重要内容,建立旅游安全联动机制,开展应急演练。

旅游突发事件发生地设区的市、县(市、区)人民政府及其有关部门应当及时处置旅游突发事件,采取措施开展救援,并协助旅游者返回出发地或者旅游者指定的合理地点。

第五十九条　发生自然灾害、流行疾病或者其他有可能危及旅游者人身财产安全情形的,县级以上地方人民政府旅游主管部门应当依据有关部门发布的通告,及时向旅游经营者和旅游者发布旅游安全警示信息。

旅游者流量可能达到旅游景区主管部门或者管理机构核定的景区游客最大承载量时,旅游景区应当提前发布公告,并同时向当地人民政府报告。旅游景区和当地人民政府应当及时采取疏导、分流等措施,保障旅游者人身安全。

第六十条　旅游经营者应当严格执行安全生产管理和消防安全管理的法律、法规以及国家、行业和地方标准,具备相应的安全生产条件,制定旅游者安全保护制度和应急预案。

旅游经营者应当对直接为旅游者提供服务的从业人员开展经常性应急救助技能培训,对提供的产品和服务进行安全检验、监测和评估,采取必要措施防止危害发生。

旅游经营者组织、接待老年人、未成年人、残疾人等旅游者,应当采取相应的安全保障措施。旅游经营者应当对参与高风险旅游项目的旅游者进行安全培训。

旅游安全事故或者突发事件发生后,旅游经营者以及旅游从业人员应当立即采取必要的救援和处置措施,向旅游、安全生产监督、公安、卫生等有关部门以及事故发生地人民政府报告,并对旅游者作出妥善安排。

第六十一条　旅游者在旅游活动中应当遵守相关的安全警示规定,违反安全警示规定的,依法承担相应责任。

旅游者对国家应对重大突发事件暂时限制旅游活动的措施、有关部门采取的安全防范和应急处置措施以及旅游经营者采取的适当的安全防范和应急处置措施,应当予以配合。

第六十二条　省人民政府旅游主管部门应当会同有关部门引导建立涵盖旅游经营者责任险的旅游安全组合保险体系。

推行旅行社责任保险制度。旅游行业组织可以组织本省旅行社以及省外旅行社在本省设立的分支机构集中投保旅行社责任险。

住宿、旅游景区和高风险旅游项目经营者应当依法投保相关责任保险,并且提示旅游者投保人身意外险。

鼓励旅游经营者投保公众责任险。

第七章　旅游监督与管理

第六十三条　县级以上地方人民政府旅游主管部门和其他有关部门应当在各自职责范围内对旅游经营者及其从业人员的经营活动和旅游服务质量进行监督管理。

第六十四条　县级以上地方人民政府有关部门可以根据本地实际,采取经法定程序批准的综合执法等方式实施旅游监督管理。

县级以上地方人民政府旅游主管部门应当会同有关部门建立旅游联合执法机制,加强对旅游市场和旅游服务质量的监督检查,依法查处旅游违法行为。

第六十五条　县级以上地方人民政府旅游主管部门依法对旅游经营者和旅游从业人员的旅游经营行为实施监督检查,有权对涉嫌违法的合同、票据、账簿以及其他相关资料进行查阅、复制。

第六十六条　县级以上地方人民政府旅游主管部门应当建立健全导游、领队服务质量评价机制,指导旅游行业组织加强对旅游从业人员培训的服务和监管。

第六十七条　旅游企业质量等级评定机构应当向社会公布旅行社、旅游饭店、旅游景区、旅游度假区、乡村旅游区(点)等旅游企业的质量等级情况。

第六十八条　县级以上地方人民政府应当指定或者设立统一的旅游投诉受理机构,并公布投诉电话、网站等。

县级以上地方人民政府旅游主管部门收到旅游者投诉后,属于本部门处理的,应当在三十个工作日内作出处理决定;属于其他部门处理的,应当在五个工作日内转交有关部门处理,并告知投诉者。

县级以上地方人民政府旅游、质监、公安、交通、工商、卫生计生、食品药品监督、价格等有关部门,可以在旅游旺季旅游者密集的景区、景点现场受理和解决旅游投诉。对于违法事实清楚、证据确凿充分的旅游经营违法行为,应当依法及时作出处理决定。

第八章 法律责任

第六十九条 违反本条例规定的行为,本条例未规定处罚,但法律、法规已有处罚规定的,从其规定。

第七十条 导游、领队违反本条例第四十一条第三款规定,涂改、出借或者出租导游证、领队证的,由旅游主管部门责令改正,并处一千元以上五千元以下罚款。

第七十一条 旅游景区管理机构或者经营者违反本条例第四十五条第二款规定,阻碍随团导游提供讲解服务的,由旅游主管部门责令改正;拒不改正的,处一千元以上五千元以下罚款。

第七十二条 旅行社有下列行为之一的,由旅游主管部门或者有关部门责令改正,没收违法所得,并处一万元以上五万元以下罚款;违法所得五万元以上的,并处违法所得一倍以上五倍以下罚款;情节严重的,责令停业整顿或者吊销旅行社业务经营许可证;对直接负责的主管人员和其他直接责任人员,处五千元以上二万元以下罚款:

(一)违反本条例第四十八条第一款、第三款规定,选择不具备相应资质的承运人或者使用不符合要求的客运车辆、船舶承担旅游运输的;

(二)违反本条例第四十九条第一项规定,虚假宣传,欺骗、误导旅游者的。

第七十三条 旅行社违反本条例第五十条第一款规定,以不合理的低价组织旅游活动,诱骗旅游者,并通过安排购物或者另行付费旅游项目获取回扣等不正当利益的,由旅游主管部门责令改正,没收违法所得,责令停业整顿,并处五万元以上三十万元以下罚款;违法所得三十万元以上的,并处违法所得一倍以上五倍以下罚款;情节严重的,吊销旅行社业务经营许可证;对直接负责的主管人员和其他直接责任人员,没收违法所得,处五千元以上二万元以下罚款,并暂扣或者吊销导游证、领队证。

第七十四条 旅游主管部门或者其他有关部门工作人员违反本条例规定,滥用职权、徇私舞弊、玩忽职守的,由任免机关或者监察机关依法给予处分;构成犯罪的,依法追究刑事责任。

第七十五条 旅游者在旅游过程中,对社会秩序和公共安全造成妨害的,依法追究其法律责任。

第九章 附 则

第七十六条 本条例自2016年3月1日起施行。2000年10月17日江苏省第九届人民代表大会常务委员会第十九次会议通过的《江苏省旅游管理条例》同时废止。

[点评提示]

《旅游法》是旅游行业的根本大法,它是有关旅行社、旅游饭店等其他旅游法律规范条例制定的基础,其他旅游法律规范条例的制定必须以此为依据,不能违反。因此,在阅读课本中"我国的宪法与法律部门"内容的同时,学习《旅游法》和《江苏省旅游条例》,对于理解和把握旅游法规的建设,依法治旅有着重要的意义。

材料精选4-2 国家旅游局关于打击组织"不合理低价游"的意见

旅发〔2015〕218号

各省、自治区、直辖市旅游委、局,新疆生产建设兵团旅游局:

一些旅行社组织"不合理低价游"严重侵害旅游者权益,扰乱旅游市场秩序。为维护广大旅游者和旅游经营者的合法权益,现提出以下意见。

一、"不合理低价"的认定

所谓"不合理低价",是指背离价值规律,低于经营成本,以不实价格招揽游客,以不实宣传诱导消费,以不正当竞争扰乱市场。有以下行为之一,可被认定为"不合理低价":一是旅行社的旅游产品价格低于当地旅游部门或旅游行业协会公布的诚信旅游指导价30%以上的;二是组团社将业务委托给地接社履行,不向地接社支付费用或者支付的费用低于接待和服务成本的;三是地接社接待不支付接待和服务费用或者支付的费用低于接待和服务成本的旅游团队的;四是旅行社安排导游领队为团队旅游提供服务,要求导游领队垫付或者向导游领队收取费用的;五是法律、法规规定的旅行社损害旅游者合法权益的其他"不合理低价"行为。

二、对"不合理低价"违法行为的处罚处理

各级旅游部门按以下标准依法对"不合理低价游"违法行为进行处罚处理:

(一)对旅行社的处罚处理:一是没收违法所得,责令停业整顿三个月,情节严重的,吊销旅行社业务经营许可证;二是处三十万元罚款,违法所得三十万元以上的,处违法所得五倍罚款;三是列入旅游经营服务不良信息,并转入旅游经营服务信用档案,向社会予以公布。

(二)对旅行社相关责任人的处罚处理:一是对直接负责主管人员和其他直接责任人员,没收违法所得,处二万元罚款;二是被吊销旅行社业务经营许可证的旅行社法人代表和主要管理人员,自处罚之日起未逾三年的,不得从事旅行社业务;三是列入旅游经营服务不良信息,并转入旅游经营服务信用档案,向社会予以公布。

三、工作要求

(一)各地要督促旅行社积极转变发展方式,坚持依法依规经营,坚持改革创新和诚信经营,坚持靠品质和服务赢得市场,自觉抵制"不合理低价"行为,共同维护好旅游市场秩序。

(二)各地要加大对导游领队的教育引导,积极提升服务质量,严格履行旅游合同,抵制接待"不合理低价"团队,主动举报旅行社的"不合理低价"行为,自觉维护导游领队的合法劳动权益。

(三)各地要加强对旅游者的宣传引导,通过公益广告、印制宣传手册等,让旅游者正确识别"不合理低价",理性消费,自觉抵制和主动举报旅行社"不合理低价"的行为。

(四)各地要积极推动旅游行业协会制定和公布以核算旅游线路成本为参考的诚信旅游指导价,加强行业自律,倡议会员相互监督,积极举报"不合理低价"行为。

(五)各级旅游部门要严格执行意见要求,加大对旅游市场上"不合理低价"的打击力度,会同公安、工商等部门把治理"不合理低价"作为治理旅游市场乱象的突破口和切入点,发扬钉钉子的精神,坚决遏制旅游市场乱象。

国家旅游局
2015年9月29日

(资料来源:www.cnta.gov.cn/zwgk/tzggnew/201509/t20150930_748256.shtml)

[点评提示]

国家旅游局出重拳狠狠打击严重违反《旅游法》、侵犯游客利益以及导游利益的"不合理低价游"现象。该文明确指出了什么是"不合理低价游",也提出了打击的办法,还规定了工作要求,使打击工作落实到实处,接了地气。请你结合课本中"建设中国特色社会主义法治体系"内容,阅读上文想一想,"不合理低价游"到底给游客带来哪些伤害?给旅游行业带来哪些乱象?

案例精选 4-7　　抵制违法违规呼吁行业自律

近日,深圳多家旅行社联合发表《关于共同发起维护深圳旅游市场秩序抵制违法违规的倡议书》(以下简称《倡议书》),呼吁行业自律,防止营业部将业务非法外交、在不法B2B平台系统进行违规操作,损害游客权益,扰乱业界生态环境。为了让深圳旅游市场更加健康地发展,深圳各大旅行社都发起了自查、自改行动,从加强本企业的管理体制及管理细节入手,并达成共识,共同抵制违法违规现象,带头理清扰乱旅游市场秩序的不良行为。多家旅行社为何发起联合倡议?本报对此进行了采访。

行业自律还市场清明

去年8至9月份期间,国家旅游局在全国开展了一次针对"不合理低价、虚假广告、购物点违法经营"的专项整治行动,并于11月份公开通报了多起扰乱旅游市场秩序的典型案例,其中有两个案例就是在深圳督办、查处的。深圳作为我国最重要的旅游目的地、客源地和出境游集散地之一,旅游市场秩序管理一直备受瞩目。据广东省旅游局旅游质检所介绍,2015年广东受理投诉旅游案件6 398件,较2014年上升52%,深广两市占全省80%,其中深圳占有50%,广州占30%。所有案件中,非法港澳游占45%。深圳市文体旅游局相关负责人表示,作为主管部门鼓励和支持此次"倡议书"的发起,整顿深圳旅游市场秩序,仅靠市场监管是不够的,更需要企业作为市场主体的觉醒,自发维护市场秩序,抵制破坏秩序的行为。

据深圳国旅新景界副董事长吴斌介绍,此次联合倡议的发出,是基于旅行社同行对市场前景的担忧而产生的自发行为,原本只有11家旅行社发起的《倡议书》在发表之后,迅速得到深圳过百家旅行社的响应,其中有传统旅行社,也有在线旅行商,可见对恢复旅游市场秩序大家都有一种共同的期盼。吴斌表示,发出《倡议书》只是行业自律的"第一步",接下来还将与响应《倡议书》的企业商讨行业行为准则的制定,这其中除了《旅游法》规定的相关法规之外,还将包括一些长期以来约定俗成的行规,还要制定服务标准、产品标准。

用行业力量约束乱象

据了解,《倡议书》中要求企业要加强内部管理,严格遵守《旅游法》及相关法律法规,带头维护市场秩序,抵制违法违规。旅行社之间还将建立互相监督机制,对违法违规行为互相监督及抵制。

《倡议书》第二条表述中指出,要加强对营业部的管理及规范员工工作流程,坚决抵制私自操作等违法行为,坚决制止未按照旅游法律法规签订委托接待合同的操作行为,坚决不使用未与旅行社签订委托合同的第三方交易平台安排旅游者出游,以保障消费者合法权益。同时在第三条中建议,开除欺骗旅游者及严重影响旅游行业健康发展违法违规的相关人员,倡议企业间不予录用。

吴斌告诉笔者,这是针对旅行社营业部有一些"害群之马"的专门表述。据业内人士介绍,目前深圳旅行社业内确实存在着一些前台销售人员违规操作业务,将收来的客人不通过公司渠道,私自交给了其他旅行社或者OTA(在线旅行社)以中饱私囊,甚至有一些营业部私自与第三方交易平台合作，以自身旅行社的品牌去销售其他产品，损害了消费者的合法权益。

吴斌告诉笔者说，这种违规行为伤害的不仅是消费者的权益，更是有损所在旅行社的企业形象和品牌形象，应该坚决给予打击。通过《倡议书》行业内已经形成共识，要将这些违规操作人员列入黑名单，同业永不再用。业内人士表示，这是基于遵守《旅游法》，旅行社自身的深层次清理，企业用法律自省其身，用行规细化法律规范的行为。

吴斌还表示，目前市场存在第三方交易平台直接与旅行社营业部门签订收客协议，越过旅行社直接售卖非本社旅游产品的现象时有发生，这种行为对旅行社的经营和形象造成了很大困扰。根据相关的法律法规，这样的合作必须是与企业法人签订，而不能是销售门店。这种做法也是有违《旅游法》的相关规定，给旅游市场监管带来了很大困难。现在通过行业自律，不仅保障了旅行社自身的权益，同时也维护了市场秩序，净化了旅游环境。

维护消费者权益是核心

《倡议书》中提出，呼吁旅游者依法保护自身权益，提醒旅游者报名出游一定要和依法设立的旅行社签订旅游合同和索要发票。吴斌表示，此次发起《倡议书》从本质上就是为了维护消费者的合法权益，只有旅行社自觉依法依规与游客签订法律合同，才能起到既维护游客权益又自我保护的效用。

参与此次《倡议书》起草的深圳旅游协会顾问、资深法律专家闵令波表示，从法律的角度来讲，严格按照最新的《旅游法》签署正规合同，并且一定要落实合同，这点非常关键，也非常有利于规范市场秩序。

据了解，联合发出《倡议书》只是深圳多家旅行社自律其身的第一步，接下来还将与旅游主管部门和行业协会合作，制定详细的行业标准，成立行业标准纪律委员会，出台奖罚制度，明晰法律规范和行业规范，要根据《旅游法》的相关规定细化行业规范，规范从业人员的行为。随着OTA的风生水起，有越来越多的OTA与传统旅行社合作，也产生了越来越多的问题，在接下来行业规范的制定中，也会与OTA一起探讨切实可行的行业规范和标准，让游客能够安心、有保障地享受每一次出游。

（资料来源：《中国旅游报》2016年1月8日）

[点评提示]

光有行业管理部门出拳打击业内违反行为是远远不够的，还得要有旅游企事业单位的自觉自律，深圳的多家旅行社企业联合起来倡议知法、守法，坚决同违法行为作坚决的斗争。这是个好现象，它不仅规范了行业市场，维护了游客的利益，更维护了自身的利益。结合课本中"建设中国特色社会主义法治体系"内容，阅读本案例，你对行业的自律能够充满信心吗？为什么？

案例精选 4-8 　青岛加强导游权益保护

笔者从日前召开的青岛市导游员代表座谈会上获悉，青岛将从五个方面加强导游员权益保护。

据了解，会议围绕如何理解关爱导游、依法保护导游人员合法权益、建立导游劳动保护和薪酬保障体系、树立导游群体良好形象等议题进行了讨论。

青岛市旅游局局长崔德志表示,《旅游法》将于10月1日正式实施,其中专门就"与导游订立劳动合同,支付劳动报酬,缴纳社会保险"以及"支付导游服务费用、不得要求导游垫付团费"做出明确规定,还对旅行社经营提出了"五不得"。虽然旅游部门前期做了一些工作,但现在看还很不够,还很不到位。下一步,结合贯彻《旅游法》,青岛市旅游局将在加强导游权益保护方面进一步加大工作力度。一是根据《旅游法》,严格贯彻落实旅行社向导游支付劳动报酬、缴纳社会保险等规定,依法保障导游的合法权益。二是加强对导游工作的正面引导,让社会了解导游工作特点,增进对导游工作的理解和支持,营造关爱导游、尊重导游的良好氛围。特别要抓好典型示范引领,树立行业标兵。三是尝试建立星级导游制度,并对星级导游给予一定政策扶持和奖励,规范导游服务,提升导游队伍整体素质。四是要求旅行社为导游提供更好的工作环境,特别是在住宿标准、餐饮标准等方面为导游人员提供良好工作条件。五是抓紧建立导游行业组织,充分发挥行业组织服务导游的作用,加强行业自律,搭建交流平台,倾听导游心声,维护导游的合法权益。

(资料来源:《中国旅游报》2013年9月2日)

[点评提示]

游客出了问题,舆论的焦点往往会聚集导游,忽视了对导游利益的保护。不能善待游客,或者侵犯游客利益,除了某些导游的素质不良之外,是否还存在导游的利益缺乏关注的原因?导游得不到起码的尊重和关怀,他们的合法利益得不到维护,那他们又怎能很好地服务游客呢?青岛的做法给出了答案,要想维护游客的利益,就必须维护导游的利益。在这个问题上也许会有不同的观点,请你结合课本中"建设中国特色社会主义法治体系"内容,谈谈自己的观点。

三、视野拓展

(一) 推荐影视

1. 东方卫视:《宪法,三十而立》

网址:http//v.baidu.com/kan/tvok/tvwg? fr=v.hao123.com/search

推荐理由:我国现行宪法自1982年颁布以来,经历了经济体制改革和政治局势变革的风雨洗礼,时光荏苒,宪法已陪伴国人走过了三十年。市场经济、依法治国、"三个代表思想"等有着鲜明时代烙印和精神象征的词汇先后跃入宪法的文本,而今,宪法的全文已被镌刻在大理石墙上,屹立于全国人大常委会办公楼,这将又是一段新的里程。

2. 视频:《女游客大意丢包 服务员拾金不昧》——既讲职业道德又注意遵守法纪法规

网址:http://baidu.ku6.com/watch/9605282985776128l1.html

推荐理由:游客高丹在某温泉中心洗浴,遗失了5 000元和一些银行卡,一位当班的女服务员捡到了,毫不犹豫地交给了中心主管,经过主管联系,高丹领取了物品,并深表感谢。这是一起拾金不昧的道德案例,但也折射出法律问题。我国法律规定,凡是不当得利要负法律责任。可见这个案例也彰显了女服务员自觉遵法守规的精神。

3. 视频:《云南:女导游发飙骂游客视频网上流传》——缺乏守法意识

网址:http//v.ku6.com/show/bTf9fJy--21fzM5FWrig3A...html

推荐理由：因为游客不愿在所指定的购物店里购物，某女导游就在行进的旅游车上大骂游客骗吃骗喝骗住、没良心、不道德，并且大有要将游客赶下车甩团的冲动。她只知道强烈要求游客购物赢得回扣以弥补她的付出，却忘记了旅游法规的禁令，忽略了守法意识，给游客带来了伤害，更给自己带来了巨大的损失。

（二）推荐阅读

1.《习近平关于全面依法治国论述摘编》，中共中央文献研究室编，中央文献出版社，2015年4月

内容导读：党的十八大以来，习近平同志围绕全面依法治国做了一系列重要论述。这些论述对于我们深刻理解全面依法治国的重大意义，系统把握全面依法治国的指导思想、总目标、基本原则和总体要求，协调推进"四个全面"战略布局，具有十分重要的意义。该书内容摘自习近平同志2012年12月4日至2015年2月2日期间的讲话、报告、批示、指示等30多篇重要文献，分8个专题，共计193段论述。其中部分论述是第一次公开发表。

2.《法律乃公平正义之术》，王利民，中国民商法律网

网址：http//www.civillaw.com.cn/article/default.asp?id=62087

内容导读：公平正义是社会主义制度的内在要求，也永远是法治的价值和基本理念。只有秉持公平正义的理念，在立法中公平解决各种利益的冲突，合理分配各项权利，在司法过程中保护各项权利并妥善解决各项权利之间的冲突，才能将依法治国战略部署落实到实处。

3.《旅游法规实务教程》，王立龙，重庆大学出版社，2014年

原著导读：全书共分4篇14章，主要讲述了旅游法规基本理论、旅游法律关系、旅游民事法律制度、旅游消费者权益保护法律制度、旅游合同法律制度、旅游保险法律制度、旅行社与导游人员法规制度、旅游饭店法规制度、旅游交通运输法规制度、旅游娱乐场所法规制度、旅游资源法规制度、旅游安全管理法规、旅游出入境管理法规和旅游纠纷与投诉管理法规。本书具有综合性、新颖性、简明性和实用性特点，可作为高等院校旅游专业的教材，也可作为旅游行业有关人士培训和学习的参考用书。

4.《酒店法规与法律实务》，袁义，东南大学出版社，2011年2月

原著导读：本书是根据旅游院校酒店管理专业教学需要而编写的一本专业教材。《酒店法规与法律实务》基于酒店管理的实际情况，对酒店法规与法律实务进行了全面、系统的阐述与分析，并将一些典型案例穿插其中，将酒店管理中涉及的方方面面的有关法律问题有机地结合起来。教材注重可操作性和实用性，目的在于使旅游（酒店）管理专业的学生能够全面掌握酒店有关法律知识，为今后工作打下坚实基础。《酒店法规与法律实务》内容系统、全面、新颖，知识性、适用性强，既有酒店法规及法律实务的理论与方法，又紧扣酒店的管理实际，突出实务的可操作性，实战性较强。《酒店法规与法律实务》可作为旅游院校教学用书，也可作为酒店经营管理人员及从业人员的培训教材和参考书。

5.《〈旅游法〉促使旅游业加快转型升级》，翟峰，《中国旅游报》，2013年11月11日

内容导读：旅游业不仅是经济产业，更是民生产业，与全国老百姓的生活息息相关，因此社会各界都对《旅游法》的贯彻实施予以高度关注。然而，无论是有关专家的解读，还是各界

人士的热议,都有一个共同的声音,即认为《旅游法》的实施为旅游业持续健康发展提供了法治保障,必将在"依法治旅"的同时,使我们能尽快迎来"依法兴旅"的新时代。而随着"依法兴旅"新时代的到来,旅游业转型升级是大势所趋。

四、能力训练

(一) 问题思考

1. 请阅读《权与法》《彭真与中国法制建设》等文章,联系统编教材中的"社会主义法律的本质特征"内容,试析社会主义法律的科学性与先进性应表现在哪些方面?

2. 阅读习近平总书记《在首都各界纪念现行宪法公布施行30周年大会上的讲话》,观看"东方卫视《宪法,三十而立》",谈谈以宪治国的意义。

3. 阅读《旅游法》和《〈旅游法〉促使旅游业加快转型升级》,你认为《旅游法》实施几年来对旅游行业的发展有了哪些促进?

4. 观看《女游客大意丢包 服务员拾金不昧》《云南:女导游发飙骂游客视频网上流传》两个视频,谈谈作为一名旅游职业人应当怎样遵法守法。

(二) 材料解析

同样是违规行为

景点导游讲解员小凌,在接待过程中发生一些过失行为。为此,游客对他很不满意。为了弥补自己的过失,小凌在后来的接待中很卖力,可就是得不到游客的谅解。当天中午,在景区用餐时,旅游团有8名散客向小凌提出要把午餐改成吃"野味",小凌明知这种做法不妥,但为了讨好游客,不投诉他的过失行为,也就违心地同意了。经过一番努力,小凌终于在朋友的帮助下根据游客要求在餐馆预订了穿山甲、娃娃鱼、发菜及熊胆酒等十几道野味。但由于野味供应较为紧张,餐馆只搞到了三四种,虽然价格偏高了些,但游客吃得很满意。他们当场表态不投诉小凌的失职行为。谁知旅游结束后,景点领导收到另外几位游客的投诉,说导游员违法了《野生动物保护法》,要求对他进行必要的处分。

对此,小凌愤愤不平。景点领导指出:"你用一种过失掩盖另一种过失,别忘了,同样都是违规行为!"

(资料来源:王昆欣,《旅游景区服务与管理案例》,旅游教育出版社,2008年版)

问题:

请联系所学内容,谈谈景区导游员小凌为什么在两次违规面前仍然愤愤不平呢。

以不合理的低价组织旅游活动

"999元游香港,双飞五日游,全程只有3个购物点,绝不强迫消费。"面对诱人的广告宣传,游客张先生立即报名参团。然而,当双脚踏上香港时,一切都变了样。还没开始看风景,就被拉到一个珠宝店,"纯购物"行程就此开始。

几位保持冷静的游客还被导游"约谈":"出一趟门不容易,你们怎么不买点儿东西带回去呢?你们不买东西,就别想回去。"就这样,"五日游"变成了"五日购",风景没顾上看,东西买了不少。

问题：
结合《旅游法》，你认为这样的旅游组织活动错在哪些方面？

五、实践活动

根据我国宪法的基本原则、国家制度、法律部门的实体法律体系以及旅游部门的法律法规等教学内容，在课内实践中，运用主题发言、讨论、演讲和知识竞赛等教学方式，围绕"你知道最近新颁布了哪些法？""我心目中的依法治旅是什么样的？"等问题动员学生进行演讲和讨论，组织学生开展"旅游法规知识竞答"。在课外实践中，组织学生运用实践汇报、调查问卷、征文等形式，通过深入旅游行业了解法律法规，并旁听司法审理提升自己的知法、遵法、守法意识。

（一）课内实践

实践项目一：你知道最近新颁布了哪些法？

[实践类型]

主题发言

[实践目的]

通过引导同学关注最近新颁布的法律法规，帮助同学认识体现我国社会主义法律体系动态、开放、与时俱进的发展要求。

[实践方案]

时间：5~10分钟；地点：教室

流程：步骤1　教师先期布置任务，发动同学谈谈最近都颁布了哪些法律法规，对我们的生活都产生了哪些影响。

步骤2　同学分小组课前调查归纳。

步骤3　各小组介绍自己了解的新颁布的法律法规及其主要内容和现实作用。

步骤4　教师归纳总结。

[实践结果]

发言稿

实践项目二：我心目中的依法治旅是什么样的？

[实践类型]

讨论、发言、演讲

[实践目的]

通过发动同学畅谈自己心目中的依法治旅的感想，帮助同学正确理解旅游法规对于促进旅游行业健康发展的作用。

[实践方案]

时间：10~15分钟；地点：教室

流程：步骤1　教师先期布置任务。

步骤2　同学发言，畅谈心目中的依法治旅的感想。

步骤3　教师归纳总结。

[实践结果]

讨论结果

实践项目三：旅游法规知识竞答

[实践类型]

知识竞答

[实践目的]

通过旅游法规知识的竞答，使同学们更好地了解和掌握《旅游法》、旅游法规等知识，增强旅游职业人的法律意识。

[实践方案]

时间：20分钟；地点：教室

流程：步骤1 教师事先准备好有关旅游法规知识竞答问题。

步骤2 说明竞答规则，包括必答规则与抢答规则。

步骤3 全班分成两大组，每组挑选4位同学参加抢答环节比赛。

步骤4 竞答开始，必答环节每个组员都可以参与，抢答环节由每组挑选的同学参与，最后两部分分数合在一起计算，得分高者则获胜。

步骤5 教师点评。

[实践结果]

个案点评

（二）课外实践

实践项目一：旅游行业法律法规面面观

[实践类型]

实践汇报、调查问卷

[实践目的]

通过旅游行业走访、调研，了解旅游行业中较为普遍出现的客服纠纷、旅游合同纠纷、投诉纠纷等法律现象，帮助同学利用基本法律常识正确分析常见而又简单的旅游问题。

[实践方案]

时间：1个月；地点：校外旅游企业

流程：步骤1 教师先期布置任务。

步骤2 班级以小组为单位，各小组确定调研主题和范围。

步骤3 各小组制订计划、开展项目实施。

步骤4 项目调研成果汇报。

步骤5 教师评价。

[实践结果]

调研报告

实践项目二：走进法庭——旁听一次庭审（根据客观情况组织）

[实践类型]

实践汇报、征文

〔实践目的〕

通过带领同学参加一次法庭庭审,帮助学生直观了解司法活动的基本程序,帮助同学进一步理解法的精神。

〔实践方案〕

时间:根据客观情况机动决定,占用工作日半天;地点:基层法院法庭。

流程:步骤1 先期联系某法院,确定时间地点和旁听案件案由。

　　　步骤2 组织学生前往旁听庭审。

　　　步骤3 组织学生就有关感想参与征文。

　　　步骤4 评比、总结。

〔实践结果〕

征文

第七讲　树立法律观念，弘扬旅游职业人法治精神

一、学习引领

(一) 学习目标

1. 知识目标

本讲的教学从法治观念入手，在旅游高职生中进行社会主义法治和旅游业法治观念的教育，帮助学生在掌握法律知识的基础上，把握法律的内在精神，树立正确的法治理念，培育学生的守法、护法意识，在今后的旅游职场中既要维护法律权威，又要正确行使法律权利，履行法律义务，切实弘扬旅游职业人的法治精神。

2. 能力目标

以培养学生的法治思维为目的，用贴近旅游高职生生活实际的话题和社会、旅游行业热点问题来引导他们准确理解法律思维的性质、特点，使学生能在理论教学和实践活动过程中逐渐把握培养社会主义法律修养的途径，树立法律信仰，能够在社会生活和旅游职业中自觉维护社会主义法律及旅游法律法规权威，担负起建设社会主义法治国家和法治旅游行业的时代重任。

3. 素质目标

通过教学，使旅游高职生进一步增强法治观念，形成自觉依法办事的意识，提高依法参与公共生活和旅游职场，实施法律行为的良好习惯。

(二) 认知提示

1. "法治"要求依据法律进行治理，主要包含两个层面的含义：形式意义上的法治和实质意义上的法治。形式意义上的法治强调"依法治国""以宪治国""依法办事"的治国方式、制度和运行机制。实质意义上的法治强调"法律至上""法律主治""制约权力""保障权利"的价值、原则和精神。形式意义上的法治体现法治的价值、原则和精神，实质意义上的法治通过法律的形式化制度和运行机制予以实现，两者缺一不可。

2. 社会主义法治观念是中国特色社会主义理论在法治建设上的体现，是社会主义法治内在要求的一系列观念、信念、理想和价值的集合体，是指导和调整社会主义立法、执法、司法、守法和法律监督的方针和原则。

3. 依法治国、依法治旅是我国的基本治国治旅方略。树立社会主义法治观念和旅游业法治观念，关系到社会主义法治国家建设和旅游业健康发展的历史进程。理解和把握正确的权利观和义务观。作为社会主义国家公民和旅游职业人的旅游高职生必须加强法律修养，依宪行使法律权利和承担法律义务，养成自觉遵纪守法、严格依法办事的习惯，做一个知法、懂法、守法的合格公民和旅游职业人。

(三) 重点难点

1. 重点索引

建设社会主义法治国家民主与法治的关系、自由与平等关系、公平与正义观念;培养社会主义法治思维方式;权利与义务的关系。

2. 难点提要

社会主义民主与法治观念;树立和维护社会主义宪法法律权威、旅游行业法律法规权威。

二、教学与案例

(一) 导入新课的案例

游客登邮轮被拒,谁之过

游客(大陆籍)携带未成年儿子(香港籍)参加旅行社组织的邮轮游,当地旅行社向游客收取了旅游费用,将旅游费用转账给某邮轮票务代理公司,游客和邮轮票务代理公司签订了单项委托代理合同。

出团前,游客咨询旅行社,除了携带护照外,是否需要携带通行证,得到了肯定的答复;游客继续向邮轮公司咨询,得到的结果是不需要携带通行证。

登邮轮时,未成年儿童被拒绝登船,理由是该儿童只携带了香港护照,但没有携带通行证。经过再三协商仍未果,游客及其儿子只得取消行程。之后,有关当事人为了如何退还游客的旅游费用产生纠纷。

(资料来源:《中国旅游报》2016年2月5日)

[案例分析]

一) 法律依据

1.《旅游法》第一百一十一条规定,包价旅游合同,是指旅行社预先安排行程,提供或者通过履行辅助人提供交通、住宿、餐饮、游览、导游或者领队等两项以上旅游服务,旅游者以总价支付旅游费用的合同。

2.《旅游法》第七十四条规定,旅行社接受旅游者的委托,为其代订交通、住宿、餐饮、游览、娱乐等旅游服务,收取代办费用的,应当亲自处理委托事务。因旅行社的过错给旅游者造成损失的,旅行社应当承担赔偿责任。

3.《合同法》第三十六条规定,法律、行政法规规定或者当事人约定采用书面形式订立合同,当事人未采用书面形式但一方已经履行主要义务,对方接受的,该合同成立。

二) 辨析

1. 邮轮旅游服务中存在的法律关系。和一般的出境游团队相比,邮轮旅游服务更具特殊性,法律关系也更为复杂。

第一,和游客有直接服务合同关系的,可能是旅行社,也可能是邮轮票务代理公司,还有可能是邮轮公司本身,这要看具体的旅游服务合同。

第二,旅行社和邮轮票务代理公司存在委托代理合同关系。

第三,游客和邮轮存在运输合同关系。邮轮客票有游客的姓名等信息,表明邮轮作为交通工具提供者而存在,与游客存在运输合同关系。

第四，游客在游轮上活动，和相关服务经营者存在消费合同关系，也可能与其他服务者有着其他法律关系。

第五，邮轮在目的地停泊，既可能是邮轮公司组织游客上岸旅游，组织者也可能是旅行社，还有可能是邮轮票务代理公司。这些组织者都可能和游客一起成为旅游合同当事人。

2. 案例中的单项委托合同究竟是何种合同？邮轮票务代理公司和游客签订了单项委托代理合同，但这样的单项委托代理合同，并不是真正意义上的单项委托合同，而是包价旅游合同，是邮轮票务代理公司为了规避《旅游法》等法律规定，刻意制作的、有规避责任之嫌一份合同。理由如下：

第一，邮轮票务代理公司为游客提供的服务超过两项。按照《旅游法》的规定，邮轮票务代理公司虽然签订了单向委托合同，但是该公司提供的《出境旅游说明书(会)及本行程出发前确认书》中明确约定，邮轮票务代理公司将为游客提供住宿、餐饮、交通和娱乐服务。邮轮票务代理公司为游客提供的服务超过了两项。同时，游客的旅游费用以总价形式支付给邮轮票务代理公司或者旅行社。

第二，邮轮票务代理公司提供的服务是自己设计和规划的。判断是包价旅游合同还是单项委托合同，超过两项服务固然是一个标准，总价支付也是一个要素。但更为重要的是，要看旅游服务产品的设计者和规划者是邮轮票务代理公司，还是游客本人。显然，在邮轮旅游服务中，产品和线路的设计者和规划者均为邮轮票务代理公司，游客只是被动地接受服务。换句话说，邮轮旅游服务不是邮轮票务代理公司接受游客的委托，而是游客按照邮轮票务代理公司的安排接受服务。从中可以得出这样的结论，邮轮票务代理公司虽然和游客签订了单项委托合同，但究其实质，该单项委托合同仍然属于包价旅游合同的范畴，只是使用了单项委托合同的形式。

第三，邮轮票务代理公司涉嫌超范围经营。这是在上文分析的基础上得出的结论。

上述案例中，由于邮轮票务代理公司以单项委托合同的方式和游客签订邮轮旅游合同，但实际上从事的却是包价旅游合同服务，而包价旅游服务是旅行社的专属业务，未取得旅行社业务经营许可证，任何单位和个人从事包价旅游服务业务都属于超范围经营。邮轮票务代理公司主业为代理邮轮票务，但事实上却从事了包价旅游服务，与其经营范围和工商许可范围不一致，显然超出了邮轮票务代理公司的经营范围，涉嫌违法。

3. 上述案例中的纠纷如何处理。上述案例中，和游客有合同关系的主体有邮轮票务代理公司和旅行社。前者和游客签订了票务代理的单项委托合同，后者收取了游客的邮轮旅游团款。要处理这类旅游纠纷，首先必须明确哪一方存在过错。

第一，游客是否存在过错。如果游客经常携带儿子出境旅游，游客应当知道携带儿子出境旅游需要携带的证件。在此前提下，如果游客自己没有履行注意义务，就应当推定游客承担主要责任。

在上述案例中，游客对于出境旅游并不熟悉，没有理由要求游客对携带何种证件有清楚的认识。所以，除非旅行社或者邮轮票务代理公司能够证明，游客应当知道港籍人士参团出境旅游必须携带通行证，或者相关服务经营者已经明确告知游客，否则游客就不存在过错，也就不应当承担责任。

第二，旅行社是否存在过错。旅行社是否存在过错，主要看旅行社是否履行了告知义务，如果旅行社履行了该义务，就不应当承担责任。对于这个问题，旅行社必须明确一点，旅行社作为专业组织出境旅游的机构,旅游相关知识应当烂熟于心,并且事先告知游客。在现实中,也的确存在旅行社并不知情的情况,但这也不能成为免责的理由,即使旅行社不知道,也会被推定为必须知道,否则就要承担责任。至于旅行社业务员说已经口头告知游客,旅行社必须对此承担举证责任,证明不了,就推定没有履行告知义务。

第三,邮轮票务代理公司是否存在过错。在邮轮票务代理公司提供给游客的《出境旅游说明书(会)及本行程出发前确认书》中提示游客:请携带本人护照原件以及复印件、身份证原件。这样的提示恰好说明,邮轮票务代理公司要么对于港籍人士参加出境旅游,除了护照外,必须携带通行证这个规定并不知情;要么是工作疏忽;没有将此项告知义务纳入合同。不论何种情形,邮轮票务代理公司都应当为游客被拒负责,除非邮轮票务代理公司能够证明事先已经履行了告知义务。

总的来说,现有资料表明,游客没有过错,邮轮票务代理公司和旅行社应当共同为游客参加邮轮旅游被拒一事负责,全额退还游客旅游团款,并承担游客未参加邮轮旅游而产生的实际损失。

(资料来源:《中国旅游报》2016年2月5日)

(二) 授课中的材料与案例精选

材料精选 4-3　　**习近平在十八届中央政治局第四次集体学习时的讲话**

(2013年2月23日)

中共中央政治局2月23日下午就全面推进依法治国进行第四次集体学习。中共中央总书记习近平主持学习并发表讲话。

习近平强调,我国形成了以宪法为统帅的中国特色社会主义法律体系,我们国家和社会生活各方面总体上实现了有法可依,这是我们取得的重大成就。实践是法律的基础,法律要随着实践发展而发展。要完善立法规划,突出立法重点,坚持立改废并举,提高立法科学化、民主化水平,提高法律的针对性、及时性、系统性。要完善立法工作机制和程序,扩大公众有序参与,充分听取各方面意见,使法律准确反映经济社会发展要求,更好协调利益关系,发挥立法的引领和推动作用。

习近平指出,要加强宪法和法律实施,维护社会主义法制的统一、尊严、权威,形成人们不愿违法、不能违法、不敢违法的法治环境,做到有法必依、执法必严、违法必究。行政机关是实施法律法规的重要主体,要带头严格执法,维护公共利益、人民权益和社会秩序。执法者必须忠实于法律。各级领导机关和领导干部要提高运用法治思维和法治方式的能力,努力以法治凝聚改革共识、规范发展行为、促进矛盾化解、保障社会和谐。要加强对执法活动的监督,坚决排除对执法活动的非法干预,坚决防止和克服地方保护主义和部门保护主义,坚决惩治腐败现象,做到有权必有责、用权受监督、违法必追究。

习近平强调,我们提出要努力让人民群众在每一个司法案件中都感受到公平正义,所有司法机关都要紧紧围绕这个目标来改进工作,重点解决影响司法公正和制约司法能力的深层次问题。要坚持司法为民,改进司法工作作风,通过热情服务,切实解决好老百姓打官司难问题,特别是要加大对困难群众维护合法权益的法律援助。司法工作者要密切联系群众,规范司法行为,加大司法公开力度,回应人民群众对司法公正公开的关注和期待。要确保审判机关、检察机关依法独立公正行使审判权、检察权。

习近平指出,任何组织或者个人都必须在宪法和法律范围内活动,任何公民、社会组织和国家机关都要以宪法和法律为行为准则,依照宪法和法律行使权利或权力、履行义务或职责。要深入开展法制宣传教育,在全社会弘扬社会主义法治精神,引导全体人民遵守法律、有问题依靠法律来解决,形成守法光荣的良好氛围。要坚持法制教育与法治实践相结合,广泛开展依法治理活动,提高社会管理法治化水平。要坚持依法治国和以德治国相结合,把法治建设和道德建设紧密结合起来,把他律和自律紧密结合起来,做到法治和德治相辅相成、相互促进。

习近平强调,我们党是执政党,坚持依法执政,对全面推进依法治国具有重大作用。要坚持党的领导、人民当家作主、依法治国有机统一,把党的领导贯彻到依法治国全过程。各级党组织必须坚持在宪法和法律范围内活动。各级领导干部要带头依法办事,带头遵守法律。各级组织部门要把能不能依法办事、遵守法律作为考察识别干部的重要条件。

(资料来源:《习近平总书记系列讲话专题选编》,中共江苏省委党校,2013年11月版)

[点评提示]

习近平总书记在讲话中提到我国形成了以宪法为统帅的中国特色社会主义法律体系,加强宪法和法律的实施至关重要,要体现公平正义,任何组织或者个人都必须在宪法和法律范围内活动。我们党是执政党,坚持依法执政,对全面推进依法治国具有重大作用。学习课本"树立社会主义法治观念"时阅读习近平总书记的讲话,你有何感受?

案例精选 4-9　　大学生为何相信电信诈骗

《东方早报》1月25日刊登沈彬的文章说,近日闹得沸沸扬扬的同济大学女生"失联"事件,被警方查实是一起电信诈骗案。

今年1月初,小丽接到一个陌生电话,对方自称警察,称小丽涉嫌一起诈骗案,必须支付巨额保证金,才能"提前审查"不被拘捕,而且必须保密,连家人也不能告诉。于是,小丽就把几万元转给了骗子。之后"警方"继续勒索,小丽又汇去70万元。但骗子还没有收手。他们电话指挥小丽去杭州"配合调查",还要其关掉手机,办一个新号码。然后,小丽就不告而别地去了杭州,之后又去了绍兴。直到警方去解救小丽时,她还是深信:自己在"配合警方调查",为什么还要来抓她?

骗子的骗术并不高明,还是那套"你涉嫌犯罪,司法机关要你配合调查"的套路。可是,小丽作为同济大学工商管理专业的学生,并且高中期间还是校学生会主席,还当选过上海市优秀学生干部,为什么对这种低劣的谎言深信不疑?

无独有偶,去年7月,上海某知名大学的学生王某,接到一个所谓"陈警官"的电话,之后被骗了钱。但"陈警官"没有罢手,又告诉他:有一名金融犯罪集团的"共犯"正在银行内取款,"长发,身高和你差不多,你上去把她的钱抢了上交给'国家'"。于是小王抢劫了一名刚在ATM机取款的女士。一个大学生,居然相信所谓"警察"有权让他去抢另一个公民,这种落后的法治意识本身比电信诈骗更可怕。

不少人用"高分低能"来评价大学生被骗,但也应当反问:中学、大学的教育,有没有教会公民基本的法治常识?

(资料来源:《东方早报》2016年1月25日)

[点评提示]

上述的案例讲了同济大学某女生轻易地被电信诈骗,而且深信不疑;另一个大学生居然还相信警察会叫人去抢别人的钱财。这些案例绝不是孤立的个案,有一定的代表性。什么是优秀的学生?仅仅是学习好、听话?我们究竟该怎样培养优秀的学生?请结合"培养社会主义法治思维"内容,谈谈你的看法。

案例精选 4-10　　一位高三语文老师的思虑:
学生对不公的"理解"令人忧心

《中国青年报》刊登吴梅花的文章说,"当时我真的很得意,完全没有留意到它哭了。是因为疼吗?还是怨恨这是一场不公平的游戏。如果钓鱼的人,嘴里也含着鱼钩来搏斗,输了的鱼,是不会流泪的。"以此段话为材料,以"公平"为话题,写一篇800字的评论文章。

这是模拟考试的一道作文题。在阅卷的时候,我这个高三语文老师惊讶地发现,一半以上的学生,对这段材料的认知是"这个世界没有绝对的公平可言""弱者没有要公平的权利";所以,"弱者的眼泪是卑微的,哭能换来公平吗";更有甚者言称,"这个世界人民都向往公平,可是公平本身就是错误的"。

这段材料出自台湾作家几米的《照相本子》一书,这段话之后还有一句结语——"我把鱼钩含在嘴里,心里开始对鱼说抱歉。"出题者故意删掉了这一句,或许是希望由学生来表达这种情怀与反思吧。遗憾的是,学生都没有这种愧疚感。老实说,我被这些孩子的文字震惊了——不是因为它偏离了"标准答案",而是因为包裹在这些言语背后的处世之道,以及对于现世"不公"理所当然地接受。这些满脸稚气率真的孩子,从哪里获得了如此冷峻近乎冷酷的认知?我努力地跟学生们讲,这个社会确实有很多不公,但我们的社会不该是弱肉强食的社会,可很多学生不理解。他们说不是经常讲弱肉强食、优胜劣汰是自然界的法则吗,我们在社会上遭遇的不就是这么回事吗?

公平正义毕竟是人类孜孜不倦的最高追求。如果自身是弱者,从励志的角度来说,眼泪没有用,哀求没有用,要为自己的权利去抗争,要自立自强,这也无可厚非。但是,如果我们的学生觉得不公平是常态,是必然,那么我相当怀疑,当他们成为有话语权的人之时,又怎么会有打破社会不公的决心,有改变不公平的制度的动力?

(资料来源:《报刊文摘》2013年6月10日)

[点评提示]

年轻的学生对公平的错误理解正是我们社会对一些弱势群体的不公正对待的现象给予了他们的参照物。人总是相信自己亲眼看到的、体会到的,不相信说教的。因此,要让学生相信你的教育,你就得拿出公平正义的事实去影响学生们,让他们感同身受。当然社会更应当拿出改革的自信和力量实施公平正义的实践,正视和维护弱势群体的合法利益。那时学生们对公平正义的理解就是另外一种情况了。根据所举例子并结合课本中"公平正义"内容,你对公平正义是怎样理解的?

> 案例精选 4-11

俞可平：民主法治是现代国家的底线
社会公平的内容绝不只是物质财富的分配

《学习时报》10月20日刊登俞可平的文章说，做人要有底线，治国同样要有底线。公平正义与依法治国，就是现代国家的底线。

公平正义就是社会的政治利益、经济利益和其他利益在全体社会成员之间合理而平等的分配，它意味着权利的平等、分配的合理、机会的均等和司法的公正。维护和实现公平正义，不仅关系到社会的稳定与和谐，关系到党和国家的长治久安，而且关系到公民的基本权利，关系到人的全面发展和社会的全面进步。

按照公平正义的基本价值来衡量我国现存的社会发展进程，那么我们就会发现，在经济、司法、教育、健康、环境、性别和社会保障等方面，公平正义的问题已经相当突出。这就要求我们把能否解决这些问题提高到是否真正坚持社会主义的高度来看待。

社会公平的内容绝不只是物质财富的分配，还包括政治、社会、文化、教育、司法等其他内容。要全面维护和实现社会的公平正义，除了缩小收入差距，扩大社会保障，维持基本的经济公平外，还必须从法律、制度、政策上努力营造公平正义的社会环境，保证全体社会成员能够比较平等地享有教育、医疗、福利、就业、参与社会政治生活和接受法律保护等权利。

公平正义还必须具备相应的制度基础。没有具体的制度、机制和政策保障，公平正义便是一句空话。对于实现公平正义而言，最重要的制度保障，便是民主法治。

法治与人治相对立，它既规范公民的行为，但更制约政府的行为。公共权力如果不遵守既定的法律规范，公民权利与公共权力之间如果没有明确的法律界线，就不可能建立现代的国家治理体系。

(资料来源：《学习时报》2014年10月20日)

[点评提示]

俞可平说道："在经济、司法、教育、健康、环境、性别和社会保障等方面，公平正义的问题已经相当突出。这就要求我们把能否解决这些问题提高到是否真正坚持社会主义的高度来看待。"这句话说得何等得好啊！坚持社会主义就是要坚持社会全体公民的公平正义，而坚持公平正义就是要建立民主法律制度，以法治取代人治。如果做不到这一点，那么何来坚持社会主义？追求衣食无忧是人民群众的利益，追求公平正义的合法权益也是人民群众的利益，社会主义道德的基本核心是全心全意为人民服务。那么请想一想，公平正义、民主法治与社会主义应该是什么样的关系？结合课本中的"培养社会主义法治思维"内容谈谈。

> 案例精选 4-12

依法治国最重要是管住各级官员

据中国新闻网10月20日报道，中共十八届四中全会20日在北京开幕。这是中国改革开放以来中共第一次以依法治国为主题的中央全会。中共中央党校教授谢春涛20日表示，依法治国成为全会主题，跟中国的现实和中共对国家的认识密切相关。

谢春涛说，依法治国的基本方略在1997年中共十五大时就已确立，在党内大家都认同，但从实践层面问题依然很多。比如立法方面，有些法律还未建立，有些法律条文还要修改；执法方面，有些法律未能很好地执行，司法不公、司法腐败依然存在。中央领导已经意识到法治对一个现代国家来说至关重要。

谢春涛说,中国共产党在依法治国上走过弯路,也在实践中意识到党要依法执政,政府更要依法行政,民主必须制度化、法律化。要实现十八届三中全会提出的"推进国家治理体系和治理能力现代化",最重要的就是要建立健全法治。过去提"依法治国"更多是强调老百姓要遵纪守法,今天提"依法治国"更重要的是管住各级官员,范围更广、力度更大,涉及全体老百姓利益,对未来中国的发展意义重大。

(资料来源:中国新华网2014年10月20日)

[点评提示]

现在我国的法律制度基本完善,关键的是执法和守法。过去谈依法治国主要强调的是老百姓要遵纪守法,今天的依法治国就得着重强调各级官员要遵纪守法,向官员灌输"纪大于法"的现代理念。学习课本中"培养法治思维的途径"内容时,联系上述案例,谈谈你对"纪大于法"的理解。

案例精选 4-13　　　　　　　中国努力摆脱"人治"阴影

中共十八届四中全会的召开是中国政治发展和改革中一件划时代的大事。种种迹象表明,这次全会把"依法治国"提到了中共执政以来前所未有的高度——关乎"促进国家治理体系和治理能力现代化",也关乎实现"两个一百年"奋斗目标和实现"中国梦"。

舆论认为,中国当下,全面深化改革势在必行,亦将为面临下行压力与转型难题的中国经济带来新的红利而中国人从来没有像今天这样迫切地渴望法治。

中国仍在努力摆脱两千多年"人治"的阴影,无论是经济领域的改革,还是基层社会的"神经末梢"治理,一些党政官员历史上形成的"特权观念""以言代法""权大于法"等思维和作风,导致以权压法、徇私枉法依然存在,破坏了社会的公平正义,也成了腐败蔓延的重要原因,危及执政党地位和国家长治久安。树立从中央到地方的法治权威刻不容缓。

"对于四中全会,我们更加关注如何提高司法的权威性和有效性。这是摆在执政党面前的一大考题,在高速现代化的进程中,社会治理未必都是均衡发展的,要让13亿多人都高度自觉地依法办事,并不容易。"四中全会前参加建言献策的中国法理学研究会副会长沈国明说。

法学专家、全国政协常委周汉民则指出:"归根结底,中国特色社会主义法治国家建设的可持续推进,需要执政党进一步改进和提高自身的执政能力及执政水平。"

专家认为,依宪治国是最高层级的依法治国,在宪法旗帜下,法治将体现出法的存在性、公正性、至上性、预设性,既要对权力制约,也要对权利保障,最大可能彰显公平正义。

(资料来源:《京华时报》2014年10月21日)

[点评提示]

"人治"的思想影响了中国两千多年,至今在一些领域、一些基层单位仍有市场。一些党政官员历史上形成的"特权观念""以言代法""权大于法"等思维和作风,导致以权压法、徇私枉法依然存在,破坏了社会的公平正义,更与社会主义文明制度格格不入。要想真正坚持社会主义制度,就必须消除"人治"的阴影,播亮"法治"的光明,匡扶"公平正义"的正气。请结合课本中的"法治思维的基本内容",谈一谈为什么要用法治代替人治。

案例精选 4-14　　　　　中国将立新规严禁疲劳审讯

内地媒体8日报道,中国最高人民法院将在年底之前出台有关非法证据排除的解释文件,刑讯逼供、疲劳审讯等将被视为非法,法院应排除由此获得的证据。

报道称,最高人民法院的这一解释文件初稿中包括了上述规定,并且对非法证据作出明确认定。如果得以实施,这些规定将扩大非法审讯方式的定义,把超过12个小时的讯问列为非法。两年前通过的刑事诉讼法修正案将一些审讯手段列为非法,以保护嫌疑人的基本权利,并严禁刑讯逼供和以威胁、引诱、欺骗以及其他非法方法搜集证据。

但是,分析人士称,由于相关定义和程序太过模糊而难以实施,排除非法证据比较困难。

分析人士说,此次有望出台的解释文件将填补漏洞:在现行法律体系下,长时间的审讯在某些地方已经成为警方的常用手法。北京的律师李逊(音)说:"我经历过很多案子,法院会采纳警方长时间审讯获得的证据。"

中国政法大学刑事诉讼法教授洪道德说,最高人民法院需要明确法庭程序,以便有关规定得以实施。

(资料来源:香港《南华早报》网站2014年12月9日)

[点评提示]

曾几何时,因为要求从重、从严、从快打击违法犯罪分子,一些公安机关和司法机关为了邀功就滥施刑讯逼供获取供词,或者以威胁、引诱、欺骗以及其他非法方法搜集证据,结果造就出无数冤假错案,给予当事人以巨大伤害,也给社会带来缺乏公平正义的硬伤。依法治国不是一句空话,它必须落实在具体的治理上。外电评述我国立新法严禁违法取证,就是彰显党和政府决心弘扬公平正义,构建文明和谐的法治社会。这是我国社会的普遍企盼,也是我们每个人的愿景。结合课本中的"法治思维的基本内容",想一想为什么要严禁疲劳审讯。

案例精选 4-15　　　　　长城景区游客被撞致死事件应依法处理

近期一些旅游景区旅游安全事件频发,旅游景区、旅游经营者应依照《旅游法》及相关法律规定,更加重视旅游安全,最大限度地预防、消除各种安全隐患。

4月8日,北京慕田峪长城景区发生一起加拿大籍女游客(以下简称外籍女游客)意外撞倒中国老年(73岁)游客,致使该游客头部撞击城墙当场身亡的安全事件。该事件不仅成为近日国内媒体和公众热议的话题,也引起了加拿大民众的关注。据报道,北京市怀柔区法院日前宣布,该院已经受理老人家属起诉加拿大籍女子民事赔偿案。根据目前掌握的信息,笔者对此事的处理提出以下看法。

首先,应确定游客在景区被撞致死事件的性质。游客在旅游景区正常游览时被奔跑的外籍女游客撞倒致死,一种可能是过失犯罪,属于刑事案件;另一种可能是民事侵权行为,属于民事案件。根据现行法律的规定,界定该事件是否属于刑事案件属于事发地怀柔公安分局的职责。从怀柔公安机关目前公布的信息来看,警方认定该起安全事件不属于刑事案件。对于警方不予刑事立案的决定,死者家属如果不服,可以向怀柔区警方提出刑事复议申请,也可以向怀柔区人民检察院提出申诉。

其次,应界定游客在景区被撞致死事件的各方责任。从目前的情况看,死者家属只是对

第四单元　学法懂法守法,培育旅游职业人法治精神

警方不予刑事立案的决定表示异议,尚未依法提出刑事复议或者向人民检察院提出申诉。如果警方最终依法认定该安全事件不属于刑事案件,那么,该事件就应转为民事侵权事件。对此,根据《侵权责任法》的规定,在长城景区奔跑撞倒老人致死的外籍女游客,应承担主要、直接的责任;慕田峪长城作为景区,接待老年旅游者,应当严格执行安全生产管理的法律、法规和国家标准、行业标准,应当采取相应的安全保障措施。据此,慕田峪长城景区在景区入口处应以明示方式对老年游客的安全注意事项给予特别提示,在危险地段附近应设置安全提示标志,应有工作人员对老年游客进行必要的引导、搀扶。如果慕田峪长城景区在此方面没有履行《旅游法》设定的安全保障义务,则应当依据《旅游法》《侵权责任法》的规定,对老年游客在景区遇难承担相应的补充责任。对于遇难老年游客,其在游览过程中也应遵守旅游活动中的安全警示规定。如果有证据证明遇难老年游客在游览长城时存在未遵守安全警示规定的情形,则说明遇难老年游客自己也有过错。

最后,在上述分析基础上,如果遇难游客家属向人民法院起诉,法院经审理,有权判定各方当事人的责任。对于社会各界关心的加拿大籍女游客的责任承担与执行问题,我国的民事诉讼法对涉外民事诉讼的送达、执行有着明确的规定,而且中国的司法机关与境外司法机关之间有着较为通畅、成熟的沟通与协作机制。笔者认为,社会各界应该对中国司法机关依法审判、依法维护当事人合法权益的意愿与能力给予充分的信任。

需要强调的是,鉴于近期一些旅游景区发生的旅游安全事件,旅游景区、旅游经营者应依照《旅游法》及相关法律规定,更加重视旅游安全,最大限度地预防、消除各种安全隐患,保障广大旅游者的安全。

(资料来源:《中国旅游报》2015年4月15日)

[点评提示]

上述案例讲的是加拿大游客在长城上奔跑撞死中国年老游客的事件应怎样依法办理? 这是一个典型的法律思维方式。第一步应确定游客在景区被撞致死事件的性质,是刑事案件还是民事案件,如是前者应当如何提起诉讼。第二步界定游客在景区被撞致死事件的各方责任,是老外负全责还是双方各有其责,这一定要厘清,这是依法补偿的依据。第三步在起诉后,要相信我国司法与境外司法有着较为通畅和协调的关系,是能够依法维护当事人的合法权益的。学习课本中的"培养社会主义法治思维"内容时,你可以参考这一案例,谈谈自己对法律思维方式的认识。

案例精选 4-16　　　　　"辛劳度"赢得"满意度"
——"十二五"厦门旅游质监执法十大热词解读

"十二五"期间,厦门旅游质监部门积极创新监管手段,加大执法力度,维护合法权益,提升旅游服务质量,同时加强队伍建设,用质监工作的"辛劳度"赢得了广大游客的"满意度"。回首向来质监路,十大热词堪解读——

1. 服务至诚:认真落实"365天全天候旅游投诉受理"制度,建立快速反应、联合处理、结果回访、投诉约谈、分析通报、智能受理等一整套运行机制,共受理各类旅游投诉及咨询11 545件,办理正式投诉977件,为游客挽回经济损失370余万元,办结案件满意率达100%。

203

2. 游客为本:2014年3月,福建某旅行社包租的邮轮突发机械故障导致行程中止,涉及厦门游客1060人。厦门旅游质监部门立即启动应急预案,累计接办旅游投诉、情况反映110起,正式投诉45件。经过近5个月努力,所有旅游投诉已达成和解,为广大游客挽回经济损失90万元。

3. 市场有序:坚持"每周5天、黄金周7天"对导游人员IC卡和旅游团队电子派团单日常检查,共检查导游员10.1万人次,共有400人次导游受到扣分处理,累计扣分1402分,导游违规率仅为0.4%。全面推行旅游团队监管服务平台,共检查旅行社电子派团单3.2万多团组,检查通过率达99.91%。

4. 依法治旅:以深入贯彻《旅游法》为重点,积极推进依法治旅、依法兴旅。自2011年以来,共立案调查案件82起,作出行政处罚决定72例,依法罚没违规资金达36.41万元,系福建省首个开出且开出罚单最多的城市。编制出台《厦门旅游市场监督检查管理办法(试行)》,建所以来无1起旅游行政处罚案件被申请行政复议或提起行政诉讼。

5. 治乱肃纪:建立完善市区联动、部门联动、政企联动、舆论联动"四位一体"监管体系,联合公安、工商、港口、交通、海事等部门,累计开展综合执法检查1208次,出动检查人员9299人次,检查涉旅商户1495家次,清查各类非法旅游广告信息2万多条,抓获假冒导游人员630人次,其中31人移送公安机关依法拘留。

6. 建制固效:逐步推行旅游质监网格管理,帮助企业完善品保机制,认真落实质检培训、业务函询和总经理约谈等制度。游客对厦门市旅游团队服务综合满意度达99.5%。

7. 智能监管:编制实施《旅游智能监管工程三年行动计划》,全面启动旅游质监执法体系建设。该体系由"四个服务平台"和"四个管理系统"构成,即旅游质监数据管理平台、旅游团队服务监管平台、旅游质监电子地图平台、旅游质监电子政务平台和旅游投诉管理系统、质监执法管理系统、导游人员管理系统、游客满意度管理系统。2015年底,该体系基本建成投用,逐步形成一套可复制推广借鉴的"厦门经验"。

8. 区域协作:加强与台港澳地区、闽西南五市、闽粤赣十三市的区域旅游品质保障合作;深化厦漳泉同城化;与桂林、黄山、杭州、宁波、汕头、潮州等百座热点旅游城市签订旅游质监交流合作协议,强化业务对接,监管联动,资源共享;对接台湾旅游业品保协会、金门县政府交通旅游局、澎湖县旅游发展协会深化合作。

9. 游客知友:以打造"鹭岛先锋、游客知友"服务品牌为载体,以开展治庸问责为抓手,坚持在加强作风建设中提升效能,在查找服务不足中明确方向,积极破解旅游服务质量监管难题。"鹭岛先锋、游客知友"服务品牌被评为厦门机关党建工作十大优秀项目。

10. 创先争优:认真抓好党的群众路线教育实践活动和"三严三实"专题教育,在全体党员干部中广泛开展"三亮三比三创""学习创新提升""作风建设提升"等主题实践活动,努力造就一支纪律严明、业务精通、作风过硬的旅游质监执法队伍。厦门市旅游质监所先后被授予"全国巾帼文明岗""省级三八红旗集体""省级青年文明号"等荣誉称号。

(资料来源:《中国旅游报》2016年1月13日)

第四单元　学法懂法守法，培育旅游职业人法治精神

[点评提示]

执法不作为、执法乱作为都是依法治国和依法治旅所要解决的问题。"十二五"期间厦门旅游质监部门的执法行为受到社会的热捧，表明了该部门执法公平正义、服务到位。联系课本中的"培养法治思维的途径"和"尊重社会主义法律权威"的内容，阅读上述案例，对照一些司法执法不作为和乱作为的现象，你有何感想？

材料精选 4-4　　　　旅行社能否向导游行使追偿权

《旅游法》对导游工资待遇问题进行了专门规定。《旅游法》第三十八条规定："旅行社应当与其聘用的导游依法订立劳动合同，支付劳动报酬，缴纳社会保险费用。旅行社临时聘用导游为旅游者提供服务的，应当全额向导游支付本法第六十条第三款规定的导游服务费用。旅行社安排导游为团队旅游提供服务的，不得要求导游垫付或者向导游收取任何费用。"第六十条第三款规定："安排导游为旅游者提供服务的，应当在包价旅游合同中载明导游服务费用。"但是，如果因导游在履行职务的过程中给旅行社造成了经营损失，比如导游擅自调整行程、将游客送错机场、不进行讲解服务、私自更换导游人员等行为，导致旅行社对游客进行赔偿或被旅游主管机关予以行政处罚。那么，旅行社能否向导游行使追偿权呢？

第一，从法理上分析，民事活动遵循公平原则，在员工因故意或重大过失致人身财产损害的情况下，如果只要求单位对外承担赔偿责任，而单位却不享有对员工的追偿权，则有失公允，且不利于规范员工的职务行为，其结果不仅直接损害单位利益，而且会妨碍社会经济的快速发展，损害整个社会公共利益。

第二，从立法上分析，我国现行的一些法律或司法解释对个别主体的追偿权有规定。比如，《物权法》第二十一条第二款规定："因登记错误，给他人造成损害的，登记机构应当承担赔偿责任。登记机构赔偿后，可以向造成登记错误的人追偿。"《律师法》第五十四条规定："律师违法执业或者因过错给当事人造成损失的，由其所在的律师事务所承担赔偿责任。律师事务所赔偿后，可以向有故意或者重大过失行为的律师追偿。"《最高人民法院关于审理人身损害赔偿案件适用法律若干问题的解释》第九条第一款规定："雇员在从事雇佣活动中致人损害的，雇主应当承担赔偿责任；雇员因故意或重大过失致人损害的，应当与雇主承担连带赔偿责任。雇主承担连带赔偿责任的，可以向雇员追偿。"

第三，从我国的司法实践来看，已有不少案例支持单位的财产追偿权。

因此，笔者认为，导游因"故意或重大过失"而使旅行社遭受损失时，旅行社可以向导游追偿。但是，在民事活动中，导游毕竟属弱势方，因此在裁判导游对单位的赔偿责任范围时，应结合相关因素进行综合考量：

第一，应考量导游是否存在故意或重大过失。导游工作的过程也是为旅行社创造财富的过程，从收益与责任平衡的角度来讲，如果不加区分就要求导游承担所有责任有失公允。所以，如果导游不是因为故意或重大过失的不应承担赔偿责任。

第二，应考量旅行社是否存在管理上的过失。旅行社对导游负有选任、监督、管理等义务，应完善内部规章制度，加强对导游的管理、教育、培训，在导游出现问题时要实施积极的帮助等，如果旅行社没有尽到相关义务，一般情况下应当减轻导游的责任。

第三，应考量旅行社和导游各自的经济承受能力，既要达到保护旅行社的合法权益，又要兼顾导游的基本生活保障。1995年原劳动部出台的《工资支付暂行规定》第十六条规定："因劳动者本人原因给用人单位造成经济损失的，用人单位可按照劳动合同的约定要求其赔偿经济损失。经济损失的赔偿，可从劳动者本人的工资中扣除。但每月扣除的部分不得超过劳动者当月工资的20%。若扣除后的剩余工资部分低于当地月最低工资标准，则按最低工资标准支付。"这个规定可以说是关于企业追偿员工责任比较完整的立法，对于旅行社追偿导游的方式可以起到指导作用。

第四，赔偿损失的事实和数额，旅行社应承担举证责任。《劳动法》第五十条规定："工资应当以货币形式按月支付给劳动者本人。不得克扣或者无故拖欠劳动者的工资。"因此，按时、足额支付导游工资是旅行社的法定义务，《最高人民法院关于审理劳动争议案件适用法律若干问题的解释》第十三条规定："因用人单位作出的开除、除名、辞退、解除劳动合同、减少劳动报酬、计算劳动者工作年限等决定而发生的劳动争议，用人单位负举证责任。"因此，如果旅行社要以导游给其造成经济损失而减扣其劳动报酬，应当对造成损失的事实及数额承担举证责任。

（资料来源：《中国旅游报》2013年7月22日）

[点评提示]

旅行社能否向导游行使追偿权，上述文章列举了《旅游法》《物权法》等法律条文给予了肯定的回答，但是，文章作者又提出了一些不同的观点，作者从导游是弱势群体、旅行社的管理、导游的经济承受能力以及旅行社应承担举证责任等方面强调了旅行社向导游行使追偿权应当有礼有节，而不能随心所欲。请联系课本中的"法律权利与法律义务"内容，从导游的角度，谈谈你对此问题的看法。

案例精选 4-17　　　　　　　游客腿受伤旅行社没送医

游客被宾馆旋转门撞倒受伤，旅行社却没有带游客去医院，结果游客回到南京检查后发现骨折了。为此，游客将旅行社告上法庭索赔，法院审理后，判决旅行社赔偿游客13万多元。

腿受伤旅行社没有送医

2012年7月，南京市民李女士参加某旅行社组织的日照、青岛三日游。第三天早上6点钟出了意外。当时，李女士和众团友正从宾馆旋转门出去。有个小朋友在那里推门，李女士年纪较大跟不上旋转门的速度，被旋转门撞倒，当时腿就疼得站不起来了。

团友赶紧上前搀扶，发现李女士腿部受伤，并将此事告诉了导游。但是，导游并没有安排李女士到医院就医，反而让她继续跟着团走。李女士不好意思让别的团友陪自己去医院，自己又人生地不熟的，怕遇到事情没人照应，只好硬着头皮跟车走了。

回宁拍片发现左腿骨折了

接下来的行程让李女士后悔自己作出的决定，原来，旅游大巴驾驶员不允许游客留在车上，一到景点就把游客往车下赶。李女士只得忍着腿部剧痛，在团友搀扶下一蹦一跳地走下车。别人去玩的时候，她就一人在大巴车停靠点附近找地方休息。就这样，李女士一直硬撑到行程结束，才跟着旅游团回到南京，并在旅行社人员陪同下去医院检查。

片子拍出来一看,李女士大吃一惊,她的腿伤得不轻,左腿骨折。在住了20天医院后,李女士出院了。经鉴定,李女士的伤构成了九级残疾。李女士心里很憋屈,她把旅行社告上法庭,索赔17万多元。

旅行社被判担责7成赔偿13万多

法庭上,旅行社认为,李女士摔倒不是他们的责任。而李女士则认为,旅行社当时没有立即送她就医,反而让她忍痛跟车跑来跑去,对自己的伤情后果负有责任。对此,旅行社辩称,李女士当时并没有提出要去医院治疗。当晚回到南京,旅行社送她去了医院,并垫付了住院费,旅行社已经尽到了救助义务。

法院审理后认为,虽然酒店旋转门不在旅行社的安全提示义务范围之内,但李女士受伤后,旅行社的及时救助义务是不能免除的。这不需要李女士自己再特别提出,旅行社应该主动履行,但旅行社却没有做到这一点。因此,旅行社应该承担赔偿责任。最终,法院认定旅行社的责任比例为70%,判决其赔偿李女士经济损失13万多元。旅行社提出上诉,日前,南京中院驳回了旅行社的上诉请求,维持原判。

(资料来源:《扬子晚报》2015年5月5日)

[点评提示]

这一案例向从事导游工作的人警示,无论什么样的情况下,只要遇到游客摔倒或碰撞,都应及时提供救助服务,游客没有提及,也应当如此,这是法律赋予导游的责任,如果导游没有尽责,那么付出代价的便是导游自己了。因为旅行社在付出法律的赔偿责任后,会向导游行使追偿权的。学习课本的"法律权利与法律义务的关系"时,阅读此案例,认真学习《旅游法》应当是立志从事导游职业的大学生们的必修课,你说呢?

材料精选 4-5　　　旅游赔偿举证责任,纠纷及其处理

旅游服务纠纷发生后,不论是旅游投诉还是民事诉讼,旅行社和旅游者都必须各自为自己的诉求提供证据,以显示其诉求的合理性和正当性,双方提供证据的过程就是通常所说的举证。举证对于快速解决纠纷、维护自身合法权益具有特别重要的意义。

旅游赔偿举证的法律规定

《最高人民法院关于民事诉讼证据的若干规定》规定,原告向人民法院起诉或者被告提出反诉,应当附有符合起诉条件的相应的证据材料。

当事人对自己提出的诉讼请求所依据的事实或者反驳对方诉讼请求所依据的事实,有责任提供证据加以证明。没有证据或者证据不足以证明当事人的事实主张的,由负有举证责任的当事人承担不利后果。

在合同纠纷案件中,主张合同关系成立并生效的一方当事人合同订立和生效的事实承担举证责任;主张合同关系变更、解除、终止、撤销的一方当事人对引起合同关系变动的事实承担举证责任。对合同是否履行发生争议的,由负有履行义务的当事人承担举证责任。

旅游举证责任的分担原则

所谓旅游举证责任的分担,就是旅游服务纠纷发生后,旅游者或者旅行社为了挽回经济损失,向有关管理部门或者人民法院提起赔偿诉求,按照法律规定,必须承担提供相关证据

的责任。旅游者或者旅行社不能提供相关证据,其赔偿诉求基本不能得到支持,就要承担败诉的风险。旅游服务纠纷中,合同是否成立、合同义务是否履行、旅游服务是否违约、合同变更是否成立、经济损失赔偿数额等为举证焦点。

1. 旅游合同是否成立的举证责任。旅游者向旅行社交纳了部分费用,旅行社出具收据,旅游合同没有签订,旅游者不能参加旅游时,旅游者往往主张合同不成立,要求旅行社退还全额费用;旅行社则认为合同已成立,合同成立的举证责任应当由旅行社承担。反之,旅行社不能组团,旅游者主张合同成立,要求继续旅游服务,则合同成立的举证责任应当由旅游者承担。

2. 旅游服务是否违约的举证责任。旅行社是否按照合同约定全面履行合同,为旅游者提供服务,只要旅游者提出异议,旅行社必须就是否按照约定提供景点、住宿、餐饮等服务承担举证责任。

3. 合同变更是否成立的举证责任。不论是减少景点服务、还是增加购物商场,或者是参加自费项目,这些都属于旅游合同的变更范畴。如果旅行社主张这些变更行为得到了旅游者的同意,即该合同变更行为成立,应当由旅行社承担举证责任。

4. 合同义务是否履行的举证责任。当旅游者就服务质量提出异议时,旅行社就必须提供相应证据,证明已经按照合同约定全面履行了合同义务,如果旅行社不能提供证明,旅行社就必须承担违约责任。当旅行社与旅游者就旅游团款是否支付发生纠纷时,旅游者应当承担举证责任。

5. 经济损失赔偿数额的举证责任。旅行社认为旅游者解除合同等行为给旅行社造成经济损失,首先必须举证旅游合同关系存在,然后就经济损失的数额进行举证;同样,旅游者认为旅行社违约或者侵权行为造成其权益受到损害,旅游者在证明旅行社违约或者侵权行为存在后,需就损失数额进行举证。

处理旅游赔偿举证责任、纠纷的基本原则

1. 举证责任方不能举证就必须承担败诉的风险。根据上述举证责任的分担原则,服务纠纷发生时,旅行社或者旅游者必须为自己提出的主张承担举证责任,不能举证就不能维护自身的利益。

2. 境外相关机构的证明取舍。旅行社提供境外或者我国港澳台地区相关旅游组织或机构出具的事实证明材料,应当可以采信,但这些机构表述的法规规定等观点是否采信,主要取决于是否和我国法律法规的规定相同。规定相同就可以采信,规定不相同就不予采信。

(资料来源:《中国旅游报》2010年9月27日)

[点评提示]

举证是解决旅游纠纷的重要环节,不少旅游纠纷产生时,一些当事人由于不懂得如何举证,不知道举证的法律规定经常面临败诉。上述材料从旅游赔偿举证的法律规定、旅游举证责任的分担原则、处理旅游赔偿举证责任、纠纷的基本原则等方面讲述了旅游举证的基本法则,这将会给你今后从事旅游职业或在旅游活动时提供法律知识保障。请联系课本中的"依法行使权利与履行义务"内容,思考为什么说在旅游服务纠纷中,合同是否成立、合同义务是否履行、旅游服

第四单元　学法懂法守法，培育旅游职业人法治精神

是否违约、合同变更是否成立、经济损失赔偿数额等为举证的焦点。

案例精选 4-18　　　　　北京一导游持刀胁迫游客购物

近日，一段 25 秒的视频在网上热传。在这段视频中，游客与导游在一辆大巴车上发生了激烈争吵。有网友爆料称，游客跟着一辆旅游大巴去游览北京的八达岭长城、十三陵，途中至少停留 6 个购物点，导游武力胁迫游客购物。因游客没有达到导游消费要求，司机不予开车，游客要求启动发车，遭导游谩骂，并持刀对游客进行威胁。

导游持刀胁迫游客购物

记者随后找到了这段视频，在这段时长仅 25 秒的视频中，记者看到，在一辆大巴车上，三名男子正情绪激动地和一名穿短裤的男子互相谩骂，周边有乘客在大声质问"你们为什么打人"，一名戴墨镜的男子不停地指着车外让与其争吵的乘客下车。而在戴墨镜男子的身后，一名中年男子一直拿着一把尖刀指着乘客，并多次想推开挡在身前的戴墨镜男子冲上来，而另一名中年男子也欲冲上来，也被戴墨镜男子用双臂挡住。在乘客下车后，持刀男子高喊让乘客站住，"我要弄死你，弄死你再走。"记者看到，在此期间，车上的多位乘客不停地在进行劝架。

对于这段视频，网友爆料称，7 月 3 日，一辆京 P12306 旅游大巴载着 15 个家庭游览八达岭长城和十三陵，途中至少停留 6 个购物点，逗留时间长达 7 个小时，当日至 12 点左右，由于在购物景点乘客未达到消费要求，司机迟迟不肯开车，一位游客要求启动发车，遭导游谩骂，并开始持刀对游客进行威胁。车上参与劝架和挺身而出的游客均遭到殴打。随后司机和持刀导游威胁参与劝架和挺身而出的游客下车，6 名游客被弃北京郊区。

可能是套牌车，还在调查

昨天下午，记者从北京市旅游委获悉，已经关注到网络所传视频，市旅游委迅速启动应急预案，会同市公安局刑侦总队二支队、市交通执法总队根据网上爆料的线索展开核查。经查，网络曝光的这辆旅游大巴车非正规旅游营运车辆。目前，公安部门正调取当日的 110 报警信息。如有证据显示旅行社和导游员参与了此次诱导游客购物，市旅游委将依法从严从快处罚。

北京市旅游委相关负责人表示，"视频仅有 25 秒，信息量太少。只有车牌有效信息，只能从车的调查入手，从北京市交通执法总队了解到，京 P 开头的车并非北京市正规旅游大巴车，而且可能是套牌车。"目前还无法了解到是否有正规的旅行社、导游参与。事件进展将及时向媒体通报。

（资料来源：《扬子晚报》2013 年 7 月）

[点评提示]

这位胆大包天持刀胁迫游客购物的导游是正规的导游吗？如果肯定的话，可见北京地区导游的素质到了何等地步？即便不是正规导游，是山寨版的野导游，那也能感觉北京地区旅游管理的混乱程度。为什么总是游客曝光后，有关执法部门才采取行动？为什么有关执法部门不能主动出击查访查询查处业界导游的违法行为？曝光一起查处一起，不曝光就不查处，这样的执法行为能治得住旅游行业越演越烈的违法行为吗？令人困惑，令人诧异！联系课本中的"尊重法律权威的重要意义"内容，思考依法治旅主要是治理哪一类人员？为什么？

案例精选 4-19 酒店安保应尽哪些义务

"北京和颐酒店女子遇袭"事件在网上持续发酵,在网民、媒体普遍关注事件的同时,每一个有着外出住宿需求的消费者也在思索,酒店在这样的事件中应该承担什么样的法律责任?酒店作为公共场所管理人的安全保障义务在哪儿?日前,北京市某法院法官结合案例,就酒店等公共场所管理人的安全保障义务进行了解析。

男子受伤酒店被判赔偿

怀疑妻子与他人有染的王先生得知妻子出现在一家四星级酒店门口,在要求查询妻子开房记录被拒后,王先生打通了妻子的电话,和兄弟两人循声一楼一楼地寻找,最终找到了妻子的房间。在看到"情夫"李某躲到窗外悬挂在空调底架时,王先生和兄弟并没有前去施救,而是控制不住情绪对其进行辱骂和言语威胁。李某因悬挂太久最终体力不支摔伤。受伤的李某将王先生、酒店一起诉至法院,要求两者赔偿自己医药费、护理费等各项经济损失共计40余万元。

法院经审理后认为,李某与已婚女士开房本身存在错误,在王先生敲门后,躲到窗外悬挂在空调底架处,将自己置于危险状态,其对自己的损失应承担主要责任。王先生在李某处于危险状态下,没有施救反而对其进行辱骂和威胁,致使李某处于危险状态时间加长,对其摔伤负有一定责任。酒店作为住宿业的经营者,对入住者的人身财产安全负有一定的安全保障义务。事发酒店在王先生前来寻人时,明知其不是酒店房客、情绪激动,而不采取有效措施避免纠纷,反而在没有采取安保人员陪同等情况下放任其在酒店到处走动。在纠纷产生后,也未进行制止、报警等措施。因此,酒店未尽到合理限度内的安全保障义务,应当承担相应的补充责任。

据此,法院判决王先生赔偿李某医药费等各项损失10万余元,事发酒店在3万余元范围内承担补充责任。

老太如厕摔伤酒店不负责

70岁的刘老太跟随老伴来到北京旅游,两人根据子女的安排入住了北京一知名星级酒店。两人入住以后,简单地用餐后就在房间内的卫生间进行了洗漱,卫生间地面上遗留了少量水渍。凌晨,刘老太在卫生间如厕后,因为踩到地面上的水渍滑倒摔伤。酒店值班员在接到求救电话后,赶紧拨打了120急救电话,将刘老太送至医院进行治疗。事后,刘老太认为酒店没有尽到安全保障义务,将其诉至法院索要医疗费、护理费、残疾赔偿金等各项经济损失共计17万余元。

酒店辩称,自己已经尽到了合理限度内的安全保障义务。房间配有棉质防滑拖鞋,卫生间地面为大理石材质,卫生间内有防滑地垫、棉制地巾及防滑的警示标志。刘老太摔倒主要是因为自己年纪大和疏忽大意所致,故不同意赔偿。

法院经审理认为,酒店是否尽到"合理限度范围内"的安全保障义务是本案审理的焦点。根据案件查明的事实,刘老太入住酒店时,酒店在卫生间内配有棉质防滑地巾、棉质防滑拖鞋,地面材质为具有一定防滑作用的大理石,卫生间的墙壁上设有防滑警示标志,并不存在不符合法律、法规、规章或者特定的操作规程的要求。该酒店所采取的防滑措施也属于同类社会活动或者一个诚信善良的从业者应当达到的通常的程度。此外,在提供了上述设施后,该酒店对于入住的客人如厕滑倒具有不可预见性。而且,刘老太摔倒后酒店及时拨打急救电话、安排人员跟随就医。因此,法院认为酒店在合理限度范围内尽到了安全保障义务,驳回了刘老太的诉讼请求。

(资料来源:《民主与法制时报》2016年4月14日)

[点评提示]

　　一位男子因为与别的已婚女子有染开房被女子的丈夫查着、羞辱,跌落楼下摔伤,酒店要负未尽到合理限度内的安全保障义务的法律责任。而70岁的刘老太在酒店的卫生间不慎摔倒,酒店却不负任何法律责任。这是怎么一回事呢?问题的关键是酒店有没有尽到合理限度范围内的安全保障义务?请结合课本中的"人身权利与义务",谈谈你对酒店保安义务与责任的认识。

案例精选 4-20　　　　　**菜谱侵权被判赔**

　　因为在菜单上使用了其他公司养生汤宣传资料的图片,上海市一家餐饮有限公司被推上徐汇区法院的被告席。近日,法院开庭审理此案并认定被告侵权行为成立,判令被告向原告赔偿1.5万元。

　　2012年5月,上海徐汇区法院收到松江一食品公司递交的诉状,以著作权侵权为由状告位于虹桥路上的某餐饮公司。据食品公司诉称,被告方未经授权,擅自在其酒店的菜谱上使用了原告的养生汤图片,而这些图片是原告2007年委托案外人公司拍摄制作"川云养生汤系列产品"宣传资料中的一部分。当年,双方在合作时曾约定,这些图片的著作权归原告所有。

　　在本案审理过程中,原告向法庭出示了该公司"川云养生汤系列产品"的宣传资料以及公证部门在被告酒店拍摄的汤品菜单的证据照片。经当庭比对,菜单上的"吉笋炖老鸡"汤品、"药膳虫草花炖乌鸡"食材、"吉笋炖老鸡"食材、"驰名药膳炖老鸡"食材图片与原告宣传资料上相应图片一致。

　　法院认为,本案中原告与案外人公司通过书面合同明确约定,受原告委托创作作品的所有权益均归原告所有,该合同项下产生的作品著作权也应归原告所有。被告未经原告许可,擅自在自己经营的酒店内菜单上使用原告的摄影作品,侵害了原告作品的复制权,应当承担相应的侵权责任。法院依据原告公司产品的知名度、涉案摄影作品的创作难度、价值体现、侵权作品的使用时间、使用数量等情况,结合被告直接将侵权作品使用于商业经营的情节,酌情确定相应的赔偿金额。

(资料来源:《新民晚报》2013年1月4日)

[点评提示]

　　上海市一家餐饮有限公司未经允许抄袭松江一食品公司的作品来发展自己的业务以便在竞争中战胜对手,这是一起违法的不正当竞争,败诉是在情理之中。问题是为什么社会上一些企业总是要通过不正当竞争发展自己,这是一条发展之路吗?明知不正确也要去尝试,以身试法,这又是为什么?你能做些回答吗?请联系课本中的"财产权利与义务"内容分析之。

案例精选 4-21　　　　　飞机上斗殴的刑责追问

9月7日,瑞士航空飞机上两名中国男子打架事件过去仅一周,又有我国乘客在四川航空从塞班飞往上海的航班上打架事件被曝出。日前,四川航空已作出回应:闹事的两名男子下飞机后已经移交上海机场警方,而由于空保人员控制住了航班上的局势并未致使航班返航。

近一段时间,在网络上关于维护航空安全、声讨低素质乘客、严肃处理飞机上闹事者等讨论声从未间断,公众对于在飞机上打架斗殴一类事件的厌恶与杜绝之心,可见一斑。

北京航空法学会常务副会长兼秘书长张起淮认为乘客在高速飞行的飞机上打架斗殴对航空安全存在一定的危害,原因有两点:

一是,在飞机上打架斗殴的人情绪与行为属于失控状态,由于飞机上的活动空间狭小,打架斗殴人员为发泄私愤很可能会破坏或挪动机上的安全设施,危害飞行安全;

二是,飞机在起飞前都经过货仓装仓位置、配油等调整飞机平衡,在飞机起飞降落时一定会告知乘客坐在座椅上系好安全带,因为飞机在进入平流层飞行之前如果机上的配重出现失调,那么将严重影响飞行安全,即使在飞机进入平流层后如果机上出现了"群殴"的现象,仍会直接影响飞机平衡,情况严重也可能导致安全事故的发生。

据了解,我国《民用航空安全保卫条例》第二十二条规定:航空器在飞行中的安全保卫工作由机长统一负责。机长、航空安全员和机组其他成员,应当严格履行职责,保护民用航空器及其所载人员和财产的安全。《条例》第二十三条规定,机长在执行职务时,可以行使下列权力:在航空器飞行中,对扰乱航空器内秩序,干扰机组人员正常工作而不听劝阻的人,采取必要的管束措施;在航空器飞行中,对劫持、破坏航空器或者其他危及安全的行为,采取必要的措施。

9月2日晚,由于两名中国乘客发生斗殴,由苏黎世飞往北京的瑞士航空LX196航班航行数小时后被迫返航,瑞航表示"事情并未达到启动紧急程序或者飞往备降机场的程度"。但9月7日四川航空上发生的打架事件发生后航班并未返航。据张起淮介绍,飞机上机长有权决定飞机是否返航,飞机返航的决定需要基于对是否飞行安全和是否造成经济损失和乘客的损失考虑。

对于瑞士航空飞机上的斗殴事件苏黎世警方透露,目前斗殴双方均被释放,其中一人需在90天内交上罚款。在四川航空国际航班上斗殴的乘客下飞机后已被移交上海机场警方。《民用航空安全保卫条例》上明令禁止在航空器内打架、酗酒、寻衅滋事,危及飞行安全和扰乱航空器内秩序的其他行为。据张起淮介绍,如果违反了条例规定应按我国《治安管理处罚条例》处以五天以下刑事拘留200元以下罚金,依据我国《刑法》相关规定对于情节严重者应判处5年以下有期徒刑并处罚金,对于造成后果严重的应判处5年以上有期徒刑并处罚金。

(资料来源:人民网2012年9月12日)

[点评提示]

乘客在民航飞机上打架斗殴既不文明道德,又危害全机人员安全,属于严重违法行为。对于在飞机上乘客打架斗殴事件进行严肃处理是完全正确的。结合课本中的"依法行使权利与履行义务"内容,思考为什么总是有中国乘客在国际航班上打架斗殴。民航工作人员在行前有无尽到做好安全教育、防患于未然的责任?

案例精选 4-22

成都飞北京航班竟有多人吸烟

飞行途中有人吸烟

KN5216次航班是中联航空属下的由成都飞往北京的航班。8月30日晚,这架基本满员的波音737客机在晚点一个小时后,于夜间10点12分从成都双流机场起飞。飞机平稳飞行一小时后,晏先生前去后舱洗手间上厕所。"我看着那个小伙子进去,不一会,空乘过来敲厕所门,问里面的人是不是在吸烟。"晏先生说当时里面没有回应,等空乘走了后,小伙子就出来了。"我进去的时候厕所里还能闻到烟味。"

晏先生清楚地记得那个小伙子穿着一件胸口写着"Claiv"的圆领T恤,他随后将这个细节提供给了一名空姐。坐在37排的潘女士目睹了之后发生的事情。"抽烟的人座位是39J,就在我斜后方。一名男乘务员过来问是不是他抽的烟,他刚开始不承认。后来才承认。然后把烟拿出来交给了乘务员,乘务员问他用什么点的,他说火柴,让他交火柴。他说只有一根……收了他的烟之后,男乘务员给了他一张纸,一支笔,让他写个检讨,说是机长要求的,但他坚持不写。乘务员没有办法,就走了。"

备降后,又闻到烟味

因为北京昨夜雷雨,KN5216次航班8月31日零点在太原机场备降。"当时广播里说北京天气已经转好,很快就能起飞,所以大家就在座位上等着,很多人都睡着了。"坐在头等舱的霍先生醒来时已经凌晨3点,他听到有乘客走到前舱,并要求打开舱门透气吸烟。"我当时想着这是无理的要求,停机坪内严禁吸烟,怎么可能让他吸。结果很快就闻到烟味,我赶紧出去制止。"霍先生的妻子找到空乘,严词质问为何允许乘客在客机上吸烟。"四五个小伙子,他们就站在门口吸,加燃油的车还停在飞机旁边。"在一名乘客拍摄的视频中,能够看到扔在机场门口的半截烟头。不少乘客对吸烟一事表达了强烈的不满,有乘客选择了报警。

随后,太原机场公安赶到,霍先生以及一部分旅客要求全部重新安检,也有一部分旅客要求赶紧起飞。"最后乘务长说已经接到了起飞通知,坚持说到了北京再说,我们要求跟机长对话也被拒绝,然后舱门直接关闭了。"早晨5点08分,KN5216航班安全抵达北京南苑机场。

机长与乘客发生推搡

飞机安全抵达后,约30名乘客要求机组人员给一个说法。"我们要求见机长,要求给我们一个说法,这是一趟根本没有安全保障的旅程,那些抽烟的乘客根本没有人管,到北京之后就直接离开了。"霍先生连同其他乘客留在飞机上,试图与机长沟通。

在争论中,至少4名乘客见到机长推了一下霍先生的妻子。随后,机长带领全体机组人员离开客机,留下机舱内的30名乘客。一个小时后,这些乘客被机场工作人员带到机场行李提取处。乘客们不愿意离开,坚持要求中联航空给一个说法,"第一,机长带领全体机组人员道歉;第二,退回全体旅客这次旅程的机票钱,这是一趟没有安全保证的旅行;第三,晚点6个小时以及到现在耽误的时间,赔偿我们的误工费。"霍先生代表留下的乘客提出了他们的三点诉求。这三点诉求暂时没有得到中联航空的任何答复。

213

"客机吸烟"事件的法律解读

8月31日,中联航成都飞往北京的航班上,有旅客反映好几名乘客在机舱厕所吸烟,空姐没收其香烟和火柴。后经过太原时又有数人在机舱外舷梯口吸烟,乘客要求重新安检再继续飞行,遭机组人员拒绝。

乘客在飞机上吸烟应受何种处罚?对于安检漏洞,机场及安检人员是否有责?

飞机上吸烟或涉嫌危害公共安全罪

北京市律师协会交通管理与运输法律专业委员会秘书长黄海波介绍,我国民航总局发布的《民用机场和民用航空器内禁止吸烟的规定》明确规定了在国内航线旅客班机上禁止吸烟。

民航总局在2012年发布的《中华人民共和国航空安全保卫条例》及其与公安部在2004年联合发布的《关于维护民用航空秩序保障航班正常运行的通告》也都有同类规定。由此可见,在民用客机上是禁止旅客吸烟的。

北京市兰台律师事务所律师原宇辉表示,在飞机上吸烟很可能对飞行安全造成损害,如果乘客吸烟造成危害后果,可能违反刑法,构成危害公共安全罪。

本次事件中,乘客在飞机上吸烟,机组人员应进行劝阻,妨碍机组人员履行职责可以由公安机关依照《中华人民共和国治安管理处罚条例》处罚。

漏检火柴属安检人员失职

原宇辉律师称,火柴属于易燃品,按规定禁止带上飞机,机场及安检人员未能检查出乘客携带的火柴,导致火柴被带上飞机,属于未能履行其职责,对飞行安全构成了威胁,可能依照相关规定承担责任。如果因此发生重大飞行事故,相关人员还可能被追究刑事责任。

北京市合川律师事务所律师杨垣辉建议,除了在安检通道内设置明显的禁止携带打火机、火柴、液态物品登机的警示标志外,还应强调严禁私藏危险物品以及藏匿行为需承担的法律后果。

杨垣辉律师表示,民用航空法规定,保护民用航空器及其所载人员和财产的安全是机长的法定义务。如果机长明知乘客在飞机上抽烟而不加制止,其不作为行为明显违反了相关法律规定,应承担相应的法律责任。

黄海波律师称,如果机长未能履行其职责,国务院民航主管部门有权对机长给予警告或者吊销执照一至六个月不等的处罚,情节较重的,甚至可能被吊销执照。

乘客安全受威胁可索赔

杨垣辉律师说,乘客购买机票后,即与航空公司之间形成航空运输合同关系,航空公司对于乘客的安全负有保障义务,应当保证乘客安全到达目的地。

本次事件中,由于中航联机组人员的不作为,致使乘客的生命及财产安全受到了威胁,导致乘客在精神上受到了损害。根据我国相关法律规定,航空公司应当给予赔偿。

原宇辉律师认为,如果遇到本案中的情况,乘客应要求机组人员制止不当行为,也可以报警,由警方处理这类危害航空安全的行为。当然,乘客可以通过照相、录像等方式保留证据,以追究相关责任人的责任。

(资料来源:《法制晚报》2014年8月30日和9月2日)

[点评提示]

乘客在民航飞机上吸烟是危害飞行安全,属于违反《中华人民共和国航空安全保卫条例》的,机组人员理应坚决阻止。上述案例所曝光的乘客在飞机上吸烟,机组人员居然制止不力,乘客们提出交涉,机组人员置之不理,火柴居然能够安然通过安检。这些现象简直闻所未闻。这些说明了什么?你能够辨析的清楚吗?你认为能够通过法律途径解决问题吗?请结合课本中的"依法行使权利与履行义务"内容,谈谈你的看法。

案例精选 4-23　　　　　航班延误乘客如何维权

近日,由于多地暴雨,北京、上海都出现了大面积航班延误的情况。由于航空行业内部对于"延误"的定义不一致,旅客不明白在什么情况下自己可以寻求合理的赔偿,也不明白如何提出赔偿。

北京市法学会航空法学研究会常务副会长兼秘书长张起淮表示,在国外,航空公司会制定相应标准来应对飞机晚点的赔偿问题,而在中国这样的案件很难获得赔付。目前,民航总局在2004年下发的《对国内航空公司因自身原因造成航班延误给旅客经济补偿的指导意见(试行)》是航班延误赔偿主要处理依据。

航班延误属违约行为

北京律师协会保险专业委员会委员李滨律师认为,由于乘客没有渠道可以了解航班晚点的相关信息,也不知道航班延误后具体的索赔程序,且一旦离开机场,乘客再次返回进行航班延误维权的经济成本会变得很高。

在这种情况下,乘客希望航空公司在事发当时就能给付赔偿,于是出现了一些不理智的维权事件。

李滨律师表示,航空公司的航班延误属于违约行为,但目前这种违约责任是不明确的。同时,乘客维权程序也是不明确的。

同机乘客可作索赔证人

在航班延误发生后,航空公司及机场地勤服务的不到位也成为航空纠纷的主要诱因之一。

李滨律师表示,由于航空公司和机场地勤的基层工作人员没有权力回答乘客问题并进行承诺,这直接导致纠纷的升级。

当乘客准备索赔时,由于没有客观证据可以直接证明航班的延误,乘客可联系同机的乘客,进行相关证明。由于机上乘客来自不同地方,这也导致此类民事维权是比较困难的,且成本较高。

航意险不可能包含航延险

近日,"购买20元航意险附加航延险,飞机延误4小时以上可获300元赔偿"的消息在网上不胫而走。

李滨律师表示,航意险里包含航延险的说法是不正确的。航意险和航延险是两种独立的险种,不存在谁包含谁的情况。

航意险属于意外险种,经营主体可以是寿险保险公司,也可以是财产保险公司;但是航延险的经营主体只能是财产保险公司。

目前我国市场上大部分航意险或航意险替代产品的经营主体都是寿险公司,这些公司是没有经营航延险资格的。因此,航意险是不可能附加有航延险的。

李滨律师介绍,航延险的理赔程序并不复杂。由于航延险的保险公司和机场之间大多是有合作关系的,对于乘客的信息来讲,保险公司和机场之间是互通的。因此,一旦航班延误的时间超过保险约定的时间期限,保险公司会在第一时间知情,并根据这个信息,将相应赔偿直接打进乘客约定的账户中。

同时,李滨律师提醒广大乘客,在购买航延险后,保险公司因航班延误对乘客进行赔付后,并不免除航空公司的赔偿责任。

(资料来源:《法制晚报》2013年7月16日)

[点评提示]

航班延误,乘客要维权是一件十分为难的事情。主要原因是由于航空行业内部对于"延误"的定义不一致,旅客不明白在什么情况下自己可以寻求合理的赔偿,也不明白如何提出赔偿。上述案例提出了民航总局在2004年下发的《对国内航空公司因自身原因造成航班延误给旅客经济补偿的指导意见(试行)》是航班延误赔偿主要处理依据。接着作者认为航班延误属违约行为,可以索赔;同机乘客可以作为证人;可以通过航延险的保险公司进行理赔。现在航班普遍延误,乘客嫌烦懒得维权,你认为这正确吗?你认为乘机前参加航延险值不值?请结合课本中的"物质帮助权利与义务"内容思考之。

案例精选 4-24 "不合理低价游"双方均要担责

针对"不合理低价游"导致旅游纠纷频发甚至暴力冲突,国家旅游局25日明确:包括旅游者在内,非法"不合理低价游"的买卖双方均须承担法律责任。

国家旅游局发布提示称,游客要坚决抵制"不合理低价游"。"不合理低价游"是经营者利用游客贪图便宜的心理,低价揽客,而后通过欺骗、强制游客购物等手段非法获利。《旅游法》第三十五条规定,旅行社不得以不合理的低价组织旅游活动,诱骗旅游者,并通过安排购物或者另行付费旅游项目获取回扣等不正当利益。今年"十一"前,国家旅游局认定了"不合理低价"的5种行为和欺骗、强制购物的8种行为。游客在出游前要认真仔细阅读,防范"不合理低价游"背后的陷阱。

国家旅游局强调,游客不得与经营者签订虚假合同。虚假合同是经营者规避行政主管部门执法检查,先与游客达成某种默契,而后通过变更行程,减少游览时间,增加购物时间。依据《旅游法》第五十七条规定,游客与经营者签订虚假合同,一方面需要承担法律责任;另一方面,一旦被查获,不仅不能获得赔偿,还将受到处理。

据透露,目前国家旅游局正在加紧研究制定相关的处理办法。

国家旅游局表示,鼓励游客举报和监督"不合理低价游"行为。国家旅游局已开通"我要投诉举报"平台和"12301"服务热线,希望社会各界积极提供各类违法违规行为线索。对举报查实的将给予奖励。同时欢迎媒体进行监督,发现一起、曝光一起、查处一起。

(资料来源:《扬子晚报》2015年10月)

[点评提示]

国家旅游局一再提出坚决打击"不合理低价游",可近年来,"不合理低价游"仍然屡禁不止,这是什么原因？在市场上有买就有卖,仅仅打击违法的旅行社行吗？购买"不合理低价游"的游客就没责任了吗？研究上述案例,你赞成"'不合理低价游'双方均要担责"的处罚吗？为什么？请结合课本中的"依法行使权利与履行义务"内容分析之。

案例精选 4-25　　　　导游工伤,旅行社如何承担责任

2007年大学毕业的王某考取导游证后,到A旅行社带团,双方未签订劳动合同,王某的收入主要是商店的回扣和客人给的小费。但旅行社未给王某交纳任何保险。不幸的是王某在带团中遭遇车祸,下肢落下残疾,至此王某不但不能再从事导游工作,就是其他工作也受限制。旅行社给王某付完医疗费后就不再付任何费用了。王某在生活无着落的情况下,将A旅行社告到劳动仲裁委员会,要求按工伤予以赔偿,在劳动局作出工伤认定后,劳动仲裁委员会裁决:因旅行社未缴纳工伤保险,令其按照工伤保险的数额一次性支付王某伤残补助金10万元,并按月支付伤残津贴。

旅行社对裁决结果感到很委屈,认为不应当承担此责任,其理由是旅行社与王某之间不存在劳动关系:1.旅行社与王某是平等的合作关系,旅行社为王某提供带团机会,王某在提供导游服务的过程中自己挣回扣和小费。2.王某是自由的,并不受旅行社的约束,旅行社只是交给他旅游团及行程。3.导游的收入不是旅行社给的,相反在合作的过程中,导游要给旅行社交纳人头费等。4.旅行社的业务受淡旺季、自然、社会等因素的影响很大,在淡季时导游可以不用上班。既然旅行社与导游之间是合作关系,就没有义务给游客交纳社会保险和发放工资。且王某的事故不属于工伤,应是一次意外交通事故,按交通事故处理。

笔者认为劳动争议仲裁委员会的裁决无疑是正确的,尽管导游与旅行社之间的用工形式较特殊,但应纳入劳动法的调整范围,其理由是《中华人民共和国劳动法》中,对劳动关系作了明确的界定,劳动关系是指劳动者与所在单位之间在劳动过程中发生的权利义务关系。主要包括以下法律特征:

1. 劳动机会是用人单位给予的,劳动者对外以用人单位人员的名义从事劳动。

2. 双方存在劳动法所规定的权利义务关系,劳动者以劳动换取用人单位的报酬。

3. 用人单位行使管理权,劳动者需按用人单位的要求或安排及单方制定的规章制度进行劳动。

《导游员管理条例》规定:"导游员是接受旅行社的委派,以委派的旅行社名义为游客提供向导、讲解及相关旅游服务的人员。"具体到本案,第一,导游王某是为A旅行社工作,在游客及政府部门看来王某无疑是A旅行社的导游,他的行为是职务行为,对外代表旅行社。第二,王某的劳动报酬表面看不是旅行社给的,但实质上,是从游客身上获取的,没有得到旅行社的同意,导游的这种收入是不能实现的。第三,导游必须按旅行社单方制定的行程服务,在带团中导游无权更改。第四,导游工作形式、旅行社有淡旺季之分不能成为不建立劳动关系的理由,在《中华人民共和国劳动合同法》中劳动合同分为固定期限的劳动合同、无固定期限的劳动合同、完成一次性任务劳动合同、小时工合同等。劳动合同形式的多样性,完全能够满足用人单位实际需求。

与导游签订劳动合同表面上会增加旅行社的经营成本,但实质上会帮助旅行社避免许多经营风险:第一,能够避免重大事故、突发事件造成的风险,这种风险一旦产生往往高于

经营成本数倍甚至数十倍,上述案例足以能说明这一点。第二,能够避免企业违法经营带来的损失,即使是不发生上述事故,导游依法维权,要求旅行社履行用人单位的义务,如补发工资、补交社保等也是有法律依据的,司法机关是会支持的。劳动监察部门依法对旅行社进行违法用工行为的行政处罚,同样是企业的经营风险。第三,能够避免对导游的管理风险。没有签订劳动合同的导游缺乏归属感,很难提高服务质量。相反,签订劳动合同后,双方明确了权利义务,加上相应的奖罚措施,就能够调动导游的工作积极性,导游积极的工作其最大的受益者当然还是旅行社。

其实订立劳动合同并不复杂,关键是符合自身的需要,劳动合同有长期、短期、固定、无固定等形式,即使在合同期内,还有最低生活费制度、请假制度、离岗制度,这些制度可以帮助企业降低淡季时的成本,所以,《中华人民共和国劳动法》不只是对用人单位的规范,同样也是保护企业利益的有力武器。(作者单位:北京市中鸿律师事务所)

(资料来源:《中国旅游报》2009年1月5日)

[点评提示]

导游负工伤,如何维权,追究旅行社的责任? 上述案例根据《导游管理条律》提出导游尽管与旅行社存在特殊的雇佣关系,但他们是代表旅行社行使服务并承担责任的,因此导游负了工伤,旅行社是不能免责的。问题是怎样去追究旅行社的责任? 在学习课本中的"劳动权利与义务"时,请你研读上述案例,找出导游维权的路径来。

案例精选 4—26　　　　　　纳税人为何觉得"亏"

《中国青年报》2月6日刊登王学进的文章说,《中国青年报》社会调查中心调查显示:83.4%的人感觉作为纳税人"亏",只履行义务没行使权利;39.0%的纳税人很焦虑,表示很想行使监督权利,但不知道怎么办;12.3%的受访者对纳税人的权益比较了解,其余87.7%的人则处于"完全不知道"和"知道一点点"的状态;80%的人从来没行使过纳税人的任何一项权利。这就是我国的税收现状。

纳税人为何那么"亏"? 原因在于法律只规定了公民的纳税义务,而没有任何涉及保障纳税人权利的条款。我国至今还没制订出台如美国那样的《纳税人权利法案》,也就是说,纳税人的权益得不到税法保障。如非要在中国现有的法律法规中寻找有关纳税人权利的规定,只能在2004年修改之后的《税收征管法》中才能找到有限的几条。如税收信息知情权、陈述申辩及投诉权、保密权等,却找不到最关键的那几条,即税的产生过程中纳税人的话语权及对政府用税的监督权。即便规定的几条权利,大多也没得到落实。这种纳税人权益缺失的现状一定要改,而且要早改。

(资料来源:《中国青年报》2013年2月6日)

[点评提示]

纳税人的义务和权利不对称事关依法治国、建立文明和民主社会的重要环节。纳税人在依法缴纳了税收之后,理应对税收的去向予以监督,这是纳税人的权利,也是现代社会文明和民主的象征。应该尽快出台纳税人的权利法规,将依法治国落在实处。学习课本中的"依法行使权利与履行义务"内容时,请思考此案例所提出的问题。

第四单元 学法懂法守法,培育旅游职业人法治精神

材料精选 4-6　　　　　　因突发事件退团游客应如何维权

出国旅游已成为一种时尚的选择,如果旅游合同能够如期履行自然是最好,一旦遇到如曼谷爆炸案等人力不可抗拒的突发事件,游客该如何最大限度地维护自己的权利呢?

在遭遇不可抗力、意外事件和情势变更等当事人在订立合同时不能预见的突发情况,致使合同履行不能、合同履行存在极大困难,旅游者可以主张解除旅游合同。不可抗力是指旅游合同签订时双方当事人不能预见、不能克服、不能避免的事件。意外事件是指非因当事人故意或过失而偶然发生的事故。不可抗力和意外事件的共同点是当事人双方都没有预见到事件的发生,两者的区别在于意外事件的发生是可以避免并可以克服的。

那游客退团时可主张哪些权利?根据我国《旅游法》第六十七条第一款第一项、第三项的规定,因不可抗力或者旅行社、履行辅助人已尽合理注意义务仍不能避免的事件,影响旅游行程,合同不能继续履行的,旅行社和旅游者均可以解除合同。合同解除时,组团社应当在扣除已向地接社或者履行辅助人支付且不可退还的费用后,将余款退还旅游者。

如果是旅行社因没有达到成团最低人数而取消团,根据《旅游法》第六十三条规定:"旅行社招揽旅游者组团旅游,因未达到约定人数不能出团的,组团社可以解除合同,但境内旅游应当至少提前七日通知旅游者,出境旅游应当至少提前三十日通知旅游者。"该条赋予旅行社法定解除权,但该权利的行使需要具备两个条件:一是必须在旅游合同中载明成团最低人数;二是必须提前法定天数通知旅游者。如果旅行社没有同时具备以上两个要件而行使单方解除权,旅游者除要求旅行社退还已收取的全部费用外,还有权依照旅游合同的约定,要求旅行社承担违约责任,赔偿相关损失。

(资料来源:《北京日报》2015 年 9 月 9 日)

[点评提示]

这个材料是要求人们要认真学习《旅游法》,根据《旅游法》的有关条款维护自己的合法权益。因突发事件退团首先要搞清意外事件和不可抗力事件的法律含义。其次得分析意外事件能否克服和避免。再次游客若要退团应根据《旅游法》的有关条款进行维权,要求旅行社承担违约责任,赔偿相关损失。学习课本中的"财产权利与义务"时,思考此案例所提出的问题。

三、视野拓展

(一) 推荐影视

1.《法治的力量》(CCTV2015 年度法治人物颁奖典礼)

网址:http://news.cntv.cn/special/ndfzrw2015/zb/

推荐理由:从 2001 年起,《法治的力量》专题晚会已连续举办了 15 届,通过推动力、影响力、引领力这三个维度推选出最值得关注、最具法治精神的"年度法治人物",从而全面反映我国法治建设的年度成就,弘扬社会主义的法治精神,真正推动"依法治国"的社会发展进程。这些有推动力、影响力、引领力的法治人物和团体,他们的行动引起了社会公众对某一个法治领域的特别关注,他们的行动,催化了一些法律法规或政策的诞生,从而对整个制度

建设和国家法治进程起到了推动作用。此次评选同时也是对2015年中国法治进程的最全面的回望与注解。

2. 视频:《太湖游船事故:驾驶员见死不救　企图隐瞒事实》——义务与权力的不对称

网址:www.jstv.com/c/ws/xwy/201204/t20120406_846414.shtml

推荐理由:一群大学生来到无锡,乘坐游船游览太湖不幸撞到缆绳造成重大伤亡,可游船驾驶员不但不施以援救,反而隐瞒事故真相,引起游客愤怒、社会谴责和法律严惩。游船船工只谋求赚钱的权利,却不履行保障游客安全的义务,这种不对称的权利义务观害了游客更害了自己。

3. 视频:《延安景区管理人员暴力执法》——缺乏法律意识的野蛮执法

网址:http://me.cztv.com/video-785454.html

2013年6月26日,某自行车俱乐部成员骑车来到延安景区旅游未按规定停放自行车与延安城管人员发生冲突,后者强行收缴前者自行车遭到拒绝,随即施以暴力,大打出手,将自行车俱乐部一男性成员推倒在地,猛踩对方头颅造成伤害,社会影响极其恶劣。法律意识淡薄使延安城管人员付出重大法律代价,也给延安老区的声誉蒙上阴影。

(二) 推荐阅读

1.《斑马线上的中国:法治十年观察》,邓子滨,法律出版社,2013年7月

原著导读:法治是一种许诺。许诺意味着每个人需签订合约,因而才有了法治,并为我们规划出了"美好"图景,释放出生活的希望。倘若义务不能履行,契约不能遵守,违法只为功利,那么法治的承诺如何兑现?守约者的生存权利与生活权益如何保障?正义将如何实现?斑马线是现代社会的法治风向标,喻示有约必守的契约精神是落实法治的首要前提。

2.《民主新论(上下卷)》,[美]乔万尼·萨托利著,冯克利、阎克文译,上海人民出版社,2015年8月

原著导读:本书是美国当代著名政治思想家萨托利耗费十年心血撰写而成的经典之作,一经问世便得到了广泛赞誉。萨托利回顾了当代重要的民主理论,并以清晰的思路彻底检视了其中存在的突出问题,由此综合而成他向读者提出的所谓一种新的主流观点,其犀利的论说与敏捷的思维巧妙地穿梭于不同的思想派别之间。本书最大的魅力在于,萨托利认为,规范性(理想的)理论与描述性(现实的)理论必须被结合成一个整体,才能在民主可能的理论中行之有效。萨托利对经典的民主议题作了全面概览,阐明了西方古代民主同近现代民主的区别。他对民主、自由、平等等术语及其相关联系进行细致入微的概念分析和历史分析。他的结论是民主作为一种政治形态,其核心始终是政治权力问题;在复杂庞大的现代社会,以公民亲自参与政治决策为基础的直接民主只能导致效率低下、权威贬值的政治后果;现代民主只能是"被统治的民主",其关键在于有效制约统治的少数。

3.《解决客服纠纷重在完善协商机制》,《中国旅游报》,2012年9月17日

文章导读:《旅游法》规定,旅游者与旅游经营者发生争议,可以通过双方协商途径解决。但是,如果不把协商作为旅游经营者的义务,旅游客服纠纷则难以解决,旅游者的权益将难以保障。

四、能力训练

(一) 问题思考

1. 请阅读《俞可平：民主法治是现代国家的底线，社会公平的内容绝不只是物质财富的分配》《依法治国最重要是管住各级官员》《中国努力摆脱"人治"阴影》等文章，结合课本内容，谈谈中国特色社会主义法治道路的核心要义是什么。

2. 阅读《一位高三语文老师的思虑：学生对不公的"理解"令人忧心》，联系课本中的公平正义内容，你心目中的公平内涵是什么？

3. 根据上述一些旅游服务工作中的法律法规案例，你认为作为旅游职业人应该如何正确理解并树立法治思维。

4. 在旅游职场中应如何维护法律法规的权威？

5. 观看《太湖游船事故：驾驶员见死不救 企图隐瞒事实》视频，阅读《解决客服纠纷重在完善协商机制》文章，谈谈旅游服务实践中法律权利和法律义务的关系。

6. 阅读上述一些维权的材料和所学内容，想想在旅游职场，当自己的合法权利受到侵犯时如何依法维权？

(二) 材料解析

导游小姐被搜身

导游张小姐曾经带了一个广东团，在行程中，因为一些事情和游客相处得很不融洽。有一位游客钱包丢了，这时就有游客起哄要搜搜导游，张小姐极力反对。但是游客说，如果不让搜就向旅行社投诉，没有办法，张小姐只好让一位女游客搜了身。

当然什么也没搜出来，但是这件事对张小姐刺激很大，最后张小姐离开了旅行社，不再做导游。

(资料来源：李娌、王哲，《导游服务案例精选解析》，旅游教育出版社，2009年版)

问题：
该导游这种法律思维方式对吗？为什么？你认为该如何做？

五、实践活动

根据教学内容，在课内实践中，运用观影与讨论、课堂辩论、主题发言等教学方法，组织学生就"我对法治微电影《普法专家》的评价""法应有情还是法不容情？""我国旅游行业依法治旅进程成果汇报"进行讨论、辩论和主题演讲；在课外实践中，运用问卷调查和创作比赛等形式开展"当前旅游从业人员法治观念调查"和"旅游活动中的法治"文化作品创作比赛及展览等实践活动。

(一) 课内实践

实践项目一：我对法治微电影《普法专家》的评价

［实践类型］
观影与讨论

［实践目的］

通过观看及讨论法治微电影《普法专家》,培养学生遵守法律的行为习惯和崇尚法治的良好理念,认识有法可依、违法必究的行为准则,自觉成为懂法、守法、护法、普法的当代大学生。

[实践方案]

时间:20分钟;地点:教室。

流程:步骤1　简要介绍微电影的大致内容,明确观影目标。教师可提前布置相关问题,要求同学们边观影边思考。

步骤2　观看法治微电影

步骤3　根据电影内容,讨论评价相关问题。

步骤4　撰写观影心得(课后)。

步骤5　教师进行点评分析。

[实践结果]

观影心得

实践项目二:法应有情还是法不容情?

[实践类型]

课堂辩论

[实践目的]

通过举行辩论赛,让学生进一步把握情理与法理的关系,理性认识法律,在法与情发生冲突时自觉做出正确选择。

[实践方案]

时间:30分钟;地点:教室。

流程:步骤1　分组:全班分为两组,抽签决定正反方。正方:法应有情,反方:法不容情。

步骤2　正反双方各派一名代表进行开篇陈词,时间均为2分钟,共4分钟。

步骤3　双方进行自由辩论,时间为20分钟。

步骤4　正反双方各派一名代表进行总结陈词,时间均为2分钟,共4分钟。

步骤5　教师对辩论情况进行总结点评。

[实践结果]

课堂辩论赛(手机或相机拍视频)

实践项目三:我国旅游行业依法治旅进程成果汇报

[实践类型]

主题发言

[实践目的]

通过实践活动,让学生深入了解我国旅游行业法治进程的具体过程,领会法治的深刻内涵,理解依法治旅的重要意义。

[实践方案]

时间:20分钟;地点:教室。

准备:1. 分组分工。6人为一组,设组长一名。每组选取一个我国旅游行业法治进程中具有深远影响的事件(可以是一个案例,一份判决,一部法规,一次行动等),了解其具体内容及重大意义,并以小组为单位制作 PPT。

  2. 教师制定学生评委及计时员。

流程:步骤 1 宣布汇报开始,介绍汇报规则及相关要求。

    步骤 2 按自愿发言与教师随机抽取相结合的方式确定汇报小组顺序。参与小组依次上台对所选成果进行讲解与分析,每组时间为 3~5 分钟。

    步骤 3 每一小组讲完后,由教师及学生评委共同打分。

    步骤 4 教师公布各组得分并进行点评。

    步骤 5 形成最终结论并宣布汇报结束。

[实践结果]

成果汇报 PPT

(二) 课外实践

实践项目一:当前旅游从业人员法治观念调查

[实践类型]

问卷调查

[实践目的]

  通过问卷调查,对当前一些旅游企事业单位的部分从业人员的法律意识现状进行客观、准确的研究及分析,并针对存在问题提出相应建议,从而增强旅游高职生的法治观念,培养他们遵守法律的内在自觉性。

[实践方案]

时间:一个月;地点:校外旅游企事业单位;对象:从业人员。

流程:步骤 1 分组,6 人为一组,设组长一人,全面负责调查工作的组织与展开。

    步骤 2 设计并制作问卷。

    步骤 3 去有关旅游企事业单位发放问卷,展开调查。注意调查对象要涵盖不同性别、不同岗位、不同年龄段的从业人员。每组发放问卷不少于 50 份。

    步骤 4 回收问卷,统计结果。

    步骤 5 分析结果,得出结论,撰写调研报告。

    步骤 6 提交报告,各组交流,教师点评。

[实践结果]

调查问卷、调研报告

实践项目二:"旅游活动中的法治"文化作品创作比赛及展览

[实践类型]

创作比赛

[实践目的]

  通过实践活动,让学生进一步理解法治的内涵,认识法与游客旅游活动的重要关系,争做社会主义旅游法治进程的维护者和推动者。

[实践方案]

时间:一个月;地点:校外旅游景点、饭店、餐馆、街区、公共交通等。

对象：游客

方式：作品创作及展览

流程：步骤1　教师对创作比赛的目的和意义进行全面讲解。

步骤2　分组。6人为一组，设组长一名，负责实践活动的组织与展开。

步骤3　各组学生利用课余时间赴校外有关区域考察。

步骤4　每组围绕主题进行法治文化作品创作。形式不限（漫画、书法、文章、摄影等均可），要求贴近游客的旅游生活。每幅作品附200字左右的简要说明。

步骤5　提交作品，由教师及学生代表进行评奖。

步骤6　选取优秀作品进行展示。

[实践结果]

法治文化作品

参考文献

[1] 中共中央宣传部.习近平总书记系列重要讲话读本[M].北京:学习出版社,人民出版社,2016.

[2] 曹必文,杨青.思想道德修养与法律基础——教学案例[M].南京:南京大学出版社,2015.

[3] 罗国杰,等.中国传统道德:规范卷[M].北京:中国人民大学出版社,2012.

[4] 郭金玫,杨志军,李忠东.思想政治理论课实践教程[M].长春:吉林大学出版社,2014.

[5] 刘彬.思想道德修养与法律基础实践教学指导书[M].南京:南京大学出版社,2014.

[6] 黄珊,车宗瑞.思想道德修养与法律基础指导[M].长春:吉林大学出版社,2015.

[7] 黄春英.思想政治理论课案例教程——思想道德修养与法律基础[M].长春:东北师范大学出版社,2012.

[8] 张勤,余达淮.实践如是说——思想道德修养与法律基础案例解析[M].南京:南京大学出版社,2015.

[9] 谭为跃.新编旅游职业道德[M].北京:高等教育出版社,2014.

[10] 《月读》编辑部.社会主义核心价值观经典名句实用手册[M].北京:中华书局,2015.

[11] [美]海伦·凯勒.我的人生故事[M].朱力安,译.合肥:安徽文艺出版社,2013.

[12] 金一南.苦难辉煌[M].北京:华艺出版社,2009.

[13] 徐铁人.绕着地球去旅行[M].南京:凤凰出版社,2012年.

[14] 蒋立伟,徐红梅.思想道德修养与法律基础案例精选及能力训练[M].南京:南京大学出版社,2012.

[15] 邹伟建,杨党校.思想道德修养与法律基础辅助读本[M].北京:北京理工大学出版社,2011.

[16] 黄斌.思想道德修养与法律基础学习指导[M].南京:东南大学出版社,2008.

[17] 吴兴富,李晓萍.职业道德与就业指导概论[M].南京:东南大学出版社,2008.

[18] 金筱萍,程凌.思想道德修养与法律基础教学案例[M].武汉:武汉大学出版社,2010.

[19] 苏建永.思想道德修养与法律基础学生辅学读本[M].北京:经济科学出版社,2010.

[20] 吕志,黄丽春.思想道德修养与法律基础课实践教学活动指导[M].广州:暨南大学出版社,2011.

[21] 蒋云乐.高职高专思想政治理论课拓展阅读[M].上海:上海交通大学出版社,2013.

[22] 曹银玲.出境领队实务[M].北京:旅游教育出版社,2012.

[23] 李娌,王哲.导游服务案例精选解析[M].北京:旅游教育出版社,2009.

[24] 李亚妮.导游业务[M].北京:清华大学出版社,北京交通大学出版社,2009.

[25] 袁义.饭店法规与法律实务[M].南京:江苏人民出版社,2004.